(mor.

te)sf.

(mor.te)
sf.

Hayley Campbell

substantivo feminino Cessação definitiva da vida para o ser humano; falecimento, passamento, trespasse., da existência de; óbito, falecimento. Falta da existência de; ausência definitiva de alguma coisa; extinção: morte de uma espécie; morte da esperança; **morte** de uma planta. Ser imaginário representado por um esqueleto humano que carrega uma foice. Ato de morrer; um possível fim da vida. **substantivo feminino** Cessação definitiva da vida para o ser humano; falecimento, passamento, trespasse., da existência de; óbito, falecimento. Falta da existência de; ausência definitiva de alguma coisa; extinção: morte de uma espécie; morte da esperança; morte de uma planta. Ser imaginário representado por um esqueleto humano que carrega uma foice. Ato de morrer; **fim?**

CRIME SCENE
DARKSIDE

ALL THE LIVING AND THE DEAD
Copyright © 2022 by Hayley Campbell
Todos os direitos reservados.

Tradução para a língua portuguesa
© Monique D'Orazio, 2024

Diretor Editorial
Christiano Menezes

Diretor Comercial
Chico de Assis

Diretor de Novos Negócios
Marcel Souto Maior

Diretor de MKT e Operações
Mike Ribera

Diretora de Estratégia Editorial
Raquel Moritz

Gerente Comercial
Fernando Madeira

Gerente de Marca
Arthur Moraes

Editora Assistente
Jéssica Reinaldo

Capa e Proj. Gráfico
Retina 78

Coordenador de Arte
Eldon Oliveira

Coordenador de Diagramação
Sergio Chaves

Designer Assistente
Jefferson Cortinove

Preparação
Iriz Medeiros

Revisão
Isadora Torres
Karen Alvares
Maximo Ribera
Retina Conteúdo

Finalização
Sandro Tagliamento

Impressão e Acabamento
Ipsis Gráfica

DADOS INTERNACIONAIS DE CATALOGAÇÃO NA PUBLICAÇÃO (CIP)
Jéssica de Oliveira Molinari - CRB-8/9852

Campbell, Hayley
    (mor.te) sf.: lembranças vivas do que fomos / Hayley Campbell;
tradução de Monique D'Orazio. – Rio de Janeiro : DarkSide Books, 2024.
    304 p.

    ISBN: 978-65-5598-385-2
    Título original: All the Living and the Dead

    1. Morte – Aspectos sociais 2. Morte – Aspectos psicológicos 3. I.
Título II. D'Orazio, Monique

23-3674   CDD 306.9

Índice para catálogo sistemático:
1. Morte – Aspectos sociais

[2024]
Todos os direitos desta edição reservados à
DarkSide® *Entretenimento* LTDA.
Rua General Roca, 935/504 – Tijuca
20521-071 — Rio de Janeiro — RJ — Brasil
www.darksidebooks.com

(mor.te)
sf.
Lembranças vivas do que fomos
Hayley Campbell

TRADUÇÃO
Monique D'Orazio

DARKSIDE

NOTA
DA
AUTORA

Mudei alguns detalhes para proteger a identidade dos mortos.

Os vivos, porém, são apresentados da forma como vieram a mim.

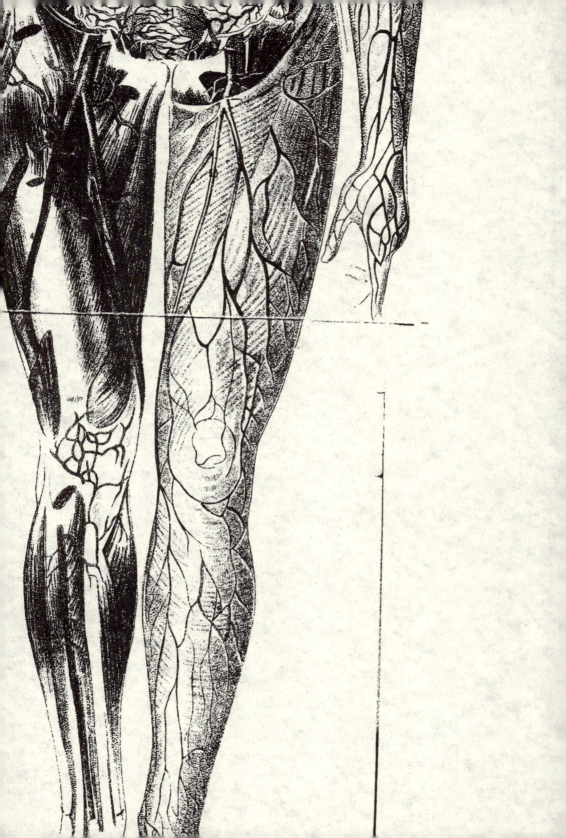

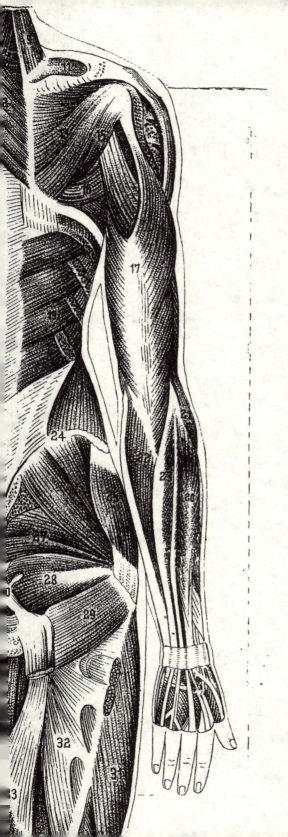

A vida é trágica simplesmente porque a Terra gira, e o sol nasce e se põe, inexorável, até que um dia, para cada um de nós, o sol se põe pela última vez. Talvez toda a raiz do nosso problema, o problema humano, seja que sacrificaremos toda a beleza de nossas vidas, nos aprisionaremos em totens, tabus, cruzes, sacrifícios de sangue, campanários, mesquitas, raças, exércitos, bandeiras, nações, só para negar o fato da morte, que é o único fato que temos.

James Baldwin,
The Fire Next Time

sumário. _____

15. *Introdução*

23. *O Limite da Mortalidade*
    Agente Funerária

39. *Corpo Presente*
    Diretor de Serviços Anatômicos

67. *Estale os Dedos e Eles Viram Pedra*
    Escultor de Máscaras Fúnebres

83. *Limbo*
    Identificação de Vítimas de Desastres

107. *O Horror*
    Faxineiro de Cenas de Crime

125. *Jantar com o Carrasco*
    Carrasco

147. *Nada Disso é Eterno*
    Embalsamador

173. *Amor e Terror*
    Tecnóloga em Anatomia Patológica

197. *Mãe Firme*
    Parteira de Luto

213. *Da Terra à Terra*
    Coveiro

221. *O Cocheiro-do-Diabo*
    Operador de Crematório

233. *Os Mortos Esperançosos*
    Cryonics Institute

253. *Posfácio*

271. Notas
285. Bibliografia Recomendada
291. Índice Remissivo

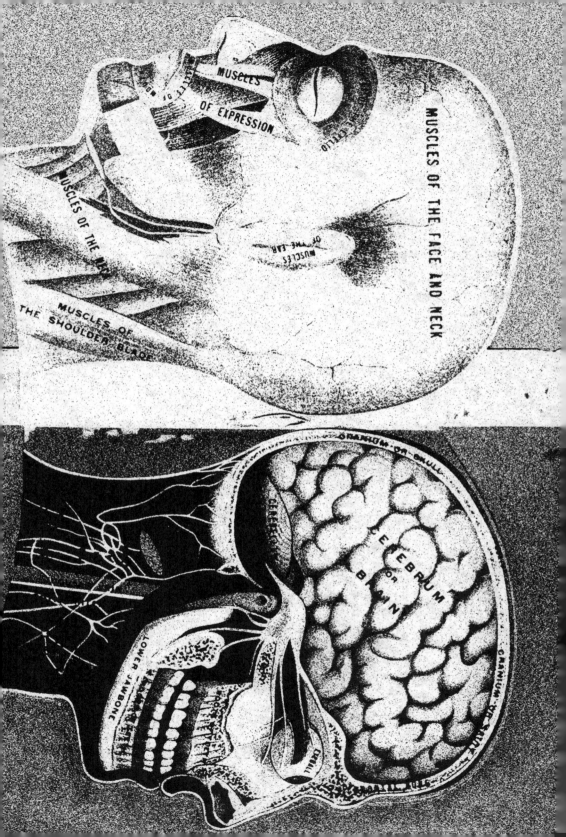

(mor.te) *sf.*
Introdução

A gente não nasce sabendo que vai morrer; alguém tem que nos dar essa notícia. Perguntei ao meu pai se foi ele, mas ele não se lembra.

Algumas pessoas se lembram de quando lhes contaram: conseguem identificar um momento em que a vida se partiu entre antes e depois. São capazes de se lembrar do som de um pássaro batendo na janela, quebrando o pescoço no vidro antes da queda; de alguém lhes explicar a situação, enquanto o corpo flácido e emplumado era descolado do pátio e enterrado no jardim, a marca empoeirada das asas durando mais do que o funeral. Talvez a morte tenha chegado até você na forma de um peixinho dourado ou de um avô. Você pode ter assimilado a mortalidade tanto quanto era capaz, ou precisava, no tempo que levou para as barbatanas desaparecerem no redemoinho de um vaso sanitário.

Eu não tenho um desses momentos. Não consigo me lembrar de um tempo antes da morte existir. A morte estava presente, em todos os lugares, sempre.

Talvez tenha começado com as cinco mulheres mortas. Ao longo dos anos, antes de eu completar minha primeira década de idade, meu pai — Eddie Campbell, um artista de quadrinhos — estava trabalhando em uma graphic novel chamada *Do Inferno*, escrita por Alan Moore. É sobre Jack, o Estripador, e mostra todo o horror de sua brutalidade em preto e branco. "Jackarippy"[*] foi uma parte tão grande das nossas vidas, que

---

[*] Encurtamento para "Jack The Ripper", o nome, em inglês, pelo qual o assassino em série Jack, o Estripador, era conhecido. [As notas são da Tradução]

minha irmã caçula usava cartola para tomar café da manhã, e eu ficava na ponta dos pés para observar as cenas de crime que meu pai usava como referência, presas na prancheta, enquanto tentava convencê-lo a concordar com algo para o que mamãe já tinha dito não. Lá estavam elas, as mulheres estripadas, a carne arrancada de rostos e coxas. Ao lado delas, as fotos austeras da autópsia, onde se viam seios e barrigas flácidos, a bola de rúgbi costurada do pescoço à virilha. Lembro-me de olhar para elas e me sentir não chocada, mas fascinada. Queria saber o que tinha acontecido. Queria ver mais. Queria que as fotos fossem mais nítidas, coloridas. A situação delas era tão distante de qualquer coisa que eu conhecia da vida que era *alheia* demais para ser assustadora — era tudo tão estranho para mim lá na tropical cidade de Brisbane, na Austrália, quanto as ruas enevoadas da Londres onde elas tinham vivido. Olhar para essas fotos agora é algo totalmente diferente — vejo a violência, o sofrimento e a misoginia, as vidas perdidas —, mas, naquela época, não tinha linguagem emocional para processar algo tão terrível; aquilo apenas flutuava acima do meu nível de compreensão. No entanto, em algum lugar lá em cima, o pássaro atingiu a vidraça. Desde então, tenho descolado o corpo do pátio, segurando-o contra a luz.

Aos 7 anos, eu era praticamente a mesma que sou agora como jornalista: eu colocava as coisas no papel para tentar entendê-las. Eu me sentava ao lado do meu pai diante de uma caixa de papelão virada que chamava de minha mesa e o copiava, criando um compêndio à canetinha de todas as maneiras pelas quais um ser humano pode morrer de forma violenta: 24 páginas de pessoas sendo assassinadas, reunidas a partir do que eu tinha visto em filmes, na TV, nos noticiários e na prancheta do meu pai. Essas pessoas eram cortadas com facões enquanto dormiam, esfaqueadas no mato depois de pegar carona, fervidas por bruxas, enterradas vivas, deixadas penduradas para os pássaros comerem. Um desenho de uma caveira com a legenda explicativa: "Se alguém cortar sua cabeça e sua pele apodrecer, você fica assim". Meu pai comprou um rim no açougue para uma cena do quadrinho e o colocou sobre um lenço na sala de estar para pintar. Como o órgão rapidamente apodreceu com o calor, desenhei a mesma cena ao lado dele, só que a minha era mais honesta: incluía a nuvem de moscas em cima. Ele guardava todas as minhas páginas em uma pasta e as exibia com orgulho para convidados horrorizados.

A morte também estava fora de casa. Vivíamos em uma rua movimentada onde os gatos tinham uma expectativa de vida mais curta e apareciam duros nas sarjetas; nós os pegávamos pelo rabo como frigideiras e os enterrávamos ao amanhecer, pequenas cerimônias silenciosas para gatos que conhecíamos e que não conhecíamos. No verão, a rota a pé para a escola era alterada sempre que um pássaro, geralmente uma pega, morria e se decompunha. Era algo que não valeria a pena mencionar em climas mais frios, mas a decomposição deles era tão rápida no calor escorchante da Austrália que um pássaro poderia tornar uma rua inteira intransitável. Nosso diretor sugeria evitar a rota até que o cheiro da morte tivesse se dissipado dela. Eu sempre andava pelo caminho proibido para ir à escola, esperando encontrar o pássaro rançoso para poder olhar bem na cara dele.

Cenas de morte se tornaram familiares: muitas vezes fazia meu dever de casa no verso de uma cópia xerocada de um desenho que meu pai havia feito, uma folha de papel sobressalente recolhida sem pensar do topo da pilha de lixo reciclável. "É uma prostituta morta", eu dizia à minha professora, enquanto ela segurava, sem palavras, a ofensiva poça de sangue preto e coagulado. "São só desenhos." A morte parecia ser algo que acontecia — e algo que acontecia muito. Mas me disseram que era ruim, um segredo, como se eu tivesse sido pega invadindo um lugar que não era meu. "Impróprio", como disse minha professora ao telefone para meus pais.

Era uma escola católica. Nosso pároco, o padre Power — um irlandês resmungão que, para mim, era velho demais, mas que, de vez em quando, podia ser visto pulando sobre o conteúdo de uma caçamba em suas vestes sacerdotais, a fim de atulhar mais lixo dentro dela antes que os garis passassem — nos fazia sentar uma vez por semana na frente da igreja e falava com a gente sem rodeios. Ele puxava uma cadeira e a posicionava em algum lugar perto do altar, usando os vitrais acima para contar a história de Jesus carregando a cruz até o local onde morreria nela. Certa tarde, o padre Power apontou para uma luz vermelha à esquerda do altar e disse que, quando aquela luz estava acesa, Deus estava na casa — a luz era alimentada por Ele. Olhei para cima, para a lâmpada incandescente vermelha em uma gaiola de latão ornamentada, e perguntei por que — se Deus alimentava a luz — havia uma extensão subindo pela parede e descendo pela corrente que suspendia a gaiola. Houve uma pausa, um pigarro, e o padre disse com fervor: "Sem mais perguntas neste momento", antes de passar para outra coisa, considerando-me para sempre Um Problema que exigia reuniões com meus pais (um orgulhoso, a outra envergonhada), e eu sendo impedida de me envolver na parte do pão e do vinho da missa.

Incomodava-me que ele tivesse tentado elaborar algo mágico e fantasmagórico a partir de algo elétrico e, a partir de então, passei a olhar para a religião institucionalizada com desconfiança. Parecia uma artimanha, uma panaceia, algumas mentiras que soavam bem. Ir para o Céu parecia um pouco fácil demais, como um pacote de férias se você fosse bom. Eu ainda tinha mais doze anos de escola católica pela frente, e a lâmpada vermelha acendeu uma luz de advertência sobre tudo que a religião oferecia como resposta.

A primeira pessoa morta que conheci foi minha amiga Harriet, que se afogou ao resgatar seu cachorro em um riacho inundado quando tínhamos 12 anos. Não me lembro de quase nada do funeral, de nenhum elogio fúnebre, nem de nenhum dos professores que compareceram ou se algum deles chorou. Não me lembro de onde Belle se sentou, a labradora preta sobrevivente, ou se ela ficou em casa. Tudo de que me lembro é de estar sentada em um banco, encarando um caixão branco fechado, querendo saber o que havia dentro dele. Todo mágico sabe que enfiar uma caixa fechada no meio de um grupo de pessoas é a receita para um suspense constante — e tudo o que fiz foi olhar fixamente. Minha amiga estava lá, a poucos metros de distância, mas escondida de mim. Era frustrante e difícil entender o conceito de alguém estar ali e depois não estar, sem nada tangível para confirmar. Queria vê-la. Sentia como se estivesse perdendo algo além de uma amiga, como se algo estivesse sendo escondido de mim. Querer ver, e querer saber a verdade factual de tudo, mas não poder, foi um bloqueio diante da minha dor. Ela ainda se parecia com minha amiga ou havia mudado? Será que tinha o cheiro das pegas?

Eu não temia a morte; era cativada por ela. Queria saber o que acontecia com os gatos quando os enterrávamos, por que os pássaros fediam e o que os fazia cair das árvores. Tinha livros cheios de esqueletos — humanos, animais, dinossauros — e cutucava minha pele tentando imaginar o meu. Em casa, minhas perguntas eram respondidas, de forma desajeitada, ainda que honesta. Era elogiada por desenhá-los e foi demonstrado, com um gato desolador após o outro, que é uma inevitabilidade, às vezes confusa, às vezes, não. Na escola, diziam-me para desviar o olhar — dos pássaros, dos desenhos, da minha amiga morta — e eu recebia outras imagens de morte em todas as salas de aula e na igreja: aquelas que me diziam que a morte era temporária. Para mim, havia mais verdade nas fotos das vítimas do Estripador; ninguém dizia que elas voltariam. Mas a escola afirmava que Jesus tinha feito isso, e que voltaria de novo. Eu estava recebendo uma estrutura conceitual pronta para substituir aquela que havia começado a construir para mim, que havia reunido a partir da experiência. Com perguntas capciosas e reações a coisas que pensava serem fatos simples, fui ensinada que a morte era um tabu e algo a se temer.

Estamos cercados pela morte. Está em nossos noticiários, nossas novelas, nossos videogames — em nossos quadrinhos de super-heróis, onde pode ser revertida a um mero capricho mensal. Está nas minúcias dos podcasts de crimes reais que saturam a internet; em nossas canções de ninar, nossos museus, nossos filmes sobre belas mulheres assassinadas. Mas a filmagem é editada, a cabeça decapitada do jornalista é quadriculada, as palavras das velhas canções são higienizadas para a juventude moderna. Ouvimos falar de pessoas que morreram queimadas em seus apartamentos, aviões desaparecidos no mar, homens em caminhões atropelando pedestres, mas é difícil de compreender. O real e o imaginário se misturam, tornam-se ruído de fundo. A morte está em toda parte, mas é velada, ou é ficção. Assim como nos videogames, os corpos desaparecem.

Mas os corpos têm que ir para algum lugar. Sentada ali, naquela igreja, encarando o caixão branco da minha amiga, eu sabia que outras pessoas a haviam tirado da água, secado, levado para lá; outras pessoas haviam cuidado dela onde e quando não pudemos.

Em média, 6.324 pessoas no mundo morrem a cada hora — são 151.776 por dia, cerca de 55,4 milhões por ano. Isso é mais do que a população da Austrália caindo do planeta a cada seis meses. Para a maioria dessas mortes, no mundo ocidental, haverá um telefonema. Alguém com uma maca recolherá o corpo e o transportará para o necrotério. Se necessário, outra pessoa será chamada para limpar o local onde o corpo jazia silenciosamente em decomposição até que os vizinhos reclamassem, marcando um contorno no colchão como uma vítima liquefeita de Pompeia. Se não houver familiares, outra pessoa será paga para limpar o apartamento de tudo o que antes compunha uma vida solitária: os sapatos, as revistas de assinatura no capacho, as pilhas de livros que nunca foram lidos, a comida na geladeira que durou mais que seu dono, os pertences a serem leiloados, as coisas a serem levadas para o lixão. Na casa funerária, um embalsamador pode tentar fazer o corpo parecer menos morto, mais adormecido. Eles lidam com as coisas para as quais não suportamos olhar, ou assim achamos. O nosso céu desabando é a rotina deles.

A maioria de nós não tem nenhuma relação com as pessoas comuns que realizam esse trabalho necessário. Elas são mantidas a distância, tão escondidas quanto a própria morte. Ouvimos as notícias sobre os assassinatos, mas nunca sobre as pessoas que vieram esfregar o sangue do carpete e o borrifo de sangue arterial da parede. Passamos pelos engavetamentos, mas não ouvimos falar das pessoas que vasculham as sarjetas da rodovia em busca das partes de corpos lançadas dos destroços. Quando os lamentamos no Twitter, não pensamos nas pessoas que desengancharam nossos heróis das maçanetas em que se enforcaram. Eles são os infames, anônimos, desconhecidos.

A morte e as pessoas que fazem dela seu trabalho se tornaram uma preocupação minha que se estendeu ao longo dos anos como uma teia. Diariamente, elas encontram a verdade que eu só era capaz de imaginar. O monstro é sempre mais assustador quando são apenas passos nas saídas de ar, mas é só o que nos é oferecido sem nenhum embasamento concreto. Eu queria saber como era a morte humana comum — não em fotografias ou filmes, não pássaros ou gatos.

Se você não é uma pessoa como eu, provavelmente conhece alguém que é. Aquela que faz você andar por velhos cemitérios cobertos de hera e conta como *este* é o túmulo de uma mulher que estava muito perto de um incêndio e foi queimada viva em seu vestido inflamável; aquele que tenta puxar você para museus de medicina para ver os pedaços brancos e descoloridos de pessoas mortas há muito tempo, cujos olhos, se você encontrar o frasco certo, estarão olhando para você. Você pode ter se perguntado por que essas pessoas são atraídas por tais coisas. Elas — como Alvy Singer impingindo um exemplar de *A Negação da Morte*, de Ernest Becker, a Annie Hall em *Noivo Neurótico, Noiva Nervosa* — se perguntam como diabos você poderia não ser. Acredito que o interesse pela morte não é apenas para os mórbidos: ela exerce uma atração gravitacional mental diferente de qualquer outra coisa. Becker considerava a morte tanto o fim quanto a hélice do mundo.

Quando as pessoas querem respostas, elas as encontram nas igrejas, em consultórios de terapia, nas montanhas ou em alto-mar. Mas sou jornalista, e quando nosso trabalho é fazer perguntas, passamos a acreditar — ou esperar — que as respostas estejam nas outras pessoas. Meu plano era encontrar aqueles que lidam com a morte todos os dias e pedir que me mostrassem o que fazem e como o fazem — para explorar não apenas a mecânica de uma indústria, mas como nossa relação com a morte se desenrola em seus processos, como forma um alicerce para seu trabalho. A indústria funerária ocidental se baseia na ideia de que não podemos, ou não precisamos, estar lá. Mas se a razão pela qual terceirizamos esse fardo é porque é mais do que podemos suportar, como *eles* lidam com isso? Essas pessoas também são humanas. Não existe nós e eles. Somos apenas nós.

Eu queria saber se estamos nos enganando em algum conhecimento humano fundamental ao fazer as coisas dessa maneira. Ao viver nesse estado fabricado de negação, na fronteira entre a inocência e a ignorância, será que alimentamos um medo que a realidade não justifica? Existe um antídoto para o medo da morte em saber exatamente o que acontece? Em *ver* exatamente o que acontece? Eu queria visões da morte que não fossem românticas, poéticas ou higienizadas. Queria a realidade nua e banal dessa coisa que chegará a todos nós. Não queria eufemismos ou pessoas gentis me dizendo para falar sobre luto enquanto tomava chá com bolo. Queria ir até a raiz da questão e cultivar minha própria concepção a partir disso. "Como você pode ter certeza de que é da morte que tem medo?", diz uma passagem em *Ruído Branco*, de Don DeLillo. "A morte é uma coisa muito vaga. Ninguém sabe o que é, como é. Talvez você tenha apenas um problema pessoal que se manifesta como um problema universal." Queria reduzir o tamanho da morte para algo que eu pudesse segurar, algo que pudesse controlar. Queria reduzi-la ao tamanho de algo humano.

Só que quanto mais pessoas eu entrevistava, mais as perguntas se voltavam para mim. O que você acha que encontrará — nesse lugar onde não precisa estar? Por que você se queimaria dessa maneira?

Há uma falsa segurança em acreditar que, como jornalista, você pode ficar lá parada, fazer uma reportagem e ser a intrusa em todas as situações, sem ser afetada por aquilo, a observadora imparcial. Eu pensei que fosse invulnerável; não era. Estava certa ao dizer que estava perdendo alguma coisa, mas fui ingênua quanto ao tamanho do dano, a quanto nossa atitude em relação à morte afeta nossa vida cotidiana — o quanto prejudica nossa capacidade não apenas de entender, mas de sofrer quando as coisas desmoronam. Finalmente vi como a morte é de verdade, e o poder transformador de enxergar isso está quase além das palavras. No entanto, também encontrei outra coisa lá, no escuro. Assim como nos relógios de mergulho e nos tetos dos quartos da infância cheios de estrelinhas, você precisa desligar a luz para ver o brilho.

(mor.te) *sf.*
O Limite da Mortalidade

"O primeiro cadáver que você vê não deveria ser de alguém que você ama", disse ela.

Cerca de cinquenta de nós estão em uma sala grande no University College London, realizando um "velório" para um filósofo morto há muito tempo, em seu aniversário de 270 anos. Sua cabeça decepada, em exibição pela primeira vez em décadas, está em uma redoma de vidro ao lado das Budweisers. No final do corredor, seu esqueleto se encontra sentado em uma caixa de vidro como de costume, vestido com as próprias roupas, a mão esquelética e enluvada empoleirada em sua bengala, com uma cabeça de cera no lugar onde a verdadeira deveria ficar, antes que o plano de preservação desse errado. Os alunos próximos prestam tanta atenção a ele quanto a uma peça da mobília.

Entre as verificações anuais para observar novos estágios de decrepitude, a verdadeira cabeça de Jeremy Bentham geralmente fica trancada em um armário e ninguém consegue vê-la. O dr. Southwood Smith, executor do testamento de Bentham e dissecador de seu corpo, tentou preservá-la para que parecesse intocada, extraindo os fluidos ao colocar a cabeça embaixo de uma bomba de ar, sobre ácido sulfúrico; porém a cabeça ficou roxa e assim permaneceu. Ele admitiu a derrota e contatou um artista de cera para criar uma cabeça falsa, enquanto a real estava escondida. No entanto, três anos antes do velório desta noite, um tímido acadêmico encarregado de cuidar de Bentham me mostrou a cabeça para um artigo que eu estava escrevendo. Espiamos suas sobrancelhas loiras macias e seus olhos azuis de vidro enquanto a pele ressequida propagava pela sala o cheiro de carne seca. Ele me disse que Bentham, quando ainda vivo, costumava guardar seus futuros olhos de vidro no bolso, tirando-os em festas para causar risos. Ali estavam eles agora, 186 anos após a morte do filósofo, presos em órbitas oculares coriáceas, olhando para uma sala cheia de pessoas reunidas para falar sobre a atitude retrógrada da sociedade em relação à morte.

Bentham era um filósofo excêntrico — algumas de suas ideias o levariam à prisão nos dias de hoje, ou pelo menos o expulsariam do campus da universidade —, mas foi pioneiro em muitas coisas. Além de ser um defensor dos direitos dos animais e das mulheres, acreditava nos direitos dos homossexuais em uma época em que a homossexualidade era ilegal, e foi um dos primeiros a doar seu corpo para a ciência. Ele queria ser dissecado publicamente por seus amigos, e todos aqui presentes seriam o tipo de pessoa que teria ido assistir. Já tínhamos ouvido falar do dr. John Troyer, diretor do Centro para a Morte e a Sociedade da Universidade de Bath, que falou sobre ter crescido em uma casa funerária, em uma família na qual a morte não era um tabu — era uma casa onde a morte estava por toda parte. Então, um médico gentil especializado em cuidados paliativos nos encorajou a falar sobre nossa própria morte antes que ela acontecesse, a realizar nossos desejos (por mais loucos que fossem) antes de partirmos, como Bentham havia feito. Por fim, Poppy Mardall, uma agente funerária de 30 e poucos anos, levantou-se e falou que o primeiro cadáver que vemos não deveria ser o de alguém que amamos. Ela disse que gostaria de poder levar crianças em idade escolar ao necrotério para enfrentarem a morte antes que precisassem fazê-lo. *Você precisa ser capaz de separar o choque de ver a morte do choque da dor*, disse ela. Ela agradeceu por termos ouvido e se sentou, as garrafas de cerveja tilintando na mesa.

Em todos os meus pensamentos sobre a morte, nunca havia considerado essa ideia — que você poderia separar deliberadamente esses choques específicos para preservar seu próprio coração. Fiquei imaginando como seria agora, se a tivesse conhecido quando era criança e ela tivesse me mostrado o que eu queria ver. Sempre tive curiosidade sobre como eram os cadáveres, mas presumi que, quando víamos alguém morto, era porque o conhecíamos em vida. Não é como se cadáveres anônimos fossem fáceis de encontrar — não me mostravam nem os que eu conhecia, e sequer pude ver os que vieram nos anos seguintes: mais amigos de escola (câncer, suicídio), dois avôs e duas avós (causas naturais). O impacto psicológico de perder alguém que você ama e, ao mesmo tempo, confrontar a realidade física da morte, e como isso pode ferrar a sua cabeça, não era algo que pensei que pudesse evitar.

Algumas semanas depois do velório de Bentham, eu estava sentada em uma cadeira de vime em uma sala bem iluminada na casa funerária de Poppy, uma antiga guarita de tijolos que guardava os portões de entrada do Cemitério de Lambeth, em Londres. Ovos de Páscoa coloridos enchiam uma pequena tigela no centro da mesa, decalques com padrões de flores de papoula grudados nas vastas janelas vitorianas. Lá fora, a neve se acumulava nos pés calçados com sandálias de um Jesus de pedra.

O Cemitério de Lambeth é menos grandioso do que os sete famosos que formam um anel ao redor de Londres — Kensal Green, West Norwood, Highgate, Abney Park, Brompton, Nunhead e Tower Hamlets —, aqueles enormes cemitérios-jardim construídos no século XIX para lidar com a superlotação dos cemitérios paroquiais no meio da cidade em crescimento. Ao contrário deles, Lambeth não tem mausoléus extravagantes, nem grandes trilhas de passeio, nem túmulos do tamanho de casas para ostentar a riqueza de seus habitantes mortos. É prático, pequeno e despretensioso, assim como Poppy. É fácil conversar com ela — dá para imaginá-la como terapeuta ou uma boa mãe. Fiquei tão impressionada com o que ela disse no discurso que tive vontade de ouvir mais. Ficou evidente que pensava em seu papel como muito mais do que um trabalho. Além disso, como nunca tinha visto pessoalmente um cadáver antes — apesar dos filósofos decapitados —, fiquei imaginando se ela poderia ser a pessoa que me mostraria. Não é o tipo de favor que se pode pedir à maioria das pessoas.

"Não abrimos as portas da geladeira só para ver as pessoas", diz ela com naturalidade. "Quero que tenhamos cuidado com os bastidores — não é como um museu. Mas, se você tiver algumas horas livres, poderia voltar e ajudar a preparar alguém para o funeral. Então você realmente teria um envolvimento com o corpo, em vez de apenas ver um monte de pessoas mortas."

Pisquei para ela, surpresa. Não achei que ela de fato fosse dizer sim, muito menos me convidar para participar dos preparativos do funeral de alguém. Estou aqui porque ela disse que é algo que ela gostaria de poder compartilhar, claro; mesmo assim, há algumas portas que foram fechadas há tanto tempo que parece impossível imaginá-las se abrindo.

"Você seria muito bem-vinda", insistiu ela, preenchendo meu silêncio atordoado.

No Reino Unido, um agente funerário não precisa de licença para lidar com os mortos, como acontece nos Estados Unidos. Aqui, toda a equipe de Poppy vem de fora da indústria funerária: a própria Poppy costumava trabalhar na casa de leilões Sotheby's, até que sentiu o peso da falta de sentido de sua vida profissional. Aaron, que agora dirige o necrotério, localizado a uma curta caminhada pelo cemitério partindo daqui, costumava trabalhar na pista de corrida de cães galgos nos arredores; o motorista da van de coleta de corpos, Stuart, é bombeiro e diz que trabalhar aqui em meio período é como voltar para buscar aqueles que não conseguiu salvar. Poppy disse que eu poderia vir e ser treinada como eles, como se estivesse começando a trabalhar aqui também.

"*Você* já tinha visto um cadáver antes de se tornar agente funerária?", perguntei.

"Não", diz ela. "Não é uma loucura?"

Tento descobrir o caminho entre a agitada casa de leilões de arte e a administração de uma funerária, e não consigo dar nem um palpite. "Conheço pessoas que têm um motivo muito mais claro para fazer esse tipo de coisa." Ela ri. "Para mim, não foi nada nem parecido." Segundo ela, o percurso pode ter sido sinuoso, mas sua motivação é lúcida, mesmo que na época ela não a compreendesse na totalidade.

Foi o amor de Poppy pela arte que a levou ao mundo das casas de leilões — primeiro a Christie's, depois a Sotheby's — e foi a diversão que a manteve lá: a adrenalina, a socialização, a natureza imprevisível de onde ela poderia acabar no mundo. "Um cara ligou dizendo que achava que tinha uma escultura de Barbara Hepworth na zona rural do Texas, então no dia seguinte eu estava em um voo", conta, escolhendo um exemplo que ela afirma não ser particularmente incomum.

"Eu tinha 25 anos e toneladas de responsabilidades: era muito, muito, muito divertido. Mas não demorou para que eu sentisse que havia um vácuo de significado." Seus pais, uma assistente social e um professor, incutiram nela o dever de ajudar os necessitados, e seu trabalho na Sotheby's — embora emocionante — não satisfazia essa necessidade nela. "Do ponto de vista do sustento, eu não poderia viver vendendo pinturas", explica.

Em seu tempo livre, ela se tornou uma samaritana, trabalhando como voluntária atendendo telefones da instituição de caridade que oferece apoio emocional aos que se sentem perdidos ou têm ideações suicidas. No entanto, à medida que seu trabalho ficava mais movimentado e as viagens a mantinham cada vez mais longe de casa, seus turnos como voluntária eram perdidos ou remarcados. "Isso me deixou muito triste. Passei cerca de dois anos simplesmente sem encontrar a resposta. Estava tendo uma espécie de crise de meia-idade, mas com 25 anos." Ela sabia que queria se envolver com pessoas comuns na linha de frente da existência, fazer algo que *importasse* — nascimento, amor ou morte, poderia ser qualquer um desses —, mas não conseguia decifrar como, ou o que, até que a vida começou a tomar a decisão por ela.

O fato de que todos que amamos um dia vão morrer muitas vezes não nos ocorre até que algo ruim aconteça. Poppy não tinha processado essa realidade por si mesma até que seus pais recebessem diagnósticos de câncer um atrás do outro. "Nossa família é superaberta sobre tudo", conta. "Minha mãe desenrolava camisinhas em bananas quando eu tinha 5 anos, o que não fazia o menor sentido para mim, mas ela adorava a ideia de quebrar tabus. Apesar disso, não conversávamos de verdade sobre a morte. Nunca tivemos essa discussão, ou não de uma forma que eu entendesse. Eu tinha 27 anos quando meu pai ficou doente, e foi de fato a primeira vez que percebi que ele ia morrer."

Essa percepção desaguou no turbilhão de sua crise a respeito do trabalho. Conversas havia muito ignoradas estavam acontecendo então. Quando ficou claro que ambos os pais iam sobreviver, ela economizou algum dinheiro, abandonou o mundo da arte e foi para Gana com o objetivo de fazer uma pausa. Lá, pegou febre tifoide e quase morreu também.

"Meu Deus", exclamo.

"Pois é! De qualquer forma, fiquei doente por oito meses, então isso me deu um longo período de inatividade e uma chance para pensar. O trabalho que eu teria escolhido se não tivesse contraído febre tifoide seria muito mais seguro. Isso", diz ela, indicando a casa funerária ao nosso redor, "era definitivamente a coisa mais louca da minha lista."

Organizar um funeral estava na lista não apenas porque envolvia um dos grandes eventos da vida de que Poppy queria fazer parte, mas porque sua mãe havia deixado claro o que queria e o que não queria na cerimônia. Pesquisando opções quando seus pais adoeceram, Poppy percebeu como a indústria estava presa ao passado e como havia pouco espaço para personalizar o evento. Os carros fúnebres pretos brilhantes, as cartolas e as procissões formais e cheias de afetação não eram apropriados para uma família como a dela. Agora, ela queria desempenhar um papel na mudança do mundo da morte, mas nem ela mesma sabia exatamente o que queria dizer com isso; não até que iniciasse seu treinamento, acompanhando agentes funerários no final de sua própria doença, quando o cansaço diminuiu o bastante para que ela saísse de casa e começasse a entender o que estava perdendo. Ela estava em um necrotério e viu a morte pela primeira vez em toda a sua banalidade nada assustadora, e percebeu que estava com raiva. Tinha sido forçada a enfrentar a ideia da morte — em sua família e em si mesma — sem nunca saber como era de verdade.

"Teria sido muito útil ter pessoas mortas na minha vida antes disso", afirma ela. Com dois filhos pequenos, Poppy compara a intensidade de seu medo à gravidez. "Se eu estivesse grávida de nove meses e fosse dar à luz a qualquer minuto, mas nunca tivesse visto uma criança com menos de um ano, definitivamente seria mais assustador para mim. Eu estaria dando à luz algo que nunca tinha visto antes e que não poderia imaginar."

Pergunto sobre os corpos que imaginamos: aqueles que não são apenas pálidos e adormecidos, os cadáveres em decomposição e inchados que nossas mentes nos servem. Eles existem. Deve haver um limite para o que uma família pode ver?

"Sugerir que as pessoas não deveriam ver o corpo vem da boa intenção de cuidado e preocupação, mas acho que é uma atitude muito patriarcal e paternalista sobre o que as pessoas conseguem ou não enfrentar", comenta ela. "Nem todo mundo precisa ver o corpo, mas para alguns é uma necessidade primordial."

Houve um homem, há alguns anos, que procurou Poppy com uma pergunta. Seu irmão tinha se afogado e ficado na água por muito tempo — tempo suficiente para que todas as funerárias com quem falara afirmassem que o corpo não podia ser visto. "A primeira coisa que ele nos perguntou foi: *Vocês me impediriam de ver meu irmão?* Era um teste. Na verdade, o que ele estava perguntando era: *Vocês estão do meu lado ou não?* Não é nosso papel dizer às pessoas o que elas podem ou não fazer. Não estamos aqui para forçar uma experiência transformadora em pessoas que não a desejam. Nosso papel é prepará-las, dar-lhes gentilmente as informações de que precisam para tomar uma decisão empoderada. Você não os conhece; não sabe qual é a decisão certa." O homem conseguiu ver seu irmão uma última vez.

Ela comenta que, quando eu voltar, o necrotério vai estar lindo, porque tem de estar: é fundamental que ela mantenha os mortos em algum lugar bonito para poder deixar os vivos entrarem. "Muitas pessoas que visitam nosso necrotério dizem coisas como: 'Por que você colocou o necrotério aqui? Este é o espaço mais inspirador.' E sinto que *esse é exatamente o ponto.*"

E eu voltei. A neve havia derretido havia muito tempo.

Não era esse cheiro que eu esperava que um necrotério tivesse. Tinha imaginado uma sala sem janelas, pisos de linóleo rangendo, o fedor de alvejante e podridão. Previra um ataque de luzes fluorescentes que zumbiam e piscavam, não um lugar banhado pela luz quente do sol da primavera, que fazia tudo brilhar e cintilar, tanto o aço quanto a madeira. Estou parada na porta com um avental de plástico descartável, minhas mãos suando dentro das luvas de borracha nitrílica. Roseanna e Aaron, vestindo agasalhos verdes combinando e o mesmo plástico enrugado que o meu, estão preparando a sala: ela está empurrando uma maca do canto; ele está fazendo anotações em um livro de registros preto com folhas pautadas. Uma sacola de compras com roupas dobradas está ao lado da pia, esperando para ser usada pela última vez. Eu me encosto, desajeitada, em uma estante de caixões de madeira polida, tentando não atrapalhar. Tem cheiro de pinho.

Há treze corpos na casa hoje, seus nomes escritos em caligrafias diferentes em pequenos quadros brancos presos às pesadas portas da geladeira do necrotério. Lâmpadas com iluminação suave pendem das vigas acima, mas está tão claro lá fora que provavelmente foram acesas apenas por força do hábito. Tudo o que não é de metal é feito de madeira. A porta do armário ao lado da pia está entreaberta; no interior, um frasco de Chanel Nº 5 encontra-se ao lado dos apoios de cabeça feitos de bambu. Os novos caixões ficam de pé em suas fileiras, captando a luz, os cantos embrulhados em filme plástico para protegê-los de pancadas. Há dois caixões de vime servindo de suporte para a fileira e, em uma prateleira alta, um moisés para bebês — com estampa quadriculada azul, pequena, à espera. Uma cesta de piquenique, só que não.

Ali nem sempre foi um necrotério. Abaixo da janela arqueada com forro de chumbo, a parede de geladeiras brancas emite um zumbido baixo e estável onde o altar poderia ter sido localizado quando aquela era uma capela funerária, antes de decair em trinta anos de abandono, sem manutenção, mas ainda de pé no meio daquele cemitério no sul de Londres. Foi resgatada da lenta deterioração por Poppy quando ela era uma nova agente funerária independente que precisava de um lugar para abrigar seus mortos. Muito tempo atrás, os mortos passavam a noite anterior ao funeral naquele edifício. Poppy o havia restaurado ao seu uso original.

Ela não está aqui comigo hoje; fui deixada nas mãos de dois funcionários de confiança. Poppy teve sua experiência de conhecer os mortos e agora está me deixando ter a minha. Mas, quando olho ao redor da sala, sua presença está em toda parte: é prática, despretensiosa, acolhedora. Vejo uma pia de cozinha e uma bancada em um canto, tudo o que é necessário para o tipo de preparação do corpo feita ali, e me lembro dela me dizendo, enquanto a neve caía lá fora, que não se fazia embalsamamento no local. "Queremos fornecer o que é útil para o público e, quando montamos tudo, eu não tinha certeza de que o embalsamamento era feito pelo bem da família", disse ela. "Acho que é feito por causa do modo como os agentes funerários se estruturam."

Ela explicou que nem toda casa funerária urbana tem sua própria parede de refrigeradores; nem todo mundo tem espaço como Poppy, então os corpos são mantidos em um depósito central e transportados de um local para outro conforme necessário. Se uma família deseja ver o corpo, as chances de ele precisar ser transportado e, portanto, ficar fora da refrigeração por um período de horas — talvez dez, talvez 24 — são altas. O embalsamamento, que preserva o corpo e permite que ele fique em temperatura ambiente por mais tempo sem se decompor, facilita a administração de corpos em trânsito na funerária — e lhes proporciona mais tempo. Aqui, se uma família pedir especificamente que um corpo seja embalsamado, Poppy seria a facilitadora, mas o processo ocorreria em outro lugar. No entanto, nos seis anos em que administra seu negócio, ela ainda não está convencida de que isso é tão importante quanto alguns afirmam ser. Ela está, como sempre, pronta para alguém fazê-la mudar de ideia.

Nessas geladeiras, tudo o que precisa ser feito já foi executado. Todas as intervenções médicas foram concluídas; as incisões da autópsia, costuradas; todas as evidências foram reunidas e pesadas. Aqui, os corpos se tornam pessoas de novo; não um paciente, uma vítima ou um lutador em uma batalha contra o próprio corpo. Aqui, chegam ao seu fim, apenas esperando para serem lavados e vestidos, então enterrados ou cremados.

Lembro-me do cineasta David Lynch, em uma entrevista, falando sobre uma visita a um necrotério quando era um jovem estudante de arte na Filadélfia — ele havia conhecido o vigia noturno em uma lanchonete e perguntou se poderia fazer uma visita ao local. Sentado no chão do necrotério, com a porta fechada atrás dele, foram as histórias de todos aqueles corpos que o atingiram: quem eram, o que fizeram, como chegaram lá. Como aconteceu com ele, é a escala disso tudo, tanto grande quanto pequena, que me envolve como uma onda: todas essas pessoas, todas essas bibliotecas individuais de experiências coletadas, todas encontrando seu fim aqui.

A porta da geladeira se abre com um baque e um corpo é puxado para fora em uma bandeja que se encaixa na maca, erguida por uma bomba hidráulica com um silvo alto e metálico até a altura da cintura. A geladeira zumbe mais alto enquanto o motor trabalha para corrigir o aumento de temperatura. Aaron leva o corpo até o centro da sala e olha para mim, encostada nos caixões, mexendo no meu avental. De onde estou, tudo que posso ver é o cocuruto de uma cabeça raspada apoiada em um travesseiro branco. O nome dele é Adam.

"Precisamos tirar a camiseta, a família quer ficar com ela", diz Aaron. "Você poderia vir segurar as mãos dele?"

Dou um passo à frente e pego as mãos frias do homem nas minhas, levantando os braços compridos e finos acima do corpo para que a camiseta possa ser passada sobre os ombros ossudos. Segurando-os ali, eu me concentro em seu rosto, nos olhos fundos entreabertos que se agarram aos cantos como ostras em conchas. Aaron vai me contar mais tarde que eles sempre tentam fechar os olhos quando as pessoas chegam ali — quanto mais tempo você deixa, mais seca fica a pálpebra e mais difícil é mexer e manipular. Esses olhos não são redondos como bolas de gude, são murchos, como se a vida que havia ali tivesse vazado. Você pode encarar os olhos dos mortos e não encontrar nada, nem mesmo um formato familiar.

Na geladeira, Adam estava segurando um narciso e uma fotografia de família emoldurada — era assim que ele estava posicionado quando foi recolhido de casa, onde morreu na cama —, mas ambos foram retirados de seu peito e colocados ao lado, fora do caminho, enquanto eu não estava olhando. Acho que, mais tarde, percebi que aquela havia sido a única chance que eu teria de ver esse homem vivo, mas estava tão obcecada por Adam, em como ele era antes, que não notei. Gostaria de ter visto, mas não posso me culpar: essa foi a primeira pessoa morta que vi, e ali estava eu, segurando suas mãos.

Eu queria ver que aspecto tinha a morte, e Adam parecia morto. Não embalsamado, mas morto de um jeito natural. Ele estava naquelas geladeiras havia duas semanas e meia, e dava para notar, embora em termos de decomposição, que o cenário era o melhor possível — o intervalo entre a morte e o armazenamento refrigerado tinha sido reduzido ao mínimo. Sua boca estava entreaberta, assim como os olhos. Eu não sabia dizer de que cor eram quando vivos, ou se alguma das cores que Adam tinha agora se relacionava com qualquer aspecto dele um mês atrás. Ele estava em um tom amarelo doentio de icterícia, mas não era a cor mais forte em seu corpo. À medida que sua camiseta deslizava sobre a cabeça, pude ver que cada costela saliente estava destacada em um amarelo ainda mais intenso, contrastando com o verde-limão de seu abdômen e o verde-escuro quase preto nos espaços entre cada osso saliente. A barriga costuma ser o primeiro lugar a mostrar sinais de decomposição, já que é, por definição, cheia de bactérias, mas eu não sabia que a morte, tão emocionalmente preta e sombria, poderia revelar tantas cores: a visão da vida microbiana tomando conta de um ser humano é quase luminosa. Suas costas estavam roxas onde o sangue havia se acumulado; não mais bombeado ao redor do corpo pelo coração, e sim deixado para coagular e escurecer onde estava. A pele se encontrava amontoada em alguns pontos por ter sido armazenada em uma posição da qual uma pessoa viva teria se contorcido para se sentir mais confortável, mas, sem vida e movimento para manter a pele flexível, uma dobra continua sendo uma dobra; uma reentrância, uma reentrância. As pernas eram branco-amareladas na parte superior e arroxeadas atrás do joelho. Ele não era velho; 40 anos, talvez. Sua família queria a camiseta de volta. Era azul.

 Eu não sabia dizer se as costelas haviam sido proeminentes assim em vida, ou se Adam tinha — como seu rosto magro — afundado de maneira geral. Os músculos das pernas finas mostravam que ele era um homem em forma, possivelmente um corredor. A gente não precisa saber como alguém morreu quando está lá apenas para vesti-lo, e raramente descobre, mas os adesivos de analgésico fentanil no braço e nos contornos pegajosos de pele de onde os adesivos anteriores tinham sido removidos sugeriam uma longa doença. Roseanna esfrega delicadamente os locais onde antes ficavam os adesivos, tentando tirar a cola.

 "Removemos o máximo que conseguimos sem danificá-los", explica. "Se começarmos a remover um emplastro e a pele de alguém começar a sair, simplesmente deixamos como está." Ela me conta que, tanto

O Limite da Mortalidade

quanto possível, eles fazem desaparecer todas as evidências de hospitais e intervenções médicas. Ninguém precisa ir para o túmulo usando meias de compressão e a ponta desconectada de um soro intravenoso.

A sacola de compras é retirada da pia e esvaziada na bancada. Tênis, meias lasseadas, cueca samba-canção cinza com um furo na virilha. Todas as roupas eram velhas e casuais, tiradas do armário pela família. Tudo estava gasto, exceto os tênis, que pareciam ter sido adquiridos talvez uma semana antes da morte, no máximo. Eu os viro nas minhas mãos enluvadas e fico imaginando quando ele os comprou, se ele se sentia bem o suficiente para acreditar que lhe restava tempo para comprar calçados novos. Qual é mesmo aquela piada sobre o velho não comprar bananas verdes?

Aaron remove a cueca de Adam, deixando cuidadosamente um lençol sobre as partes íntimas, tentando manter o corpo coberto o tempo todo por respeito. "Depois de tirarmos a cueca, verificamos se ele está limpo. Se não estiver, nós o limpamos", explica.

Nós o rolamos de lado, Aaron verifica a situação, e nós o rolamos de volta. Roseanna pega um lado da cueca limpa e eu pego o outro, cada uma de nós subindo um pedaço pelas pernas amarelas de Adam centímetro a centímetro. A pele é tão fria que comento isso, e logo me sinto estúpida. "Depois de um tempo você se acostuma com o frio", diz Aaron, de forma tranquilizadora. "Então você faz uma coleta domiciliar para alguém que acabou de morrer e ainda está quente. É... uma sensação bem estranha." Ele lança um olhar como se o calor fosse enervante, um sinal de vida indesejável em uma situação em que uma queda na temperatura o ajuda a separar mentalmente os vivos dos mortos. Aqui, as geladeiras são resfriadas a 4°C.

Rolamos Adam de lado mais uma vez e puxamos a cueca até em cima. Rolamos ele para o outro lado e fazemos o mesmo. Vestir os mortos é bastante autoexplicativo; é basicamente vestir uma pessoa que não está ajudando. "Gosto de como eles não compraram roupas novas ou chiques para o funeral", comento.

"Provavelmente são as peças favoritas dele", responde Roseanna. É difícil não criar uma personalidade a partir dos poucos detalhes fornecidos em uma sacola de compras.

Aaron me pede para levantar a cabeça de Adam nas minhas mãos para que ele possa vestir a camiseta limpa. Estou debruçada sobre a maca, segurando os lados de seu rosto como se fosse beijá-lo, pensando: *A menos que alguém o tire do caixão amanhã, sou a última mulher no mundo a segurá-lo assim. Como a gente vem parar aqui?*

"Coloque a mão na perna da calça e segure o pé dele", instrui Aaron em seguida. Com o jeans azul-claro enrolado no meu pulso, agarro os dedos dos pés. Enquanto o movemos, rolando para um lado e depois para o outro a fim de puxar o jeans para cima, o ar preso escapa dos pulmões de Adam com um suspiro. Há um cheiro ligeiramente estranho de frango, cru, ainda frio.

É o primeiro cheiro de morte com que me deparo hoje e é instantaneamente reconhecível. Denis Johnson escreveu sobre esse cheiro em uma história chamada "Triumph Over the Grave" [Triunfo sobre o túmulo]: ele disse que o etanotiol, o primeiro de uma série de compostos produzidos no processo de putrefação, é rotineiramente adicionado ao gás para tornar os vazamentos detectáveis pelo cheiro. A prática se originou na década de 1930, depois que os trabalhadores notaram que os abutres na Califórnia circulavam as correntes térmicas em torno de vazamentos em oleodutos. Eles fizeram testes em seu produto para ver o que atraía essas aves, fisgadas pelo odor de podridão, e encontraram vestígios desse composto. As empresas de gás decidiram amplificar o efeito, adicionando quantidades maiores de algo que havia acontecido por acidente, para que os humanos também pudessem sentir o cheiro. É um fato perfeito à la Denis Johnson, um escritor cujas histórias podem parecer niilistas e sombrias, mas que podem terminar em uma linha de esperança, mesmo que um tanto estranha. Ele encontrou a vida no cheiro da morte, a esperança em aves normalmente associadas a presságios de morte; descobriu que algo tão fundamental em nosso medo — a morte e a decadência — poderia ser silenciosamente reaproveitado para salvar vidas. Deslizo o cinto de Adam pelos passadores, afivelando-o em um orifício recém-aberto.

Alinhamos o caixão em outra maca ao lado dele e nos posicionamos para movê-lo. Cada um de nós segura o lençol de calicô à prova d'água sob o corpo — uma exigência legal em caixões de vime não lacrados — e o levantamos. Sua cabeça está inclinada de forma interrogativa no travesseiro: o caixão mal tem o tamanho suficiente. Ele só vai ficar assim por uma noite. Amanhã, será cremado. Essa pessoa inteira não existirá mais.

Aaron coloca a foto e o narciso de volta no peito de Adam — a flor amarela perdeu seu brilho primaveril e cai contra o tecido da camiseta limpa, esta, sim, perfeitamente branca. Colocamos seus longos dedos sobre o caule. Vestido e acomodado no caixão, nós o colocamos de volta na geladeira, em uma prateleira ajustada para acomodar a altura dele. Ao lado, no escuro, mais cabeças descansam em travesseiros junto a rosários, flores, porta-retratos, uma única touca rastafári de crochê.

Só temos um final, um ritual — seja ele qual for —, e eu fiz parte do de Adam. Aaron escreve o nome de Adam na porta, e eu fico em silêncio, com um nó na garganta. Nunca me senti tão privilegiada e honrada por estar em qualquer outro lugar do mundo.

O artista e ativista em assuntos relacionados à AIDS David Wojnarowicz escreveu em suas memórias *Close to the Knives* [Perto das facas] como a experiência de ver amigos morrendo em decorrência da contaminação pelo vírus HIV em números cada vez maiores, sem nenhuma ação do governo para impedir, deixou-o com uma sensação acentuada de estar vivo. Ele viu, como afirmou, o limite da mortalidade. "O limite da morte e do morrer está ao redor de tudo como um halo quente de luz, às vezes fraco, às vezes irradiado. Eu me vejo vendo a morte." Ele se sentia como um corredor que, de repente, encontra-se sozinho, entre as árvores e a luz, com a visão e os sons dos amigos cada vez mais distantes.

No trajeto de metrô para casa, voltando do necrotério, estou consciente da minha própria respiração, de que há pessoas que não podem respirar, deitadas em geladeiras. Estou ciente do mecanismo da vida: o fato de que essa máquina de carne se move, de alguma forma, e depois não mais. Olho para as pessoas no vagão do metrô e vejo a morte. Será que são donos das roupas com as quais morrerão? Quem cuidará deles quando morrerem? Quantas pessoas ouvem o tique-taque do relógio tão alto quanto eu agora?

Vou para a academia, mas desta vez parece diferente. Em dias normais, venho aqui para aquietar a mente; hoje, o lugar está irremediavelmente ensurdecedor. O *som* dos vivos é demasiado alto quando se esteve na companhia dos mortos. Em uma aula de spinning, ouço pessoas ofegando, arfando e gritando. É o som da sobrevivência, o estado impermanente e improvável de estar vivo. Tudo está mais vívido do que o normal; todos os sentidos, intensificados. Essas cordas vocais sendo usadas, esses corações batendo e os pulmões inflando, monótonos e vitais. Sinto o calor físico irradiando de estranhos, embaçando as janelas. Sinto o sangue correndo nas minhas veias. "Ninguém morre na aula de spinning!", grita o instrutor. "Forcem até o limite!" Estou pensando que um dia todos esses corpos vão chegar ao seu limite e tudo ficará em silêncio, exceto pelo zumbido do refrigerador do necrotério.

Deito-me de costas no calor da sauna, cada banco apenas um pouco maior do que a bandeja que continha Adam, e deixo um dos meus braços mole. Eu o pego pela mão e imagino que alguém está tirando a camiseta do meu cadáver. No entanto, não importa o quanto tente, nunca consigo relaxar por completo a ponto do meu braço virar um peso morto. Não parece a mesma coisa. Deitada ao meu lado, uma mulher viva e suada me diz que começou a aplicar botox nos pés. Ela diz que, quando se aplica botox nos pés, é possível anestesiar a dor o suficiente para ficar de salto alto o dia todo. Quando foi que nos esquecemos que a dor é um aviso, um grito das partes mudas do nosso corpo dizendo que precisa de ajuda, que algo está errado e requer nossa atenção? *Tenho uma ótima maneira de lidar com coisas que podem estar me prejudicando — eu simplesmente desligo as notificações.* Solto meu braço de novo. Hoje foi a primeira morte que experimentei em que nada foi mitigado ou obscurecido de alguma forma, nenhuma das notificações foi desativada. Estava tudo lá. Parecia real e significativo, como se eu fosse perder uma informação crucial se colocasse algo no mudo. Penso em Adam segurando seu narciso desbotado e em como os bulbos, se comidos, podem entorpecer o sistema nervoso e paralisar o coração.

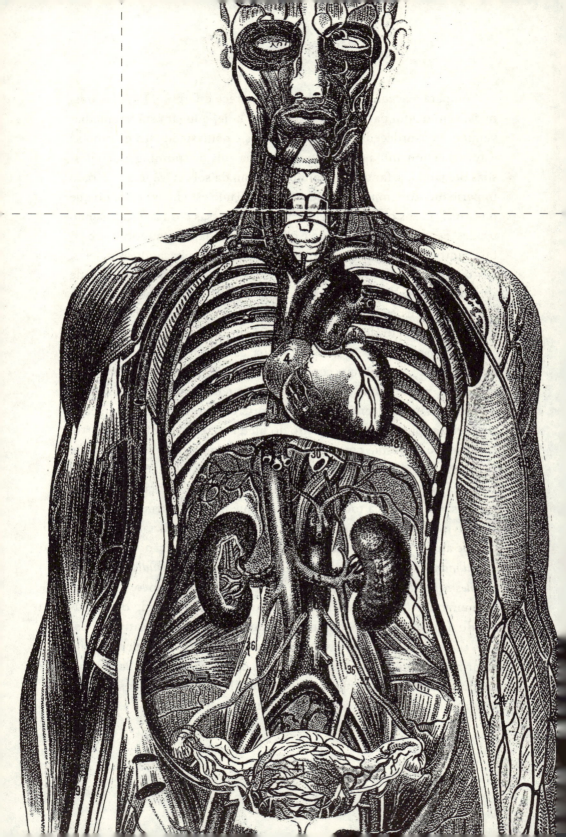

(mor.te) *sf.*
Corpo
Presente

--- --- ---

Em uma sala fria fora do laboratório, um pequeno corpo jaz sobre uma mesa de metal, uma toalha enrolada sobre sua cabeça recém-raspada. "Só conheço um corte de cabelo", diz Terry Regnier, cujo próprio cabelo é bem-cuidado e grisalho, penteado para trás como o de Elvis, com costeletas combinando e um bigode que eu classificaria como de "caminhoneiro" e de "ator pornô".

"Ninguém vai ficar olhando o cabelo", continua ele. "Além disso, um dos meus maiores medos é que alguém conheça os doadores. Raspar a cabeça ajuda a torná-los menos reconhecíveis."

Em algum lugar, ecoando no aço frio, posso ouvir um rádio tocando. Terry coloca a mão atrás de um equipamento e vira o botão, cortando a canção "Sweet Talkin' Woman", do ELO.

Durante semanas, depois de vestir os mortos na funerária, fiquei pensando em como a morte é um desperdício. Um corpo que passou anos crescendo, se recuperando, retendo conhecimento sobre vírus, doenças e imunidade, é simplesmente enterrado ou cremado. Deve ser sempre uma escolha nossa fazer o que quisermos com nosso corpo, mas vê-los todos ali nos vislumbres através das portas das geladeiras, com as cabeças apoiadas em travesseiros, esperando para desaparecer, me atinge com o sentimento de que poderia haver algo mais nisso. Não acredito que nosso senso de significado ou de valor a respeito da vida ou da morte deva derivar apenas de uma ideia de utilidade, mas há espaço para isso e sempre uma necessidade, mesmo em uma época de impressões 3D e simulações virtuais. Eu queria ver o que acontecia com os corpos que as pessoas doavam para a ciência, os que não iam direto para o túmulo ou para o crematório, os que tinham uma segunda vida em lugares como este, na Mayo Clinic, em Minnesota, nos Estados Unidos. E queria saber se um mar de rostos de mortos anônimos mudaria a natureza do trabalho de quem cuidasse deles. Saber o nome de uma pessoa morta fazia alguma diferença em como você a tratava ou no que significava cuidar dela? Não há sacola de compras com pistas ao lado de um cadáver para uso médico. Não há nada disso agora, além da recém-chegada.

Ela está conectada à máquina de embalsamamento, um tubo de borracha preta desaparecendo sob outra toalha em direção à parte superior da coxa, bombeando uma combinação de álcool, glicerina (um hidratante), fenol (um desinfetante) e formalina (um conservante) para seu sistema vascular. Isso acrescentará 30% ao seu peso em fluidos; diferentemente do que acontece no caso de um funeral, quando um corpo raramente precisa subsistir por mais de algumas semanas, esse corpo precisará ser usado por cerca de um ano, então aqui eles exageram. Ela parecerá inchada e encolherá ao longo dos meses, à medida que desidratar. Debaixo de sua cabeça, uma tigela de cerâmica se enche com o sangue expelido de suas veias para dar lugar ao fluido de embalsamamento. É vermelho-escuro, quase preto, uma parte endurecida em coágulos. Não consigo sentir o cheiro do sangue, nem da mulher: o quarto cheira a aço e formalina, aquele mesmo odor químico do laboratório de biologia do colégio, aquele que engolfava a gente se abríssemos a tampa de um vidro contendo um sapo. Seu rosto e corpo estão cobertos, mas a pele pálida de inverno é visível em seus braços com manchas hepáticas. Ela havia morrido naquela manhã mesmo, então não havia amarelado, nem acinzentado, nem esverdeado. Em sua vida toda, só tivera uma vesícula removida. Seu corpo inteiro estava bom para uso.

Ando para o outro lado da mesa, esbarrando em uma serra de ossos. Uma certa mão espreita por baixo do tecido que a cobre, as unhas pintadas de laranja-vivo, a unha do dedo anelar dourada com glitter. Terry costumava remover o esmalte, mas, depois de ouvir uma aluna falar sobre as unhas do cadáver que ela estava estudando, ele parou. Para a aluna, as unhas pintadas eram o que humanizava aquela carne inanimada. As unhas diziam a ela: esta é uma pessoa que viveu e morreu e deu a você este presente, para que aprenda. Terry nunca tocou em outro frasco de removedor de esmaltes. "Já recebi alguns caras cujas netas tinham pintado as unhas deles. Também deixo o esmalte quando isso acontece."

Depois que um corpo é embalsamado e antes de ser direcionado para um curso de formação, Terry o deixa em repouso por dois ou três meses para permitir que os produtos químicos firmem os tecidos. A refrigeração e o retardo da ação do tempo ajudam a matar qualquer bactéria nociva, além da precaução de rejeitar doadores se houver preocupação com infecções, como HIV, hepatite ou gripe aviária. Essa mulher de unhas douradas e laranja ainda não vai conhecer seus alunos por um tempo. Quando isso acontecer, partes dela serão descongeladas de acordo com a necessidade. Se ela for solicitada em um curso que estude as vias aéreas no pescoço, vão embalar o restante dela em gelo seco e descongelar apenas a cabeça e o pescoço. Extremidades e cabeças levam um dia para descongelar; torsos, dependendo do tamanho, mais ou menos três. "Tentamos manter o corpo o mais intocado possível, mas descongelado o suficiente para o uso. É bem frio em Minnesota", comenta, rindo. "Não queremos que o tecido também permaneça congelado."

Terry abre a enorme porta prateada à direita, revelando uma sala fria com várias estantes, com quatro prateleiras de altura. Há um baú de plástico preto na prateleira de cima, vazio por enquanto, mas usado como sistema de transporte para torsos. Também se encontra ali um saco cheio de líquido da cor de caldo de galinha, suspendendo os fios finos de um estranho tumor extirpado que outrora rastejava ao longo dos ramos de um trajeto nervoso. Perto dos meus pés, um par de pulmões vermelhos está em um balde. Há espaço para 28 corpos, mas apenas dezenove jazem ali, embrulhados como múmias em bandejas de prata, em toalhas brancas antes molhadas, mas agora congeladas. O tecido é embebido em água e umectantes que mantêm a pele hidratada — com os efeitos combinados do fluxo de ar no laboratório e a quantidade de produtos químicos no fluido de embalsamamento, não levaria mais de uma semana para um corpo desidratar até virar couro.

Os corpos são lacrados dentro de sacos plásticos, amarrados com um número de identificação em uma etiqueta no formato de uma moeda de cinquenta centavos igual a outra que fica pendurada no pescoço. Alguns estão descansando em pouco mais de 2 centímetros de líquido de cor âmbar — fluido de embalsamamento que vazou dos poros e do local da injeção. O vazamento continua quanto mais tempo o corpo permanece no programa; a maior parte do fluido de embalsamamento é água, e o corpo humano não é impermeável. Pergunto a Terry se esse é um trabalho complicado e ele me lança um olhar que diz *você não faz ideia*. Ele aponta para os ralos no chão e comenta que o piso não tem emendas por um motivo.

"Você fica com esse cheiro quando vai para casa à noite."

Mais cedo naquela manhã, eu havia chegado ao nono andar do Stabile Building, com pressa para me dirigir à recepção. Dawn, a recepcionista, falou para eu pegar quantas balinhas quisesse da tigela no balcão, então logo depois já estava de volta ao telefone, digitando recados, o receptor preso entre o ombro e a bochecha. Shawn estava de roupa cirúrgica azul, de costas para mim no computador, e Terry não estava à vista. Enchi meus bolsos com doces cor-de-rosa, verdes e amarelos e olhei ao redor do escritório — pilhas de papel, caixas de entrada, caixas de saída, computadores, uma planta. Eu estava sem coisas para olhar e prestes a ler a piada no verso do meu papel de bala quando Terry apareceu usando o mesmo uniforme azul de Shawn. Eram 9h e ele já estava ali havia duas horas e meia. Ele entregou uma pilha de papéis para Shawn e disse que eu havia chegado em uma manhã movimentada: tinham que lidar com a morte de dois doadores, e um deles acabara de entrar no estacionamento. Shawn já está fora de seu assento e com a mão na massa: alto, magro, com olhos intensos e um sorriso tranquilizador que parte seu rosto ao meio. Doe seu corpo para a escola de anatomia da Mayo Clinic e esses são os caras que cuidarão do seu cadáver.

Não há muito mais aqui em Rochester, Minnesota, além da clínica. Em 1883, três décadas após a fundação da cidade, um tornado destruiu o local, deixando 37 mortos e duzentos feridos. Não havia hospitais nas imediações, apenas uma pequena clínica dirigida pelo dr. William Mayo.

Com a ajuda de seus dois filhos — que estavam praticando cirurgia ocular na cabeça de uma ovelha em um matadouro, pouco antes da tempestade —, ele tratou os feridos em casas, escritórios, hotéis e até mesmo em um salão de dança, antes de pedir à madre Alfred, das Irmãs de São Francisco, se poderia usar seu convento vazio como um hospital temporário. Foi ideia dela levantar fundos e abrir um hospital permanente em um milharal. Ela disse que tivera uma visão de Deus de que o lugar se tornaria mundialmente conhecido por suas artes médicas.

É só olhar o mapa para ver que a cidade parece ter crescido em torno do hospital, com tudo voltado para aquela instalação icônica e brilhante. Hotéis de apelo gradativamente menor se espalham a partir do centro, com faixas estendidas em frente a hoteizinhos distantes de beira de estrada, prometendo transporte gratuito para a clínica, mas sem TV a cabo grátis. Outros hotéis espalhados entre os arranha-céus do hospital conectam médicos e pacientes por túneis subterrâneos adequados para cadeiras de rodas, acarpetados com o tipo de design tecnicolor que se deseja evitar ou só se procura quando se está chapado.

Durante o branco inverno do Meio-Oeste, ninguém precisa pisar fora de casa, a menos que esteja deixando a cidade ou tenha ficado sem restaurantes — os túneis se estendem por quilômetros, com lojas de presentes bastante iluminadas ao longo do caminho, vendendo balões com os dizeres "Melhoras" e ursos de pelúcia segurando amorosos corações vermelhos. Antiquários penduram rifles decorativos em suas vitrines ao lado de pinturas a óleo de fruteiras e cães de caça ingleses, alimentando-se do desejo da distração em relação ao que é, se não a morte iminente, pelo menos algo tão complicado do ponto de vista médico que essas pessoas tiveram que ir a um dos destinos médicos mais respeitados e experimentais do mundo para tentar a cura.

Naquele hospital, o Dalai Lama foi tratado de um câncer de próstata, o ex-presidente Ronald Reagan passou por uma cirurgia no cérebro e o comediante Richard Pryor foi tratado de esclerose múltipla. Pryor disse em uma aparição posterior, em um clube de comédia: "Você sabe que essa merda é ruim quando tem que ir até a porra do Polo Norte para descobrir o que há de errado com você". De acordo com os folhetos espalhados pelo saguão do hotel, a Mayo é "um lugar de esperança onde não há esperança". Eu nunca tinha visto uma clientela no bufê de café da manhã tão desanimada.

Terry começou aqui na Mayo depois de anos trabalhando como agente funerário nessa mesma cidade. É um ambiente incomum para um agente funerário — as pessoas vêm aqui de todo o mundo para receber tratamento, o que nem sempre funciona, e, se morrem, esses corpos precisam ser devolvidos para casa. Em vez de organizar cerimônias e ter a conexão com as famílias como Poppy faz, na maior parte do tempo Terry preparava corpos para transporte e os enviava para outro lugar. Era muito trabalho físico, e ele ficava exausto principalmente nos chamados noturnos — a morte não leva em consideração o horário comercial dos vivos —, então, quando uma vaga foi aberta na clínica, 21 anos antes, ele alegremente se mandou do serviço anterior.

Agora, como diretor de serviços anatômicos, o laboratório de anatomia de última geração está sob o controle de Terry: ele faz seu registro enquanto você está vivo, recebe seu corpo quando você morre, preserva-o e o arquiva em um freezer. Na maioria das outras instituições acadêmicas, os cadáveres são enviados para diferentes laboratórios em todo o campus, alguns empurrados pelas ruas em macas de metal no início da manhã; mas, aqui, se estudantes e médicos querem trabalhar em um corpo, eles vão até onde ele está. Eles vêm até Terry.

Conheci Terry por meio de um ex-colega dele, Dean Fisher, que eu havia entrevistado no ano anterior para um artigo da revista WIRED sobre um método novo e mais ecológico de cremar corpos com água superaquecida e soda cáustica em vez de fogo. O processo — conhecido como hidrólise alcalina — era legal no âmbito comercial apenas em cerca de uma dúzia de estados dos Estados Unidos na época, e Fisher tinha uma máquina no campus da UCLA, onde fazia o mesmo trabalho que Terry, e onde a máquina era usada (de maneira não comercial) para descarte de cadáveres médicos. Quando perguntei se ele poderia me mostrar como funcionava o departamento de corpos doados, ele me colocou em contato com Terry — seu antigo colega de faculdade, parceiro de pesca e "irmão de outra mãe". Fisher disse que haviam trabalhado juntos na

Mayo Clinic por anos e que havia mais para ver lá. Foi Fisher quem dera o trabalho a Terry e o salvara dos turnos noturnos.

Terry me leva a uma das salas de aula vazias onde um antigo esqueleto com arame — que já pertenceu (de forma externa, não interna) ao proeminente endocrinologista e cofundador da Mayo, o dr. Henry Plummer — está pendurado em um gancho perto do quadro branco. "Recebemos muitas ligações equivocadas de pessoas que querem doar órgãos ou dinheiro", diz ele, arrastando algumas cadeiras até uma mesa. "Mas a gente quer vocês inteiros! Queremos algo mais valioso do que o seu dinheiro."

Ele se senta e desliza uma carta e um contrato na minha frente. É o documento que envia para todos os possíveis doadores — que podem ser pacientes aqui, ter família em tratamento no hospital ou não ter nada a ver com a clínica em vida — pré-assinado por ele mesmo. "É meu desejo disponibilizar meu corpo ou parte dele para promover o avanço da educação e da pesquisa médica", começa. No verso, constam os motivos para uma possível recusa do presente: "doenças transmissíveis que ofereçam risco a alunos e funcionários, obesidade, magreza extrema, corpos autopsiados, mutilados, em decomposição ou, por qualquer outro motivo, considerados inaceitáveis para doação anatômica".

"As pessoas ficam ofendidas quando você rejeita um corpo?", pergunto, examinando a lista de requisitos de entrada, verificando se eu passaria na peneira de seleção.

"Ah, sim, eles passam a mão no telefone e gritam um monte de palavrões! Principalmente porque não leram direito as informações. Costumavam ser sete ou oito páginas, então tentamos condensar o conteúdo. Mas a grande maioria se encaixa nos nossos critérios. No geral, os de 100 anos estão em muito melhor forma do que os de 30, 40, 50, 60 — porque, se eles morreram tão jovens, há problemas significativos. Você não vive até os 100 por acaso."

Ele explica que o principal é que os doadores tenham sua anatomia intacta: se há falta de órgãos, devido a doação parcial ou autópsia, os alunos não conseguem aprender como tudo se conecta, como o coração se relaciona com o pulmão, como o sistema arterial se interliga com o cérebro. Se a pessoa é muito gorda, eles não conseguem encontrar os órgãos entre o tecido adiposo (uma gordura espessa, cor de manteiga e com consistência igual ao toque) no tempo que lhes é dado para completar seus módulos, e as mesas no laboratório não são grandes o suficiente para acomodar algumas pessoas. Se é magra demais, não há muito músculo para ver e identificar, então não há nenhum ponto educacional se a pessoa for fatiada — seu bíceps pode não ser nada além de um fiozinho fino. "Não seguimos o IMC, porque é um absurdo", diz ele. "Diz que *eu* sou obeso, mas eu aceitaria o meu corpo. Olhamos para a idade deles, seu nível de atividade física. Uma mulher de 72 quilos que está em uma cadeira de rodas há anos versus uma mulher de 72 quilos que é ativa serão dois corpos diferentes do nosso ponto de vista."

Há também o edema (fluido) que se acumula nas extremidades inchadas após uma insuficiência cardíaca crônica, o que torna as coisas mais difíceis. O objetivo aqui é estudar a anatomia dos livros didáticos, como o corpo funciona. Até que os alunos tenham uma noção de como deve ser quando está tudo bem, eles não têm uma linha de base para lidar com as anormalidades. Há um trecho no final dizendo que, uma vez que a clínica aceita um corpo, você não pode visitá-lo ou vir pegar de volta. Ele agradece no fim ao considerar esse o mais precioso dos presentes e assina seu nome em caneta esferográfica azul.

Tudo isso não está tão claro no contrato quanto Terry expõe para mim agora, sentada nesta sala de aula vazia com as mãos cruzadas no colo. Mas, se você tiver dúvidas antes de assinar, Terry não é o tipo de cara que usa eufemismos sobre fatos e preserva seus sentimentos em plástico-bolha: ele dirá tudo o que você quiser saber e algumas coisas que não quer. Se ele agir como está agindo comigo hoje, vai rir o tempo todo, o tipo de riso que paira no limite da histeria. Ele não é a primeira pessoa que conheci na indústria da morte a me fazer acreditar que você precisa de um nível natural de bom humor, o bastante para que a queda, quando vier, não arranhe o fundo do seu coração.

Quando se lê a história da anatomia e do iluminismo científico, os nomes dos médicos são iluminados, como se eles fossem santos ou deuses. Porém a história da medicina é construída sobre uma cama de cadáveres — a maioria sem nenhum nome registrado.

Os acadêmicos sabiam que, para entender melhor o funcionamento do corpo humano e, por sua vez, salvar vidas futuras, precisavam de cadáveres para desmembrar e descobrir como funcionavam. Dissecar um porco só poderia ajudar a entender o ser humano até certo ponto. Eles poderiam aprender mais com os mortos inanimados e quietos do que com os pacientes conscientes gritando e, se soubessem o que estavam fazendo, menos pessoas morreriam na mesa de cirurgia. Mas não havia nenhum sistema para uma pessoa expressar seu desejo de deixar seu corpo para a ciência. Não havia contrato. Não havia Terry.

A mudança da realização de dissecações em animais para cadáveres de humanos foi um foco de tensão política, social e religiosa, tudo discutido em detalhes no excelente livro de Ruth Richardson, *Death, Dissection and the Destitute* [Morte, dissecação e os desamparados]. Inicialmente, foi determinado por Jaime IV em 1506 que a Guilda de Cirurgiões e Barbeiros de Edimburgo poderia ter acesso a certos criminosos executados e usá-los para dissecação. A Inglaterra então seguiu a mesma diretriz em 1540, quando Henrique VIII concedeu aos anatomistas um direito anual sobre os corpos de quatro criminosos enforcados e, posteriormente, seis, quando Carlos II — um patrono das ciências — concedeu a eles mais dois. A dissecação passou a ser reconhecida por lei como uma punição, somada ao rol das já existentes — um destino especial pior que a morte, a ser executado publicamente, descrito como "um Terror adicional e uma peculiar Marca da Infâmia". Era uma alternativa a ser enforcado, arrastado e esquartejado — quando as partes do corpo eram erguidas em estacas por toda a cidade, a punição final em uma sociedade religiosa na qual os corpos deveriam permanecer inteiros em preparação para a ressurreição. Alguns prisioneiros condenados à morte, mas não à dissecação, antes da execução, trocavam seus próprios cadáveres com agentes de cirurgiões para que pudessem comprar roupas extravagantes para morrer. Eles foram os primeiros, estritamente por circunstâncias desagradáveis, a optar pela doação de corpos.

O problema era que não havia corpos suficientes. Os anatomistas faziam o que achavam que precisavam fazer: William Harvey, cujo trabalho publicado em 1628 provou a circulação do sangue, dissecou o próprio pai e a irmã. Outros roubavam sepulturas recentes durante a noite, ou seus pupilos o faziam. O cadáver, por sua escassez, tornou-se mercadoria e, para compensar a falta de abastecimento da forca, foi criada a indústria de roubo de corpos. Os "ressurreicionistas" desenterravam os corpos de quem tinha acabado de morrer — na maioria das vezes, nas valas comuns de pobres das cidades — e os entregavam às escolas de anatomia em troca de dinheiro. Na década de 1720 — cem anos depois de William Harvey dissecar sua família para descobrir o caminho do sangue —, roubar corpos dos cemitérios de Londres era, se não exatamente comum, pelo menos difundido o bastante para estar prestes a ser. Os dois principais anatomistas de sua geração, William Hunter e seu irmão mais novo, John, costumavam trabalhar em corpos de humanos e animais, método que teria sido impossível com o número de cadáveres fornecidos pelos carrascos. Na década de 1750, quando John Hunter era responsável por fornecer corpos para a escola de anatomia do irmão mais velho, ele os comprava de ressurreicionistas ou os desenterrava ele mesmo. Foi durante esse período que encheu seu famoso museu, o Hunterian, com maravilhas médicas e mutações. O museu ainda está de pé no Lincoln's Inn Fields, em Londres, com corações sem corpos e bebês minúsculos encarando os visitantes de dentro do mesmo produto químico que preserva lagartos de duas cabeças e dedos das patas de um leão. Eu fiquei lá na frente dos expositores e os encarei também.

Na época em que Mary Shelley nasceu, em 1797, o roubo de corpos era comum e não era nenhum segredo; quando ela era uma jovem adulta, várias engenhocas, como gaiolas de ferro para segurar caixões, eram vendidas especificamente para frustrar os ressurreicionistas. Os corpos eram roubados do cemitério onde a mãe dela, Mary Wollstonecraft, foi enterrada, onde a história diz que o pai a ensinou a escrever seu nome traçando as letras esculpidas na lápide da mãe. Em última análise, aquilo alimentou sua obra: nenhum dos corpos que se tornaram o monstro em *Frankenstein* assinaram um contrato para estar lá — ele não tem nome, é um produto, um pertence —, enquanto o verdadeiro monstro era o cientista, tão dominado pela ideia da própria criação que desconsiderava o que era certo.

As coisas chegaram ao auge em 1828, quando Burke e Hare se tornaram famosos em Edimburgo por pular a exumação e ir direto para o assassinato, com pagamento na entrega. Burke foi executado por seus dezesseis sufocamentos e condenado à dissecação como uma irônica punição *post mortem*. Seu esqueleto ainda está no museu anatômico da Universidade de Edimburgo com uma placa de papel pregada na costela: (*HOMEM IRLANDÊS*) *O esqueleto de WILLIAM BURKE, O NOTÓRIO ASSASSINO*. Cerca de 535 quilômetros ao sul, um pedaço de seu cérebro se encontra no fundo de uma jarra na Wellcome Collection, em Londres, pálido e encolhido. Quando o vi em uma exposição em 2012, estava na mesma prateleira que uma fatia do cérebro de Einstein. Gênio ou vilão, a mente como matéria parece a mesma coisa.

Algo tinha de ser feito para acabar com a indústria de roubo de corpos, mas sem deixar de alimentar a máquina da ciência e da educação. Assim surgiu a Lei de Anatomia de 1832, que estipulava que os cirurgiões poderiam tirar os mortos não reclamados de prisões, asilos, manicômios e hospitais — equiparando assim "pobre" a "criminoso", o que levou a toda uma nova esfera de turbulência social. Mas os anatomistas conseguiam seus corpos, independentemente da vontade dos mortos, e os pobres tinham algo novo a acrescentar à lista de medos.

Uma das primeiras pessoas a doar voluntariamente seu corpo para a ciência foi o filósofo inglês Jeremy Bentham, cuja cabeça decepada celebramos 186 anos depois que toda a vida a deixou. Quando ele morreu, em 1832, dois meses antes da aprovação da Lei de Anatomia, o filósofo havia estipulado em testamento que desejava ser dissecado publicamente pelo dr. Southwood Smith, que havia escrito antes sobre como o enterro era um desperdício de corpos que poderiam ser melhor utilizados para o ensino. Bentham também queria demonstrar a utilidade dos cadáveres para os vivos — e fazer um comparativo com a inutilidade de enterrar uma ferramenta de estudo científico para os vermes comerem —, bem como iluminar o caminho para um movimento que beneficiaria o mundo. Em um panfleto entregue na dissecação, havia uma seção do testamento sobre sua decisão: "Esta é minha vontade e um pedido especial que faço, não por afetação de caráter singular, mas com a intenção e o desejo de que a humanidade possa colher algum pequeno benefício em e por meu falecimento, tendo até este ponto tido poucas oportunidades de contribuir enquanto vivo".

Apesar dos esforços de Bentham, a doação anatômica ainda demoraria mais uns cem anos para se tornar uma realidade. Ruth Richardson especula em seu livro que, como o aumento das doações coincide com o aumento da taxa de cremação, talvez as associações espirituais feitas aos cadáveres tenham se alterado no período pós-guerra: um cadáver não se manteria inteiro para a ressurreição com a cremação, assim como ocorria com a dissecação.

Os cadáveres para uso médico do Reino Unido de hoje são exclusivamente os corpos daqueles que os doaram, o que não é uma regra em todo o mundo: a maioria dos países da África e da Ásia estuda corpos não reclamados, enquanto a Europa Continental, a América do Sul e a América do Norte são uma mistura de corpos não reclamados e doados. Há, ocasionalmente, uma estranha mistura do velho e do novo mundo — onde alguém optou pela doação, mas talvez não na medida que o futuro assumiu. Atualmente, uma mesa de autópsia virtual chamada Anatomage está disponível para uso em treinamento médico: é um tablet *touchscreen* do tamanho de uma mesa de autópsia real, programado com camadas e camadas de imagens, cada uma sendo uma "fatia" de 1 milímetro do corpo, criando, juntas, um todo tridimensional em que os alunos podem olhar por dentro sem de fato tocar em uma pessoa de verdade. Dois dos quatro corpos, um masculino e um feminino, faziam parte do Projeto Humano Visível — executado pela Biblioteca Nacional de Medicina dos Estados Unids em meados dos anos 1990 —, que fez as imagens congelando o corpo e, em seguida, eliminando, triturada, uma camada de 1 milímetro cada vez que uma nova fotografia era tirada. Em uma conferência em Manchester, experimentei a mesa enquanto o representante de vendas explicava sua funcionalidade. Eu me abaixei no meio da pequena multidão, cutucando, espetando, virando o corpo, ampliando órgãos que a maioria provavelmente nunca veria ao vivo e em cores tão completas e detalhadas. O que eu estava olhando era um assassino executado do Texas, Joseph Paul Jernigan, que concordou em doar seu corpo para a ciência, embora a ética de seu uso atual tenha sido questionada. Ele não tinha conhecimento da disponibilidade das imagens: uma mesa de autópsia interativa ainda não havia sido inventada quando ele foi morto por injeção letal em 1993.

No ano passado, 236 pessoas que assinaram o contrato de Terry morreram e fizeram sua doação, entregando seus corpos a um destino antes reservado a criminosos. Vinte anos antes, esse número chegava a cinquenta. A popularidade está crescendo e, atualmente, cerca de setecentos novos doadores se inscrevem todos os anos. Considerando que os corpos são doados diretamente para a Mayo (em vez de uma organização central de intermediação de corpos que os divide entre vários locais, que é como muitos outros programas de doação funcionam), pergunto a Terry por que este lugar receberia tanta gente. Parece de propósito. Os números daqui são maiores do que os da UCLA, que tem um programa de doação direta semelhante e teve uma média de 168 corpos por ano na última década; mas a Califórnia tem uma população de quase 40 milhões de habitantes, com 4 milhões somente em Los Angeles. Em Minnesota, há pouco mais de 5 milhões de pessoas espalhadas pelo estado que, em termos de extensão territorial, não está muito distante de toda a Inglaterra. Dirigindo do principal aeroporto de Minneapolis para Rochester, é possível percorrer estradas planas e infinitas. É o país dos milharais. Não há ninguém além de você e algumas vacas leiteiras.

"Muito disso vem do bom atendimento que eles tiveram quando foram pacientes aqui; eles querem dar algo em troca", explica Terry. "Estão treinando a próxima geração que vai cuidar bem da *próxima* geração. Vendo isso pelo lado do agente funerário, só enterramos ou cremamos os corpos — e esse é o fim da história. A contribuição para a sociedade termina nisso. Aqui, ela continua."

Existe algo maior para dar em retribuição do que todo o seu ser?

Quando Terry tinha 18 anos, ele se alistou na Marinha e trabalhou principalmente na Unidade de Terapia Intensiva de um grande hospital naval na Virgínia, onde colhia sangue como parte da equipe de emergência. Era o fim da Guerra do Vietnã, e havia caras da idade dele chegando para serem tratados. Foi a primeira vez que Terry esteve perto de moribundos, e as mortes eram difíceis de assimilar emocionalmente — jovens internados pelo que parecia ser nada mais exótico do que uma asma deixavam o local dentro de um saco para cadáveres. "Havia bebês na unidade neonatal que tinham muitos problemas, e *isso* era mais fácil de aceitar do que alguém que estava conversando comigo na semana anterior, brincando como uma pessoa normal que você encontra na rua, e depois vê-la morrer." Terry acompanhava os pacientes falecidos até o necrotério, e foi lá que conheceu os primeiros agentes funerários. Ele não tinha certeza do que queria fazer como carreira, e lá estavam eles, cuidando das pessoas além do ponto que ele era capaz de fazer.

William Hunter, o irmão anatomista mais velho, disse em uma palestra introdutória para os alunos que "a anatomia é a própria base da cirurgia (...) ela informa a *cabeça*, dá destreza à *mão* e familiariza o *coração* com uma espécie de desumanidade necessária". Em outras palavras, é preciso distanciamento clínico para que esse sistema funcione. A medicina não teria avançado tanto se não fosse pelos mortos nas salas de anatomia. Precisávamos aprender sobre nós mesmos para nos salvar. Mas, embora o distanciamento clínico seja uma necessidade, Terry faz questão de transmitir o fato de que o respeito pelos mortos é o que rege esse reino hospitalar. Alguém sem treinamento na indústria funerária poderia administrar esse programa de maneira muito diferente; mas, para ele, a ciência nunca separa totalmente o corpo da pessoa que ele era. "As necessidades do paciente vêm em primeiro lugar, e consideramos isso uma verdade aqui, mesmo que eles já tenham falecido. Nós os tratamos como pacientes, protegemos seus registros médicos, seus nomes, sua privacidade, sua confidencialidade", diz ele. "Mantemos tudo como se eles estivessem vivos."

Ele passa muito tempo tentando transmitir esse valor aos alunos, que veem uma divisão entre eles e o corpo à sua frente. "Talvez os ajude emocionalmente, fingir que a morte não aconteceu", comenta ele. "Talvez lhes dê alguma segurança pensar neles mais como um objeto inanimado, porque são jovens, não viram muito a morte. Então meio que minimizam o presente, ou minimizam a pessoa a um objeto do qual podem zombar. Não acho que seja de propósito, é mais um mecanismo de enfrentamento." Para os alunos, essa é geralmente a primeira visão de um cadáver, e desmaios não são incomuns. Terry conta que já levantou muitos deles do chão. "Peguei pessoas nos corredores ou aqui na sala de aula — elas simplesmente se transformam em macarrão e escorregam das cadeiras."

Essa divisão é algo que consigo compreender, mas por um motivo diferente. Lembro-me da mesa de autópsia virtual que vi na conferência em Manchester e como, rodeada de pessoas entusiasmadas com uma nova máquina, selecionei logo de cara a opção de examinar as partes mais obscenas. Eu não queria ver os pulmões dele, queria ver o pinto do morto — todo mundo queria. Havia uma desconexão: embora nos dissessem que eram imagens de uma pessoa real, a novidade da tela sensível ao toque funcionava como uma barreira. Eram apenas fotos, como um jogo. Não havia personalidade para unir ao corpo, como fiz com Adam no necrotério; a morte não parecia tangível através do vidro. Não havia reverência: o homem estava nu, desprovido de personalidade, seja lá o que nos torne mais do que pura anatomia. Mas é por isso que Terry preserva o esmalte das unhas, as tatuagens — ele preserva apenas o suficiente para servir como um lembrete de que aquela era uma pessoa viva, que respirava. Em alguns cursos, ele também informa a causa da morte, idade, profissão. Se eu fosse uma estudante de medicina, duvido que pudesse sentir a mesma conexão com um corpo através de uma tela, sentir o que Terry diz ser essencial para aprender não apenas a mecânica, mas o significado do trabalho para o qual se está estudando. A experiência foi esvaziada: a pessoa mais importante não está lá, então a morte também não está. Seria preciso, como eu fiz naquele necrotério ensolarado, tocá-los. Estar na presença deles, mesmo que isso demande muito do ponto de vista emocional no início, a ponto de desmaiar. Os estudantes podem não sentir o que eu senti de imediato com Adam, mas, em algum momento, vão. Terry garante que isso aconteça.

"Nossos doadores são as melhores pessoas do mundo", elogia ele, com admiração genuína. "É um presente muito, muito pessoal, dar a alguém o seu corpo. Você consegue pensar em algo mais pessoal ou particular?

Alguns deles, com 80 ou 90 anos, passaram pela época das minissaias e tudo mais, essa geração muito conservadora. Permitir que alguém disseque e percorra cada pedacinho de seu corpo? É um grande sacrifício presentear alguém com algo que eles protegeram e com o qual foram conservadores durante toda a vida."

Terry vai verificar o que está acontecendo no laboratório e retorna usando um jaleco branco, a barra aparentemente limpa de não tenho certeza do quê. Seguimos pelo corredor, passando por fotos emolduradas de todos os funcionários. Todo mundo está sorrindo aqueles grandes sorrisos estadunidenses.

    O laboratório de anatomia está bem iluminado, e Terry me pergunta o que acho do cheiro — ele não pode dizer mais nada. "Parece consultório de dentista?", arrisco. Ele ri. "Estou preocupado com o seu dentista." Um sistema de ventilação empurra o pesado gás cancerígeno usado no embalsamamento de corpos (o fluido conservante injetável "formalina" é o gás formaldeído saturado com álcool metílico para que se torne líquido, mas a evaporação o torna novamente gasoso) para a parte inferior da sala e bombeia para dentro oxigênio do alto, um ciclo de ar em constante movimento, a fim de que os conservantes nos corpos não afetem negativamente a saúde daqueles que trabalham neles e haja menos probabilidade da náusea que fez meus colegas do ensino médio fugirem de suas dissecações de sapo. Ele aponta para as aberturas no teto e as outras perto do chão, que é vedado para permitir que a água da cirurgia artroscópica — espécie de cirurgia com câmera — escorra. A água é necessária para a clareza da imagem que a câmera captura, explica Terry: é como usar uma máscara de mergulho na praia versus usá-la debaixo d'água. Ele empurra pesadas mesas de trabalho de plástico com facilidade para mostrar que elas se movem sobre rodas. Luminárias articuladas pendem do teto a cada metro. Há fios, plugues e tomadas, monitores de computador e telas de televisão, e, no canto direito da sala, armários com portas de vidro cheios de livros de anatomia e objetos bizarros.

    Terry abre uma porta e aponta para algo grande e cinza. "Sabe o látex doméstico comum de vedação?" Ele pega o que parece ser um coral desbotado pelo sol esculpido em isopor. Terry derramou látex em um par de pulmões inflados e submergiu tudo em alvejante, e, quando o tecido se dissolveu, ficou assim: um roteiro 3D para o oxigênio, com pulmões humanos leves como plumas.

De uma prateleira alta, ele puxa um enorme Tupperware com artefatos encontrados dentro de cadáveres ao longo dos anos, guardados para mostrar aos alunos versões anteriores do que eles podem estar aprendendo a instalar. Uma haste de Harrington que, no passado, fundiu uma espinha; uma válvula de bypass cardíaco, um implante testicular do tamanho de uma uva que salta uma vez quando ele o joga de volta na caixa. Uma patela de plástico. Um marca-passo. Um parafuso de osso. Um implante mamário antigo. Malha aórtica. Stents que sustentavam abertas as câmaras dos corações. Essas são as coisas que normalmente enterramos com nossos mortos. Mesmo cemitérios naturais e ecológicos estão cheios de metais de joelhos artificiais.

Agora ele está abrindo gavetas e levantando coisas para olhar na luz, tornando-as piores ao nomeá-las: serras de osso, delicados ganchos de pele do tamanho de agulhas para cirurgia plástica, retratores de quadril, tesouras para caixa torácica, expansores de peito. Curetas para raspagem, tesouras com lâminas que se dobram em todos os ângulos para chegar às áreas de mais difícil acesso. Bisturis, martelos cirúrgicos, cinzéis e fórceps. "É a caixa de ferramentas da faculdade, sabe?" Ele segura algo que parece muito maligno, como uma cobra de metal com uma boca serrilhada, e diz: "Essa coisa oscila de um lado para o outro e mastiga o tecido, depois o suga". Pequenos pedaços de aço brilhante reluzem em suas divisórias organizadas, tudo guardado em gavetas etiquetadas. "Estes aqui custam uns mil dólares cada!", explica ele, obviamente empolgado em mostrar a coleção.

Na bancada se encontram suturas, esparadrapos, toalhas de papel, grampeadores de pele. Há luvas e aventais de todos os tamanhos, uma pia, uma autoclave; mesmo não havendo risco de infecção de um paciente para outro, os equipamentos são mantidos com limpeza cirúrgica. Existem caixas de protetores oculares, protetores faciais completos e parciais, protetores de sapato que cobrem até o joelho para uso no laboratório úmido. Agora, ele está tirando o equipamento que usarão em uma aula de prótese de quadril naquela tarde: os "alargadores" que limpam a medula antes da inserção de uma haste ou prego, vários martelos, as juntas esféricas de plástico verde, azul e rosa. Ele me mostra o que parece ser um ralador de queijo do tamanho de uma bola de golfe e me diz que é isso que eles usam para abrir espaço no encaixe para a junta. Ele o torce no ar, imitando o movimento de ralar. Algumas partes do meu corpo começam a doer.

"Não desmaio perto de cadáveres", aviso, caso meu rosto esteja prestes a arruinar minhas chances de ver todo o laboratório. "Mas, hã, raladores de ossos podem estar além do meu limite."

Ele ri de novo e aponta para o outro lado da sala. "Bem, esses são carrinhos cheios de cérebros." Depois me convida a abrir um tanque da minha escolha. Espiamos as fatias cinzentas com veias azuis, cortadas uniformemente como um pedaço de pão. Na verdade, essa é a terminologia do laboratório: esse cérebro foi fatiado como pão ao longo do plano axial. "Já olhou para algo assim e pensou em como isso controlava uma pessoa inteira?", pergunto, as fatias se empurrando umas contra as outras no conservante.

"O corpo inteiro é um milagre. E ver como o cérebro contribui é... é simplesmente extraordinário. Então, essas são as mesas cirúrgicas de aço inoxidável que eu falei, aquelas que abrem como mariscos..."

Enquanto Terry fala sobre a conexão Wi-Fi e as várias atualizações feitas ao longo dos anos, meus olhos vagam pela sala e vejo um corpo deitado sobre uma mesa. Está coberto por um lençol branco, algumas manchas vermelho-acastanhadas aqui e ali. Dois pés se destacam: velhos e retorcidos, as unhas se estendem um centímetro além do próprio dedo. É o corpo de um homem, mas os pés têm o formato de como se tivessem calçado o mais pontudo e desconfortável sapato de salto agulha. Ele não tem cabeça. E está esperando pacientemente por seu novo quadril.

"As pernas estão atrás, a cabeça e a parte superior nas laterais", diz Terry, saindo para que eu possa atravessar sozinha uma passagem estreita entre prateleiras tão altas que seria necessária uma escada para chegar ao nível superior. Este é o freezer onde o tecido fresco é guardado; ao contrário daqueles na sala fria, não há conservante nesses corpos. "Queremos tentar criar um modelo próximo ao que o usuário verá em seu paciente, mas sem o pulso e a respiração", explica ele da porta. O embalsamamento não apenas limita a flexibilidade do tecido, como os produtos químicos tendem a fazê-lo perder a cor; estudantes que se aproximassem de um corpo vivo pela primeira vez, tendo operado apenas um embalsamado, teriam aprendido o caminho em um mapa desbotado. "Tentamos recriar esse ambiente cirúrgico para aproximá-los o máximo possível do atendimento real ao paciente. Este é o lugar para cometer erros."

Não há corpos inteiros aqui, apenas pedaços do que Terry estima serem cerca de 130 doadores. Quando se está em um cemitério cercado por milhares de corpos, não se imagina a diferença que sete palmos de terra fazem; aqui, a multidão visual é impressionante. Centenas de sacos de formas diferentes revestem as paredes. Posso ver dedos e pés, e o que poderiam ser bolas de futebol, não fossem os narizes pressionados contra o plástico. Uma cabeça ensacada tem o nome de um médico escrito em marcador azul permanente — reservado para uso posterior. No chão, há uma perna inteira com uma articulação do quadril presa, o pé descalço saindo da toalha. Os sacos verdes denotam peças "acabadas" — essas partes do corpo estão prontas para serem cremadas, apenas esperando pelo resto da pessoa aparecer, todas identificadas por um número único. Quando todas as partes chegarem, Terry vai juntar as peças e reconstruir um ser humano, mas não vai costurá-las: a carne está muito congelada para usar agulha e linha, e, se descongelassem, vazariam. Essas pessoas serão cremadas por completo e terão nome e identidade de volta. "Essa é uma promessa que mantemos com muita, muita firmeza para as famílias. Não perdemos nada."

"Algumas pessoas podem ver isso como desrespeitoso", diz ele, apontando para as profundezas do freezer. "Para mim, seria desrespeitoso desperdiçar esses tecidos."

Parei ali, no frio, olhando para aquelas partes de pessoas, com pedaços de gelo cristalino embaçando o plástico. Tentei discernir o que estava sentindo. Quando entrei em contato com Terry pela primeira vez, previ que essa cena seria mais chocante para os sentidos; que, apesar de anos olhando para frascos em museus de patologia, isso seria diferente e provavelmente mais difícil de olhar. Esses não seriam os espécimes pálidos de muito tempo atrás — seriam recentes, carnudos, distintamente humanos e, em algum lugar de um sistema de computador, teriam nomes. Alguém ainda estaria de luto por eles. Mas havia um descompasso, não apenas físico, com sacos e toalhas, mas emocional: nenhum desses itens correspondia às pessoas como eu as reconheço. O que realmente mexeu comigo foram as mãos, com as unhas perfeitamente pintadas ou roídas grosseiramente. Aquela aluna estava certa: as mãos mantêm uma personalidade mesmo depois de serem cortadas. São aquilo que as pessoas seguram, a parte que devemos conhecer melhor do que qualquer outra. Em uma prateleira ao meu lado havia braços envoltos em pequenas toalhas, enrolados em saquinhos transparentes, separados do corpo logo abaixo do ombro. Aqui estavam as mãos pausadas no meio de uma frase em língua de sinais, capturadas em um momento de gesticulação efusiva, congeladas no tempo — gestos coletados removidos do corpo e do contexto, quadros órfãos de um set de Muybridge.* Mãos nuas em sacos plásticos têm mais personalidade do que corpos inteiros.

Mas não senti quase nada, ou pelo menos nada do que esperava. Não houve choque, medo ou repulsa no congelador de cabeças decapitadas: era pura ciência e *Futurama*. Eu havia sentido a perda de treze vidas no necrotério de Poppy, mas, embora ali na minha frente houvesse dez vezes isso em pedaços de corpos, havia um estranho silêncio emocional.

Charles Byrne, o gigante irlandês de 2,31 metros, sabia que, quando sua saúde começou a piorar na década de 1780, os anatomistas estavam atrás de seu corpo. Ele não queria acabar no museu de espécimes patológicos de John Hunter, um show de aberrações, preservado em um armário de vidro por séculos, olhando para os turistas em suas jaquetas acolchoadas. Então ele pediu para ser enterrado no mar e, quando morreu, aos 22 anos, seu corpo foi levado para a costa. A maioria das

---

* Eadweard J. Muybridge (1830-1904), fotógrafo inglês conhecido por experimentos com múltiplas câmeras para criar imagens em movimento. Um dos precursores do cinema.

partes de pessoas no Museu Hunterian são anônimas, foram roubadas. Mas lá está Byrne: o esqueleto roubado e com nome, que nunca chegou ao oceano, cujo caixão vazio foi carregado com pedras pelo agente funerário subornado para que os carregadores não notassem. Olhando para seus ossos grossos, é impossível não sentir o peso emocional deles. Ele não queria estar lá.

Percebi, aos poucos, que todos naquele refrigerador naquele momento, incluindo Terry e eu, queriam estar lá. Toda essa morte, camada após camada de carne congelada, saco após saco de pernas e torsos, poderia afogar a vida na sala se você permitisse. A mesmice implacável do açougue, o frio e o degelo, o arquivamento e a numeração — tudo isso poderia tornar tudo sem sentido ou pior. Mas, aqui, a simples escala de tudo realizava um truque cósmico. É só diminuir o zoom e ver tudo em uma única tomada: a cena não era chocante ou triste, porque cada pessoa queria que algo de bom resultasse de sua morte, e foi isso que escolheram. À minha frente estava uma imagem de profunda generosidade e esperança, emoldurada pelo selo de borracha de uma pesada porta prateada.

Quando uma tartaruga-mordedora é decapitada, sua mandíbula ainda se fecha, da mesma forma como a cauda amputada de um lagarto ainda se contorce na grama. O coração pode bater o sangue frio por horas. Graças à força e dureza da carapaça, a tartaruga-mordedora não tem predadores naturais, exceto fãs de sopa de tartaruga, carros que passam por elas e garotos entediados.

Eram meados da década de 1960, na Flórida, quando Terry, aos 7 anos de idade, encontrou os restos mortais de uma tartaruga que os valentões do bairro haviam atormentado e abandonado. Ele voltava todos os dias à cena do crime, maravilhado com a vida que restava na cabeça animada, a natureza reativa pura da biologia muscular, o estalo característico das mandíbulas que dava ao réptil seu nome. Agachado sobre o animal no calor pegajoso, ele ficou fascinado com o milagre de um corpo ao mesmo tempo na vida e na morte, sua função e mecânica básica. Em sua memória, demorou cinco dias para que a tartaruga decapitada parasse de morder o graveto.

Terry olha para mim como um homem que não pensa nisso há algum tempo. Depois da tartaruga-mordedora, ele levou sua arma Red Ryder BB ao Parque Nacional de Everglades para caçar codornas, tatus, guaxinins e gambás. Ele retirava as vísceras, sempre curioso para saber o que estava acontecendo dentro dos animais. "Em vez de montar barraquinhas para vender suco artificial, eu saía e atirava em tubarões, cortava suas mandíbulas e via o que estavam comendo. Então vendia as mandíbulas na 81A, a grande rodovia da Flórida. E cocos. Não dava para acreditar na quantidade de velhos que compravam cocos." Tudo isso pode soar como a criação de outro Jeffrey Dahmer, mas o interesse pela morte nem sempre leva ao mesmo caminho. Terry estava à procura da vida no corpo, a coisa que eletrificava as partes.

Agora, usando equipamentos médicos em planos cirúrgicos estabelecidos, Terry desmonta os corpos para preservar as estruturas que os alunos precisam estudar. Para separar um ombro, ele corta ao longo da clavícula, seguindo a caixa torácica e separando o braço com a escápula anexada. Para aproveitar ao máximo os joelhos e tornozelos, mas reservar os quadris para outro departamento, ele deixa um terço do fêmur para os alunos de ortopedia observarem o encaixe do quadril. Para decepar a cabeça de um corpo, ele usa uma serra de osso para cortar a carne e desarticular as vértebras em algum ponto acima dos ombros, mantendo o máximo possível do pescoço para que alguém possa estudar as vias aéreas.

Pergunto se isso o incomoda. Ele ri e diz que não, já viu coisas piores ao recolher corpos em cenas de crime do que qualquer coisa que pudesse fazer pessoalmente na sala de preparação. Ele não sabe o que há nele que lhe permite fazer esse trabalho que os outros não conseguem, o que o impede de ter náuseas, pesadelos e desmaios. Quando era agente funerário, o legista em Rochester não tinha uma equipe de remoção, então Terry era solicitado para fazer essa tarefa com regularidade. Enquanto metodicamente recolhia pedaços de corpos após a explosão de um carro com os assentos derretidos até sobrarem apenas as molas, alguns colegas vomitavam na frente das câmeras de noticiários locais. Outros besuntavam as narinas com Vick Vaporub e ficavam de lado enquanto Terry ensacava um suicida que jazia morto, agachado por semanas ao lado de uma arma embrulhada em revistas para abafar o barulho. Ele já recolhera pessoas cujos animais de estimação comeram seus rostos, e foi tudo bem para ele. Continuo perguntando como ele aguenta, como faz, e ele só fica lá, rindo. Ele não sabe. Deixei a pergunta pairar no ar um pouco mais.

"Bem, eu tive que cortar a cabeça de um amigo. Isso foi..." Ele para. "Ainda não há um dia na minha carreira em que eu não remova a cabeça ou o braço de alguém e não me pergunte como consegui este trabalho. Como vim parar aqui?"

O amigo era um colega da Mayo que havia doado seu corpo para o programa. Terry raciocinou consigo mesmo que o sujeito sabia para o que estava se inscrevendo e quem faria isso, então ele só estava realizando os desejos do amigo. "Nos meus anos aqui, aceitei alguns doadores que eu conhecia, e isso muda tudo. Ainda me desapego e mantenho minha promessa de que faremos tudo o que pudermos para honrar o presente que recebemos deles, mas sempre há um lado pessoal. Mas você tem que continuar. Tenho certeza de que, com os médicos e profissionais de saúde, se tiverem que atender amigos ou familiares, esse fato também mudará as coisas para eles. A pressão é um pouco maior, você ainda quer fazer um bom trabalho, mas vai fazer tudo igual para o outro paciente que não conhece. Mas isso muda a abordagem emocional."

Às vezes, porém, é preciso vigiar o próprio coração: agora existe um sistema, um acordo com uma universidade vizinha em Minneapolis, segundo o qual eles podem trocar os corpos se forem muito próximos dos funcionários ou alunos.

"Você fez alguma coisa diferente com o seu amigo?", pergunto. "Cobriu o rosto dele?"

"Não. Eu só coloquei mãos à obra, tentei reprimir minhas emoções e apenas fazer o trabalho que sempre faço e realizar o desejo desses conhecidos de fazer parte."

Fico imaginando, porém, se aquele é um hábito aprendido; mesmo para um agente funerário, um refrigerador cheio de cabeças decapitadas é uma visão incomum. Então eu pergunto se isso foi um choque no primeiro dia dele, quando tinham treze cabeças alinhadas em duas mesas para cursos de tireoplastia e rinoplastia. "Eu não fugi", conta ele. "Apenas pensei: *Bem, isso é estranho.*" Terry acredita que trabalhar em funerárias provavelmente tinha mais desvantagens emocionais: as funerárias, ao contrário do departamento de anatomia da Mayo, lidam com corpos de crianças — algo que ele sempre achou particularmente difícil de processar. "Você está lidando com a dor o tempo todo. Eu lido um pouco com ela no meu papel, mas isso também dá à família muita esperança e otimismo, algo positivo que sai de uma situação muito ruim." Ele pensa um pouco mais, procurando outra explicação para as cabeças não o incomodarem. "Não, estou confortável pra caramba!", exclama, sem conseguir pensar em mais nada. "Não me incomoda em nada. Se apenas cortássemos as cabeças sem ver o benefício, eu poderia achar mais difícil."

Terry tem 62 anos e em dois anos vai se aposentar, embora pareça o tipo de pessoa que sempre estará a dois anos de se aposentar. Mas não planejou sua vida em torno disso — ele sabe que há uma chance de uma pessoa não chegar à idade da aposentadoria. Também sabe que a mandíbula humana não continua viva como a de uma tartaruga-mordedora, mas um corpo pode continuar sendo útil uma vez que a vida nele se foi: ele pode ajudar os vivos de mais maneiras do que oferecer um fígado quente nos últimos instantes em uma cama de hospital. É impossível quantificar o número de erros evitados ou de sucessos alcançados nesse laboratório, porque tudo faz parte da formação de jovens médicos — mas há uma linha muito direta entre os mortos nos refrigeradores dali e os vivos na rua.

Uma ou duas vezes por mês, um médico vem pedir a ajuda de Terry. Houve o médico que aperfeiçoou sua ferramenta para curar a síndrome do túnel do carpo usando os pulsos dos mortos. Depois, houve o médico que o procurou com o problema de um tumor tão complexo e potencialmente fatal que os cirurgiões de todo o mundo se recusaram a tocá-lo; começava no pescoço e descia pela coluna vertebral do paciente como a faixa vermelha em um mastro de barbeiro, parando abaixo do peito. Uma equipe multidisciplinar precisaria estar envolvida com os diferentes estágios de remoção dessa massa retorcida — passando pelas especialidades cirúrgicas conforme desciam mais na coluna, da frente para trás, da frente para trás, girando o homem como um frango de padaria —, então praticaram no laboratório de Terry, chegando às 22h, depois do trabalho, e saindo de madrugada, revirando os corpos dos mortos, elaborando um plano. O paciente sobreviveu.

Depois, houve o transplante de rosto. Eu já tinha ouvido falar: a cirurgia, uma maratona de 56 horas, foi tão bem-sucedida que virou notícia internacional. O paciente de 32 anos, Andy Sandness, de Wyoming — estado no coração da epidemia de suicídio masculino nos Estados Unidos — destruiu a maior parte do rosto com um tiro autoinfligido no queixo aos 21 anos. Uma década depois, Calen Ross atirou em si mesmo e morreu no sudoeste de Minnesota. A idade deles, tipo sanguíneo, cor da pele e estrutura facial eram uma combinação quase perfeita. Os médicos passaram três anos esperando o doador certo, praticando. Para se preparar para a operação, os cirurgiões, enfermeiros, técnicos cirúrgicos e anestesistas passaram cinquenta fins de semana no laboratório de Terry, divididos em duas pequenas salas para replicar a apertada sala de cirurgia. Eles estudaram cada ramificação dos nervos e o que faziam no rosto; tiraram fotos e vídeos, praticaram unindo-os. Cada vez que vinham, trabalhavam em duas cabeças diferentes. Trocaram cem rostos. Os doadores não saem de lá inteiros, mas Terry garante que saiam com as partes certas. Então, quando os cirurgiões terminavam, ele ficava e destrocava os rostos. Ninguém jamais saberia se não fizesse isso. Não há osso na carne do rosto que vá parar na urna errada após a cremação. Ele fazia isso porque era a coisa certa a fazer, da mesma forma que ele, como agente funerário, sempre se certificou de que todos fossem enterrados com roupas íntimas e meias, mesmo que a família tivesse se esquecido de adicioná-los ao saco de roupas. Claro, ninguém saberia se não agisse assim — mas ele agia.

É essa parte do trabalho que o faz continuar nas serras de ossos e decapitações: o avanço científico, as possibilidades, o bem fundamental intrínseco ao trabalho que lá se faz. Ele tem um assistente que também corta os corpos, e Terry o encoraja a sair de tempos em tempos do refrigerador para ver os alunos, para ver ao que seu trabalho conduz; sem a ciência e a esperança, Terry sabe que o ambiente pode ser um lugar triste para se trabalhar. Mas seu rosto se ilumina quando fala sobre seu envolvimento na continuidade da vida dos vivos, por mais escondido que esteja nos bastidores frios.

Uma podóloga, falhando de maneira espetacular em manter uma conversa fiada em uma festa, uma vez me disse que todo mundo quer manter o pé conservado em um pote de vidro. Ela com frequência trabalhava com veteranos de guerra que — por negligência ou diabetes, em geral, ambos — deixavam os pés apodrecerem. Falou que ninguém quer perder o pé, não importa em que estado esteja, que as pessoas preferem mantê-lo apodrecendo na ponta da perna e morrer disso do que tirá-lo. Se admitirem que o pé é uma causa perdida, perguntam se podem ficar com ele. As pessoas não querem se livrar de pedaços de si mesmas.

Penso nesses homens olhando para o alto, de suas cadeiras de rodas, implorando desesperadamente para manter seus pés pútridos em potes de conserva, enquanto Terry desacelera a van de coleta de corpos até parar no Cemitério Oakwood. Ele está sem o uniforme agora. De camisa Harley-Davidson xadrez laranja, jeans azul e botas marrons, parece mais como alguém que deveria estar apoiado na sua Ultra Classic 1800cc do lado de fora de um bar, não dirigindo uma van Dodge branca por um cemitério impecável na zona rural de Minnesota. Ele brinca que sou sua única passageira que já se sentou na frente.

Ele abre a janela e aponta para o memorial de granito cinza que foi erguido para cada doador que já passou pela Mayo Clinic, um jazigo para as pessoas que doaram seus corpos inteiros sem saber detalhes sobre o que passariam ou se seriam retalhadas de forma inepta pelo bisturi de um desconhecido. Gravadas na frente do monumento estão as seguintes palavras:

>DEDICADO AOS INDIVÍDUOS
>QUE DOARAM SEUS CORPOS
>À MAYO FOUNDATION
>PARA ESTUDOS ANATÔMICOS
>A FIM DE QUE OUTROS POSSAM VIVER.

Terry sempre vem aqui para ficar de olho na umidade dentro do jazigo, aparar a grama ao redor da pedra e, todo ano, vem adicionar mais cinzas. Ele cuida deste túmulo para as milhares de pessoas que nunca conheceu enquanto estavam vivas, mas de cujos corpos cuidou até serem cremados, em pedaços, um ano depois de morrerem.

Nem todo mundo está aqui: se as famílias querem as cinzas de volta, elas as coletam em uma cerimônia anual chamada Convocação de Agradecimento, onde passam de corpo anônimo a indivíduos novamente. Em urnas de plástico preto, essas pessoas recuperam nomes e números de série de doadores — uma vida dupla em um só corpo. A cerimônia agradece aos doadores e oferece uma espécie de encerramento às famílias — afinal, essas pessoas ainda não tiveram um funeral. A cerimônia deste ano acontecerá no dia seguinte, e Terry me diz para chegar cedo se quiser garantir um lugar. Estão esperando centenas de pessoas.

No dia seguinte, uma multidão é canalizada por uma porta na lateral do prédio e direcionada para um enorme auditório. Estudantes de medicina leem poemas no palanque, escritos por eles mesmos, depois voltam para seus lugares, sem saber se a pessoa ao lado deles é irmão, filho, filha ou esposa da pessoa que dissecaram. Cada poema fala sobre coisas básicas que os estudantes nunca saberão sobre as pessoas mortas, apesar de literalmente conhecerem os meandros do coração delas. Elas batiam com os dedos no volante quando o sinal fechava? Comiam manteiga de amendoim direto do pote?

Na plateia, há velhos de suspensórios, jovens de botas de caubói e boleros, fazendeiros que parecem desconfortáveis em seus ternos. Usando sombra azul como cápsulas do tempo dos anos 1960, mulheres corcundas na fila do banheiro falam sobre quantas moças há nas fotos de grupo dos jovens cirurgiões ortopédicos. A sala está em polvorosa.

Centenas de nomes de doadores são listados em uma tela gigante e lidos um a um por uma dupla de cirurgiões em treinamento, mas quem quer que tenha lhes ensinado, pessoalmente, o funcionamento do corpo humano, passa anônimo na lista de chamada. Um número estranhamente alto deles se chama Kermit. Um belo homem mais velho sentado ao meu lado em terno e gravata amarela se inclina e me diz baixinho, mas com orgulho, quando o nome de uma mulher surge: "Selma era minha mãe — 105 anos e meio!". Ela ficou viúva por quatro décadas e venceu competições de exercícios na casa de repouso antes de doar o corpo do qual cuidou com tanto zelo — o corpo que gerou esse homem a partir de um óvulo com o qual ela nasceu.

Mais tarde, em torno de um bufê cada vez mais vazio, as pessoas esperam educadamente o momento certo para pedir a Terry a pessoa querida de volta. Ele está em um terno escuro agora e fala com as famílias com uma reverência calma e gentil, como se estivesse ao lado de um túmulo. Alguns tentam a sorte e perguntam se os alunos já encontraram algo anormal dentro do pai. *Qual era o tamanho do câncer, no final? Você acha que é genético?* Os pratos de comida esfriam e enrijecem. O homem de gravata amarela recolhe sua mãe. Do lado de fora, sob o sol de Minnesota, em um Cinco de Mayo*, idosos em cadeiras de rodas esperam que as rampas dos táxis se abram, com suas caixas de pó de ossos no colo.

---

* A data se refere à Batalha de Puebla, de 1862, quando pela primeira vez o exército mexicano derrotou uma potência que ocupara o país e era muito melhor preparada, no caso, a França.

(mor.te) *sf.*
Estale os Dedos e Eles Viram Pedra

Nick Reynolds passou a infância em fuga no México com o pai, o infame mentor do Great Train Robbery,* Bruce Reynolds, e agora mora não muito longe de mim em Londres — em um apartamento no segundo andar, em uma colina tão alta que não há prédios obscurecendo o céu do lado de fora da janela, nada entre ele e o sol além da atmosfera. É um labirinto estreito repleto de peças de arte, cordões de pescoço para identificação em excursões e cabeças de bronze. Eu me encosto no batente da porta da cozinha enquanto Nick anda de cômodo em cômodo falando, procurando coisas, me dizendo que está a todo vapor há dias, que precisa pegar um ônibus às 8h, que não consegue encontrar uma coisa que guardou para me mostrar — uma carta de agradecimento de um cliente.

    Enquanto me prepara uma caneca de chá, passa pelo caos de pratos, cinzéis e saquinhos de chá em direção a um rosto de gesso branco no banco perto da janela. Ele para de trabalhar logo após o pôr do sol, explica, porque é uma atividade inútil depois que a luz vai embora. Está escuro lá fora agora, e os detalhes das feições do homem se perdem na forte claridade da lâmpada da cozinha. É evidente que se trata de um rosto, e bonito, mas sem aquele detalhe aparente seria difícil de lembrar.

---

*   Conhecido em português como "Assalto ao Trem Pagador", foi um famoso assalto a uma locomotiva do serviço postal do Reino Unido, em 1963, que transportava depósitos bancários. O bando de dezessete pessoas (quinze ladrões e dois informantes) levou uma quantia aproximada de 2,6 milhões de libras esterlinas.

"Um suicida", conta ele. "Ele se jogou do Beachy Head*. Segundo os relatos, ele tomou impulso, correu e saltou." Perto da cabeça de gesso, que Nick diz que teve que remendar na pós-produção — a mandíbula estava desalinhada e havia marcas profundas no crânio por causa da queda —, há uma única mão e um pé de gesso. Nick não sabe por que alguém iria querer partes de um homem que poderia ter ficado em pedaços após a queda. Ele tende a não perguntar por que alguém quer as coisas que ele faz.

As máscaras fúnebres, ao longo da história, tiveram muitas vidas. Elas foram o domínio de reis e faraós, usadas na confecção de efígies para que a realeza morta pudesse viajar por suas terras e as pessoas pudessem prestar as últimas homenagens a um líder imperecível, não importava quanto tempo durasse a viagem. Eram uma ferramenta de referência do artista antes da invenção da fotografia, para uso na produção de retratos, e amplamente descartadas depois — a representação do artista sendo considerada mais importante e adequada do que uma impressão tridimensional diretamente do rosto da pessoa. Máscaras fúnebres também foram moldadas a partir de mortos desconhecidos, na esperança de um dia identificá-los. Uma delas, feita de uma jovem retirada do rio Sena no início de 1800, é agora o rosto mais beijado do mundo, o rosto da primeira boneca de treinamento de reanimação cardiorrespiratória, Resusci Anne, de 1960. Albert Camus, que mantinha uma cópia da máscara, chamou-a de Mona Lisa afogada. Os surrealistas fizeram dela sua musa estática e silenciosa. Talvez você a tenha conhecido; talvez tenha salvado uma vida porque a conheceu.

Mais cedo naquele dia, eu estava folheando um livro chamado *Undying Faces* [Faces Imortais], de Ernst Benkard. Publicado (em inglês) em 1929, é uma coleção de máscaras fúnebres que datam desde o século XIV até o século XX. Friedrich Nietzsche está nela, assim como Liev Tolstói, Victor Hugo, Mahler, Beethoven. Pessoas famosas, pessoas ricas, líderes políticos. Todos esses rostos mortos, preservados em gesso, momentos, dias ou semanas depois de terem dado seu último suspiro. Mas por que

---

* Penhasco de giz ao sul da Inglaterra, à beira-mar.

fazer uma máscara fúnebre agora? Se você deseja preservar uma imagem, por que não apenas tirar uma fotografia? Por que fazer um molde do rosto de uma pessoa morta quando tantas pessoas não suportam sequer olhar para um cadáver? Fazia meses desde que eu visitara a Mayo Clinic e o tempo todo repassava uma cena na minha mente: Terry ficando para trás depois que os cirurgiões iam embora, devolvendo os rostos originais aos cadáveres para uso médico. O que há em um rosto?

Vim aqui para perguntar a Nick, que molda rostos de mortos há mais de vinte anos e é a única pessoa que faz isso (comercialmente, pelo menos) no Reino Unido. Eu tinha visto seu trabalho em lápides no Cemitério de Highgate, perto de onde moro: a cabeça de bronze de Malcolm McLaren fica acima da citação jateada: "Melhor um fracasso espetacular do que um sucesso benigno". Eu também tinha visto o pai de Nick; ele não fica tão longe da entrada. Quase dá para ver o rosto dele se a gente enfiar a cabeça entre as grades do portão.

Mudamos para o sofá de couro preto na sala, um cômodo cheio de mais livros, mais esculturas, mais telas pintadas, a desordem acumulada de uma vida entre artistas e músicos. Há um livro sobre Johnny Cash na mesinha de centro; cristaleiras exibindo diversos objetos revestem as paredes. Uma escultura da cabeça do pai de Nick olha para nós — moldada enquanto ele estava vivo, ao contrário da máscara fúnebre que fica sobre seu túmulo — e, ao lado dela, outra máscara viva de seu colega ladrão de trens, Ronnie Biggs, que se tornou um ícone rebelde folclórico enquanto viveu por 36 anos como fugitivo da polícia britânica. Biggs usa óculos escuros e chapéu preto, como um manequim de loja. Nick mantém cópias de suas máscaras fúnebres mais famosas, mas todas naquela sala são dos modelos enquanto vivos. Mesmo assim, há algo enervante nelas. Eu me sinto observada. "Recebi convidados que se hospedaram comigo e não há uma única pessoa morta aqui", diz ele, apontando para as máscaras. "Só que meras *máscaras* deixam as pessoas apavoradas", diz ele. "Meros rostos."

Ele se acomoda mais para trás no assento, enrolando um cigarro e segurando uma lata de cerveja San Miguel no colo. Tem 57 anos, veste uma camisa rosa, os primeiros botões abertos, óculos de lentes alaranjadas. Ele tosse e me conta que ganha a vida principalmente como tocador de gaita (ele integra a banda Alabama 3 — você deve ter ouvido falar deles nos créditos de abertura de *Família Soprano*), e o fato de fumar tanto é como matar a galinha dos ovos de ouro. "Devo ser uma besta mesmo", diz ele, lambendo a borda do papel. "Se eu não tiver pulmões, não posso tocar." Sua voz é baixa e rouca, uma voz que poderia se elevar através do ruído de um bar barulhento, da névoa de nicotina, e ainda ser ouvida. A sala se enche de fumaça tão depressa que ele precisa abrir a janela para que eu possa respirar.

"Antigamente, as máscaras fúnebres eram importantes porque achavam que, de alguma forma, estavam engarrafando ali parte da essência da pessoa", diz ele, soprando a fumaça pela janela. "Eles acreditavam no animismo. Os gregos e os romanos acreditavam que, por meio da concentração, oração e encantamentos, sei lá, você poderia invocar o espírito da pessoa. Acreditavam que as estátuas ganhariam vida. Na cabeça deles, elas seriam uma casa, um repositório para quem quer que fosse o deus ou a pessoa, e eles poderiam convocar seu espírito para entrar lá. E acho que os vitorianos também acreditavam nisso, de alguma forma: que a máscara era um receptáculo porque se parecia com a pessoa. Naquele livro que você tem, Benkard disse de modo bem eloquente que, de alguma forma durante o processo, parte do mistério da morte parece deslizar para a moldagem da máscara, e é isso que dá a elas aquela sensação sobrenatural."

Olhando para os rostos no livro e para as máscaras fúnebres ao vivo, sinto que elas possuem uma espécie de magia. Elas nos dão proximidade com os mortos, mas sem estar perto deles — os mortos parecem mais próximos do que aqueles nas fotos na mesa de autópsia com tela sensível ao toque em Manchester. As máscaras são uma forma de imortalidade; uma espécie de limbo físico entre a vida e a morte. Uma pessoa pode estar morta há quatrocentos anos, mas ainda dá para ver as rugas dos olhos dela se espalhando sem a ajuda das pinceladas de um pintor. Nick diz que uma máscara fúnebre pode criar um ponto focal para conversar com alguém, quer você acredite em vida após a morte ou não. Ele fala com a máscara do pai, mas conta que alguns clientes as enfiam em uma gaveta e nunca a abrem; outros as colocam no travesseiro ao lado deles enquanto dormem.

Ele retira alguns de seus trabalhos das prateleiras. Aqui está a enorme mão de Peter O'Toole moldada em preto, vista anteriormente segurando cigarros em imagens de filmes ou em fotos de paparazzi, penduradas nos ombros de amigos saindo de bares do Soho. Coloco a mão sobre ela e me sinto pequena. Ele morreu em 2013 e, por um truque do tempo e das circunstâncias, estava na funerária no mesmo momento em que Biggs. Nick ligou para a filha de O'Toole, Kate, que conhecia de seu trabalho na banda, e perguntou a ela, enquanto estava ali entre os dois homens mortos, se ela gostaria de uma máscara fúnebre de seu pai. (Em uma entrevista à BBC anos depois, Kate O'Toole riu, dizendo que era "uma o'toolerice clássica" que o pai acabasse na gaveta do necrotério ao lado de Biggs.)

Nos últimos anos, Nick achava que a popularidade das máscaras fúnebres estava aumentando. Sempre que moldava o rosto de alguém famoso, havia um artigo de jornal e uma nova onda de interesse. Malcom McLaren; o dândi do Soho, Sebastian Horsley; O'Toole. Ele chegou a pensar em contratar estudantes de artes em diferentes cidades para fazer os moldes para ele, como aprendizes, e ele finalizaria as máscaras aqui em Londres, porém a ideia nunca decolou de verdade. Ele mesmo molda quatro ou cinco pessoas mortas por ano, levando para casa os moldes de gesso do necrotério em sua maleta com rodinhas. Uma minoria estranha, essas pessoas que o empregam. Há as famílias dos ricos e famosos, que fazem isso como tradição — o político conservador britânico Jacob Rees-Mogg mandou moldar o rosto do pai, querendo preservar um retrato tridimensional do homem para as gerações futuras; ele apreciava a permanência do que era retratado na peça, gostava de ter algo sólido e tangível. A maioria é de rostos de homens, encomendados por suas viúvas, mas também há outras, as pessoas que Nick não quer citar, que não são famosas e podem não ser ricas, apesar de pagarem um preço de 2,5 mil libras esterlinas. No dia anterior, ele havia moldado os pés frios de um bebê prematuro de cinco semanas. Duas semanas antes, o rosto de uma vítima de câncer de 14 anos. No ano passado, um homem saudável de 26 anos, que deu um passo em falso para trás em uma calçada e tropeçou.

"Existe algo em fazer a máscara de alguém, quer você acredite que o mistério da morte passa para ela ou não", diz ele, de volta à janela aberta. "O fato de ainda ser um rosto único, tão único quanto as impressões digitais de uma pessoa, e de ser a última chance que você terá. Acho que para muita gente é só saber que conseguiu salvar uma parte dessas pessoas, que não vai virar comida de minhoca ou cinzas. De repente, percebem que a pessoa se foi e querem que uma parte dela permaneça. Se existe algum pensamento racional nesse sentido no momento da tomada de decisão, ou se é uma coisa de 'agora ou nunca' não sei. Pessoalmente, acho que são coisas ótimas, as máscaras fúnebres. Acho incrível que haja uma pessoa, morta, e que você possa simplesmente estalar os dedos, mais ou menos, e ela vira pedra. E você pode ficar com ela, em vez de a pessoa apodrecer no seu colo."

Nick me conta que, quando a gente morre, fica com uma aparência incrível. Toda a tensão é liberada do rosto, as linhas de expressão desaparecem, anos de preocupação e dor somem em instantes. A aparência é serena. O rosto fica com uma cor uniforme. "Em condições ideais, eu chegaria às pessoas enquanto ainda estivessem quentes", explica, pequenas nuvens de fumaça escapando enquanto fala. "Semanas depois, quando recebo a ligação, não é a mesma coisa. Parecem um pouco... murchos."

Os vitorianos acreditavam que quanto mais cedo a máscara fúnebre fosse moldada, mais se conseguiria captar de uma pessoa; às vezes, contactavam o fabricante antes que o médico viesse assinar o atestado de óbito. No entanto, Nick chega quando o tempo e a biologia murcharam a pele e a cartilagem. Quando os lábios ressecam, os orbes dos olhos afundam e o nariz começa a retorcer. Talvez haja uma incisão de autópsia, talvez a pele tenha enrugado como uma ameixa, como se a pessoa tivesse passado muito tempo na piscina. Talvez um processo judicial prolongado tenha feito pingentes de gelo se formarem em um corpo dentro de um refrigerador. Mas Nick não acha que haja mérito em entregar a alguém a escultura de um pai com a aparência que ele ganhou depois de cinco semanas na geladeira de uma funerária — não é como ele era em vida, apenas consequência da lenta administração da morte. Então Nick belisca, dobra, alisa; massageia a pele do rosto morto de volta ao lugar e depois, por meio da escultura e do que chama de atenção obsessiva aos detalhes, desfaz os efeitos da gravidade que afundam as bochechas em direção às orelhas e amontoam as papadas sob a mandíbula. "Em essência, tento fazer com que pareça que moldei a máscara logo depois que a pessoa morreu", explica. "Tento deixar como se eu não tivesse feito nada."

Algumas pessoas pedem para os olhos estarem abertos, outras não conseguem se decidir, mas a maioria das máscaras retrata as pessoas como se estivessem adormecidas. Antigas máscaras fúnebres, como a do duque de Wellington, deixam a natureza permanecer como é: sem os dentes, parece que seus lábios estão sendo puxados pela garganta por dedos invisíveis. Mas ele morreu em 1852, quando a morte real era o esperado — não a imagem que um embalsamador moderno, ou Nick, aperfeiçoaria.

"A primeira coisa que você faz é arrumar o cabelo deles", comenta, conduzindo-me verbalmente por um processo que agora é tão automático que ele toda hora precisa parar para acrescentar as partes que se esqueceu de mencionar. Em seguida, Nick cobre o rosto com hidratante Nivea e posiciona a pessoa de maneira que a borracha líquida de alginato não escorra pelo pescoço nem entre nas roupas. Com sorte, o falecido estará em uma bandeja no necrotério, vestindo um avental hospitalar de papel que será trocado de uma forma ou de outra. Mas, na maioria das vezes, a pessoa já está vestida com as roupas do funeral e deitada no caixão, então Nick passa uma hora forrando tudo meticulosamente com sacos de lixo pretos para proteger o tecido, enfiando-os como guardanapos na gola de alguém prestes a se sujar. O alginato azul, o mesmo usado pelos dentistas para tirar a impressão dos dentes, é derramado sobre o rosto e leva cerca de dois minutos e meio para pegar a consistência de "uma espécie de manjar de coco" — macio e flexível, o material desmoronaria ou rasgaria sem algo para reforçá-lo, então Nick forma um invólucro duro ao redor com ataduras de gesso, como se estivesse consertando um braço quebrado. Vinte minutos depois, ele puxa e remove a coisa toda. "Nove entre dez vezes, a gente acaba puxando a cabeça junto e tem que sacudir para descolar", diz ele. Certa vez, o rosto de um homem saiu preso ao alginato: suas feições haviam sido reconstruídas com cera, um processo caro, para uma futura visita da família e agora era tarde demais para chamar o artista de cera de volta para consertá-la. O agente funerário, em pânico, perguntou a Nick se ele tinha alguma experiência com cera reconstrutiva — ele não tinha, mas, como escultor, tinha experiência com cera em geral, então fez uma tentativa, recriando o nariz, os lábios e os olhos ali mesmo no necrotério. "Eu estava tremendo", confessa. "Consegui me safar, mas não ficou nem de longe tão bom."

Com o molde na mala de rodinhas, ele limpa a área de trabalho, lava as tigelas e retira os restos de alginato do cabelo do falecido. Algumas funerárias disseram a ele que não era necessário, que as cerimônias já haviam acontecido, então ninguém saberia se ele não ficasse e penteasse o cabelo até que o morto ficasse como antes de ele chegar. Porém, como Terry, que trocava os rostos na Mayo, Nick saberia. Então ele fica, conserta e depois corre para casa para encher o molde antes que a borracha comece a encolher.

Se o trabalho de reconstrução for mínimo, ele o preenche com gesso e esculpe qualquer alteração após o endurecimento. Se o rosto precisar de mais atenção, ele enche o molde com cera, que é maleável — se tudo o que precisar fazer for endireitar um nariz desidratado e torcido, ele pode empurrá-lo suavemente antes que a cera esfrie. A face de gesso ou de cera é então moldada novamente em camadas pintadas de borracha de silicone antes que *esse* molde seja, finalmente, preenchido com resina de poliuretano misturada com um pó metálico. O metal pesado penetra na resina até a superfície do molde, criando uma camada externa com a espessura de três papéis de cigarro. Transferência após transferência, várias impressões distantes da face de carne e osso original: uma permanente e incorruptível, em bronze.

É possível ver o processo de Nick para fazer uma máscara fúnebre em um vídeo granulado de três minutos no YouTube. Não é tão certinho quanto a situação descrita acima, mas as circunstâncias também não eram tão certinhas. Em 2007, ele viajou ao Texas para a execução por injeção letal de John Joe Amador, de 32 anos, condenado treze anos antes pelo assassinato de um motorista de táxi. "Eu estava convencido de que o cara era inocente", disse Nick, que conheceu a história de Amador por meio de um amigo em comum. "Fiquei indignado por ele ter ficado no corredor da morte por doze anos e ter perdido todos os recursos, embora as evidências fossem risíveis." Ele sugeriu ao amigo que o acompanhasse à execução, para que Nick fizesse uma máscara fúnebre como forma de conscientizar o público sobre o horror e a injustiça da pena de morte. Queria moldar o braço de Amador também e depois adicionar três agulhas hipodérmicas saindo da veia.

Após a execução, Nick, com a família de Amador, retirou o corpo dele do necrotério da prisão (que não permitiu que o molde fosse tirado no local — "Eles disseram: 'Não, você não pode fazer isso, tá doido?!'"), colocaram-no no banco traseiro rebaixado de um carro alugado e o levaram para uma cabana na floresta — uma parada no caminho para outra funerária que eles alegaram estar esperando para liberar o corpo, mas, naquele ponto, não estava. "Basicamente, sequestramos o corpo para levá-lo a uma cabaninha como em *Sexta-Feira 13*, e estávamos todos nos cagando de medo, paranoicos, pensando que íamos ser descobertos pelo FBI", conta ele. "Levamos cerca de dez horas para chegar lá, em um comboio de dois carros. Um dos carros foi parado pela polícia em dado momento. Felizmente, era o que estava sem o corpo. Teria sido bastante complicado de explicar."

No caminho, abriram o zíper do saco para que a esposa pudesse segurar a mão dele. Foi a primeira vez que foi tocado por amigos ou familiares em doze anos de prisão. Ele ainda estava quente.

Estava calor no Texas, e ainda mais na cabana. Nick temia que sua quantidade limitada de alginato endurecesse rápido demais — água morna pode fazer com que o material endureça na tigela enquanto se está misturando —, então usou água gelada e trabalhou rápido, moldando o rosto e o braço ao mesmo tempo, tentando superar os efeitos da temperatura ambiente. Quando retirou o molde meia hora depois, o frio do alginato havia causado arrepios no homem morto.

Nick sai da sala e volta com o rosto cor de terracota de John Joe Amador no verso da escultura de um tatu, emblema do estado que o matou. "O fato de ele estar quente me fez sentir que ele era mais real, acho", diz

Nick, e me entrega o rosto antes de afundar no sofá. "Quando eles estão mortos há duas semanas, não sinto mais que a pessoa está lá. Quando estão quentes, é quase como se — se é que isso existe — o espírito deles permanecesse." Passo os dedos pelo queixo de Amador e eles são inconfundíveis: arrepios em um homem morto, como um rabo de lagarto amputado ainda se contorcendo na grama. Como uma tartaruga decapitada, mordendo.

"Falei com ele pouco antes de o executarem", conta Nick. "Ele estava nas nuvens, na verdade. Ele disse: 'Uau, você é o cara que vai fazer minha máscara fúnebre. Essa é uma honra que geralmente reservam apenas para pessoas como reis. Eu costumava pensar que era um lixo. Agora sei que sou alguém'."

Quando a polícia finalmente alcançou seu pai — irrompendo pela porta da frente quando Nick tinha apenas 6 anos —, Bruce foi enviado para uma prisão por 25 anos, e Nick, para outra: um internato. Durante esse período miserável, ele se lembra de uma viagem escolar ao Castelo de Warwick, em uma sala cheia de retratos de Oliver Cromwell. Nick ficou intrigado com a maneira como eles eram diferentes e, como artes era sua matéria favorita, ficou imaginando se os artistas eram piores naquela época, ou se, apesar de ter se tornado conhecido o pedido de Cromwell para ser pintado com verrugas e tudo, os artistas estavam apenas cedendo à vaidade de Cromwell. Com essas perguntas em mente, ele se virou para sair e viu, ali na parede, a máscara fúnebre de Cromwell. Nick foi capaz de julgar por si mesmo o que era verdadeiro.

Décadas depois, estava na casa dos pais, folheando um livro sobre escultura. Era 1995. Enquanto seu pai assistia ao funeral de Ronnie Kray na televisão, Nick lia um trecho sobre fabricação de moldes, um tutorial detalhado sobre como fazer um molde do rosto de uma pessoa. As notícias continuavam se alternando na tela ao fundo, o elaborado adeus a um ícone do crime que Nick conhecia desde as visitas à prisão na infância como apenas mais um cara em uma cela ao lado de seu pai. "Fiquei completamente surpreso com o fato de o funeral dele ter sido visto por tantas pessoas", conta. "Achei interessante como a mídia pode transformar pessoas em ícones, mesmo que sejam criminosos." O roubo cometido pelo pai de Nick foi originalmente chamado de Cheddington Mail Van Raid [Roubo à locomotiva postal na estação Cheddington] até que a imprensa partiu para o sensacionalismo, apelidando-o de "Great Train Robbery". Eles transformaram ladrões em heróis. "Isso meio que ressoou na minha mente. Então pensei: *por que não fazer uma exposição sobre o paradoxo de como os vilões são, por um lado, basicamente criticados na mídia e, por outro, estão no circuito das celebridades no instante seguinte?.*" Nick, que não tem vergonha do que seu pai fez, mas também não se orgulha disso, pediu ao pai que escrevesse uma lista dos dez criminosos vivos mais infames. Ele moldaria seus rostos e chamaria a exposição de Cons to Icons [De condenados a ícones].

Apesar da ligação histórica com a realeza, há também uma longa história de moldar máscaras fúnebres de criminosos por um motivo muito diferente. No século xix, moldar cabeças inteiras de criminosos já foi parte integrante do estudo da frenologia — a ciência há muito desacreditada de compreender a psicologia de uma pessoa e, por extensão, sua inclinação biológica ao crime e à violência por meio das saliências no crânio. No Black Museum da Scotland Yard (uma coleção não aberta ao público e que abriga memorabilia criminal originalmente destinada a ajudar no treinamento da polícia), há máscaras fúnebres dos executados fora da prisão de Newgate — Daniel Good, que assassinou a esposa, e Robert Marley, que espancou até a morte o dono de uma joalheria, entre outros. No final do corredor onde se encontra o esqueleto vestido de Jeremy Bentham na ucl, estão 37 máscaras com as quais eles não sabem o que fazer, remanescentes da coleção de um frenologista morto há muito tempo. Alguns carregam as feridas do machado das primeiras tentativas do carrasco impreciso. Outros, a marca do laço do algoz da forca.

Mas Nick não estava moldando criminosos mortos — esses homens ainda estavam vivos. Ele usou o pai como cobaia, deixando-o acidentalmente com queimaduras de ácido de um limão que segurava na boca para que Nick pudesse retratá-lo engolindo um trem dourado na peça finalizada ("Meu pai tinha uma ideia romântica de si mesmo como o capitão Ahab engasgando com Moby Dick"). Em seguida, ele voou para o Brasil para moldar Ronnie

Biggs. Depois, quase matou "Mad" Frankie Fraser, um violento criminoso de gangue cujo método de tortura era pregar as vítimas no chão e extrair seus dentes com um alicate folheado a ouro, hábito que lhe rendeu o apelido de "Dentista". Fraser não conseguia respirar pelos canudos, pois seu nariz havia sido quebrado tantas vezes que mal funcionava.

"Quando percebi que os nós dos dedos estavam brancos e ele tremia, perguntei se estava bem. Ele obviamente não me ouviu com todo o gesso que coloquei na sua cabeça, então, em pânico, tirei tudo e lá estava ele, ofegante. Fraser estava prendendo a respiração, em vez de fazer um sinal e desistir! Achei que a atitude representava bem o homem." Na escultura finalizada, Nick tem Mad Frankie — um preso oficialmente certificado como insano nada menos que três vezes, embora ele afirme que fingiu para obter uma punição mais branda — em uma camisa de força.

No topo da lista de seu pai, que o considerava um mentor, estava George "Taters" Chatham, um homem descrito pelo jornal *The Guardian* como "O Ladrão do Século". Mas Nick estava tendo problemas para localizá-lo. Quando finalmente o encontrou, o sujeito estava morto — mas a morte era bem recente. Nick entrou em contato com a irmã de Chatham e perguntou se poderia fazer um molde dele mesmo assim. Seria como uma máscara de vida, só que não precisariam dos canudos. Um nariz quebrado, se ele tivesse um, não faria diferença.

A irmã de Chatham achou que era um pedido estranho, mas disse a Nick que o veria na funerária naquela tarde e diria o que achava daquilo. Mais tarde naquela noite, recebeu uma ligação. A irmã disse que Chatham estava sorrindo, então obviamente tinha feito as pazes com Deus — e ela estava contente que Nick fizesse a moldagem.

"No dia seguinte, fui ao necrotério pela primeira vez. Também era a primeira vez que o encontrava, o que foi bem estranho. E foi aí que fiz a minha primeira máscara fúnebre. Ele estava mesmo sorrindo", conta Nick. "Não falei para ela que era só por causa do peso das papadas."

Depois do internato, Nick ingressou na Marinha. Em parte porque seu pai sempre quisera ingressar, mas tinha sido rejeitado após um exame de vista reprovado, e também porque um trabalho em movimento não parecia muito diferente da vida que já conhecia, tendo passado seus anos de formação como um fugitivo. Ele serviu quatro anos no HMS *Hermes* (cujo nome era uma homenagem ao deus grego dos, entre outras coisas, ladrões) nas ilhas Falklands, como engenheiro de armas eletrônicas e mergulhador, antes de ser convocado para um posto em terra firme. Não poder mergulhar significava que não conseguia ganhar seu salário de mergulhador, que exigia que passasse um número determinado de horas debaixo d'água — como pilotos com as horas de voo. Então ele se juntou à Unidade Subaquática da Polícia de Wapping no Tâmisa para compensar o tempo. Apesar das realidades da guerra — de ver pessoas em pedaços, sangrando —, Nick afirma que as Falklands não tinham nada a ver com aquilo com o que os mergulhadores da polícia eram regularmente confrontados, todos os dias, nas próprias cidades.

"Eles eram um bando de lunáticos", diz Nick. "Estavam todos bêbados a partir das nove da manhã e logo descobri o porquê. Eles veem umas coisas horríveis pra caralho. Às vezes, é uma arma no rio, ou um carro, mas geralmente é um corpo. A primeira vez que fui com eles, me enfiaram em um lago para identificar se ainda havia um motorista no carro e colocar uma corrente em volta do para-choque. Por mais que tentasse não olhar pela janela do carro, eu olhava. O cara não parecia muito bem."

Pergunto se estar perto dos mortos, se vê-los como realmente são, o faz pensar de maneira diferente sobre a morte. Ou se esse lento desfile de rostos mortos na bancada da cozinha mexe com ele.

"Há muita coisa que consigo carregar na minha cabeça", responde Nick, a expressão agora fechada. "Tive uma infância bastante brutal, principalmente na passagem pelo internato. Sou muito bom em compartimentalizar as coisas e desligá-las do primeiro plano, mas essa é provavelmente a natureza da minha vida. Todos conseguem fazer isso, mas talvez eu tenha estado em situações em que tive que aprender mais a fazer isso e me tornei muito bom nesse processo. Consigo manter as situações sob controle. Posso fechar portas na minha cabeça se for preciso, embora geralmente signifique que tenho que fazer isso focando em outro assunto. Sempre tem muita coisa acontecendo ao mesmo tempo ao meu redor, então não é um problema para mim — ou talvez seja. Um dos meus filhos me disse uma vez que estou fugindo da realidade por ter tanto o que fazer a ponto de não ter tempo algum para considerá-la."

"Se você tivesse tempo para pensar, seria ruim?" Lembro-me da frase de Shirley Jackson no início do livro que inspirou o seriado *A Maldição da Residência Hill*: "Nenhum organismo vivo pode existir por muito tempo com sanidade sob condições de realidade absoluta". Fico pensando quanta realidade, e por quanto tempo, seria necessária para esmagar alguém.

"Não acho que seria benéfico. A gente fica desanimado quando pensa na morte o tempo todo. Especialmente se for um suicídio — por que a pessoa fez isso? Existe muita vida a viver para se preocupar demais com os mortos. Não há nada de bom em estar envolvido na morte o tempo todo. Essas coisas podem deixar a gente melancólico."

Se ele não quer se envolver demais com os mortos, pergunto por que escolheu uma arte cujo significado é encarar uma das realidades das quais supostamente está fugindo por se manter tão ocupado. Por que trabalha por dias, meses, em algo tão silencioso, quando o resto de sua vida é vivido tão ruidosamente?

"Muito do que faço é trivial e egoísta", responde ele. "Embora tenha partido meu coração fazer os pés da garotinha ontem, isso me fez sentir que pelo menos minha vida não é apenas uma montanha-russa em que me divirto o tempo todo." Ele me lembra Poppy agora, procurando algo com mais significado do que vender pinturas em uma casa de leilões. "Estou fazendo algo muito válido", afirma. "A maior parte da arte que faço é puramente egoísta; estar na banda, é tudo ego. Acho que o que estou fazendo tem muito, muito valor. Eu não faria isso de outra forma. É uma espécie de chamado. Não há mais ninguém fazendo isso e acho que, se houvesse, provavelmente diria: 'Não precisa ser eu'. Tudo o mais que faço é porque quero fazer. É bom ter algo que particularmente não quero fazer, mas sinto que devo."

Nick preferiria, se tivesse escolha, moldar os vivos, apesar de acreditar que não há poder espiritual em uma máscara de vida. Ele preferiria que os cortes e dobras que faz para dar a uma pessoa uma aparência menos morta ou emaciada não fossem necessários. Mas as pessoas, se é que pensam nisso, só o fazem depois do acontecido. Querem preservar a essência de uma vida apenas quando ela se foi, então sempre há um elemento de tristeza em uma máscara fúnebre; elas existem apenas por causa de uma perda. Nick olha para a máscara de vida do pai, que já foi um dos criminosos mais procurados do mundo, e diz que às vezes pensa em trocá-la pela máscara fúnebre que está na lápide no Cemitério de Highgate e tem uma tendência de parecer triste sob a sombra. Algo na cavidade dos olhos, na gravidade que puxa as feições para baixo.

A morte do pai foi há cinco anos, e Nick ainda acha doloroso falar sobre ela. Evita o tema na maior parte do tempo em que estou com ele, desviando o olhar para enrolar cigarros, querendo saber se tenho outras perguntas. Entretanto, pouco antes de eu sair, ele conta que hoje em dia gostaria de não tê-lo apoiado na cadeira — não é como ele costuma trabalhar, e agora não consegue se lembrar mais por que fez isso; desde que encontrara seu pai morto, os meses que se seguiram passaram como um borrão. Ele ainda luta para recuperar aquelas memórias, trancadas em algum lugar atrás de uma porta em sua mente. Mas a máscara de vida se encaixaria perfeitamente no espaço onde fica a máscara fúnebre, bem ali entre a citação esculpida à mão à esquerda — É ISSO! —, as palavras que seu pai falou no walkie-talkie enquanto levantava a orelha da linha férrea naquela noite de 1963, e a outra citação à direita — C'EST LA VIE! —, de quando foi preso.

Quando visitei o Cemitério de Highgate depois disso — em um dia de inverno com um vendaval tão forte que os heléboros tombavam de lado e as árvores acima de mim estalavam —, notei que um pequeno assento havia sido colocado na frente da lápide, apenas um pequeno pedaço de madeira equilibrado em pedras. Era invisível quando se olhava do caminho principal, obscurecido pelo monte de outra sepultura. Sentei-me e fiquei no nível dos olhos do pai de Nick, um rosto que se parece muito com o do filho. A chuva escorria por sua pele de bronze, o caminho da água desviado pelas delicadas rugas formadas ao longo de toda uma vida.

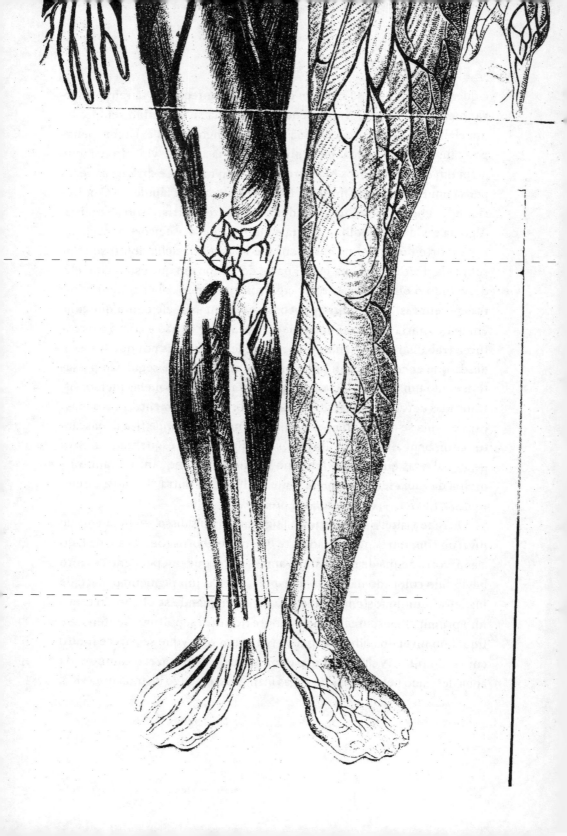

# (mor.te) *sf.*
Limbo

Os escritórios da Kenyon estão localizados em um prédio de tijolinhos como qualquer outro em uma região industrial sombria nos arredores de Londres, onde tudo é rotatória ou estacionamento. Não há nada aqui além de grandes lojas que vendem coisas para consertar seu carro, casa e jardim — tudo o que faz a vida parecer boa se vista de fora: Halfords Autocentre, Wickes, Homebase. Uma pista de boliche visivelmente dilapidada, mas aparentemente ainda em funcionamento, chamada Hollywood Bowl, ergue-se acima de uma Pizza Hut desmazelada. Tudo é asfalto, exceto as tentativas autoconscientes de embelezar o concreto com paisagismo: um lago com uma ponte curta sobre ele e uma placa no toco de uma árvore dizendo como tudo aquilo é lindo.

Alguém com um colete amarelo de alta visibilidade acena para mim do outro lado de outro estacionamento: "Sim, este é o lugar", diz o aceno — o local em questão foi escolhido por sua proximidade com o aeroporto de Heathrow e nada mais. Não há tempo a perder com uma fatalidade em massa, onde quer que seja no mundo.

Eu nunca tinha ouvido falar da Kenyon — empresa cuja legenda do logotipo diz "Serviços Internacionais de Emergência", o que é meio vago em relação ao que fazem exatamente, mas Iwan, o gerente de operações, me disse que há um bom motivo para minha ignorância: não era mesmo para eu ter ouvido falar da Kenyon. "Somos uma empresa White Label. Quando alguém telefona pedindo informações após um desastre, estamos trabalhando em nome de um cliente. Assumimos o nome dele", explica, colocando um prato de biscoitos e uma xícara de chá na mesa de centro de vidro na área da recepção.

Encontrei a empresa quando estava procurando um detetive para entrevistar — muitos ex-policiais acabam aqui. Mas não significa que a Kenyon e o que fazem sejam um segredo. O site deles está cheio de histórias de pessoas que trabalham lá, falando sobre atividades que fizeram, lugares para onde foram deslocados. Ele me deixa com uma pilha de revistas: *Funeral Service Times*, *Aeronautical Journal*, *Insight: The Voice of Independent Funeral Directors* e *Airliner World*. Estou na interseção de um diagrama de Venn.

Quando acontece um desastre — um avião cai, um prédio pega fogo ou um trem acerta a lateral de um ônibus —, a Kenyon assume o nome da empresa em questão e trabalha em conjunto com as autoridades locais para lidar com as consequências. Eles responderão à mídia no lugar do cliente, certificando-se de que a mensagem seja clara e consistente para que a equipe da empresa contratante possa se concentrar na implosão interna que provavelmente está ocorrendo. A Kenyon consertará o site do cliente para que, por exemplo, se o copiloto lançou deliberadamente o avião da Germanwings nos Alpes, matando todos os 144 passageiros mais os seis tripulantes, não haja fotos vistosas dos Alpes na página que promove viagens na companhia aérea *low-cost* do contratante, enquanto as equipes de emergência vasculham os destroços na montanha.

Nesse exemplo, a Kenyon criará uma linha de emergência para a qual as pessoas poderão telefonar para registrar os desaparecidos e perguntar sobre os desdobramentos. Eles fornecerão agentes de contato com as famílias para traduzir o horror em algo verdadeiro, mas que possam suportar, uma voz familiar em vez de uma empresa que fala em massa por um megafone. Criarão o "lado sombrio" do site, onde as famílias poderão fazer login e receber informações em tempo real, e um centro de assistência à família, onde poderão se sentar, esperar e *existir*, rezar no livro de sua religião de escolha, ter acesso a profissionais de saúde mental e ouvir anúncios feitos em todos os idiomas que precisarão ser ouvidos.

A Kenyon cuida dos preparativos de viagem para as famílias afetadas e transporta pessoas dos confins da Terra para o local onde seu ente querido morreu, quer isso necessite de um avião, um trem, um cavalo ou uma carroça para buscá-los nas profundezas de alguma floresta. Eles garantem acomodação, certificando-se discretamente de que o hotel também não tenha um casamento com quatrocentos convidados ao mesmo tempo que a mídia informa sobre um acidente de avião e organiza horários escalonados de refeições para que as famílias enlutadas não tenham que comer ao mesmo tempo que os hóspedes de férias. Eles organizarão os memoriais: mais de cem anos de experiência no gerenciamento de desastres (o primeiro foi em 1906, quando um trem que fazia ligação ao porto saiu dos trilhos e colidiu com outra locomotiva em Salisbury, Inglaterra) significam que a Kenyon sabe que cada desastre é diferente e que a forma como cada cultura lida com a morte e com os cadáveres também é; eles sabem que dar rosas às famílias japonesas para colocar em seus mortos é impróprio — preferível oferecer crisântemos brancos. Todos os problemas práticos que surgem já foram considerados e resolvidos, incluindo a probabilidade de a mídia falsificar carteiras de identidade para se infiltrar no centro de assistência à família para obter furos de reportagem: em 2010, quando um acidente na pista de um aeroporto da Líbia resultou em 103 mortos, um repórter foi preso por fazer exatamente isso. Se o desastre for um incêndio, a Kenyon já terá solicitado que a equipe do bufê evite carne de churrasco a todo custo.

Eles pensarão em tudo que não foi pensado nem será, porque o cliente está no meio de uma catástrofe e isso provavelmente nunca aconteceu com ele ou com sua empresa antes.

Estou aqui para o dia de visitação pública da Kenyon, onde estão vendendo — afinal, é um empreendimento comercial — uma solução passo a passo para um problema que ainda não aconteceu. Há dezenas de pessoas aqui hoje, representando todos os tipos de empresas que veem a fatalidade em massa como uma possibilidade muito real em seu futuro: companhias aéreas, prefeituras de pequenos municípios, indústrias de serviços, empresas ferroviárias e de ônibus, bombeiros, empresas de navegação, de petróleo e gás. Ao longo de sete horas, a Kenyon explicará por que essas empresas precisam firmar um contrato com eles agora, antes que algo ruim aconteça. Vão explicar por que ter um plano é essencial, não só para as famílias e funcionários, mas para o nome da empresa. A Malaysian Airlines surgirá repetidamente como um *case* de advertência, uma companhia aérea que provavelmente nunca se recuperará dos dois acidentes em 2014, que deixaram um saldo de 537 mortos. Enquanto estamos sentados em cadeiras dobráveis, segurando sacolas de papel com artigos de papelaria com o logo da Kenyon, cercados por aeromodelos equilibrados em parapeitos de janelas, eles nos dizem que as pessoas em geral são capazes de aceitar um desastre. Podem lamentar a perda de seus entes queridos e lidar com a verdade sombria melhor do que se pensa. O que não podem e não vão aceitar, no entanto, é uma resposta inadequada de uma empresa que não tinha planos para os vivos nem para os mortos.

 Mark Oliver, ou "Mo", como todos o chamam, tem 53 anos. Se a polícia fosse descrevê-lo, diria que tinha estatura e constituição medianas, usava óculos, tinha cabelo grisalho curto e uma aparência alinhada o suficiente para ser militar. Ele usa terno para trabalhar, exceto quando é enviado para um desastre: lá, estará vestindo algo de sua bagagem de emergências, que mantém pronta e à espera no amplo armazém nos fundos do escritório da Kenyon.

 Ele me conduz por uma porta com uma folha de sulfite branca plastificada que diz, em letras maiúsculas vermelhas e pretas, "PARE! CONFIRA! VOCÊ ESTÁ SUJO???", até uma fila de armários escolares altos e cinzentos perto de prateleiras com mesas de embalsamento dobráveis empilhadas de dez em dez acima dos kits de embalsamento portáteis. Ele abre um armário e exibe de maneira superficial grandes sacos plásticos para provas reaproveitados para facilitar a arrumação de malas, cada um contendo roupas para climas quentes, frios, úmidos e secos. Tudo está bem dobrado e em quantidade suficiente em cada saco para durar uma semana ou mais — tempo suficiente para colocar em prática um plano de enviar mais roupas para onde quer que ele precise estar. Ele abre outro armário e aponta. "Pronto", diz, rindo, "agora você viu as cuecas do chefe."

Mo ingressou na Kenyon em 2014 e se tornou vice-presidente de operações em 2018. Ele é responsável pelas operações de campo, treinamento e consultoria, além de gerenciar a vasta lista de integrantes da equipe. Entre os 2 mil funcionários na folha de pagamento da Kenyon estão pessoas que trabalharam anteriormente na aviação, psicólogos especializados em luto e TEPT (transtorno do estresse pós-traumático), bombeiros, cientistas forenses, radiologistas, ex-oficiais da Marinha, policiais, detetives e um ex-comandante da New Scotland Yard. Existem especialistas em gerenciamento de crises com experiência em crises bancárias e relacionadas a viagens aéreas, embalsamadores e agentes funerários, pilotos aposentados, especialistas em desativação de bombas e um consultor para o prefeito de Londres. Se você estivesse reunindo uma equipe para o apocalipse, poderia não se sair tão bem quanto eles. Adicione um cirurgião e você provavelmente sobreviverá com as baratas e os peixes das profundezas do oceano.

Antes de tudo isso, Mo havia passado trinta anos no serviço policial em todo o Reino Unido. Como investigador sênior, trabalhou em homicídios, crime organizado, forças anticorrupção e contraterrorismo. Apesar de seu papel sério, Mo é um brincalhão. Não exatamente da mesma maneira irreverente que os policiais de Baltimore na série *Homicídio*, de David Simon, que colaram asas de anjo no verso das fotos da prisão de traficantes mortos e as penduraram na árvore de Natal, porém aquele humor que se encontra nos lugares mais sombrios está presente e Mo o representa. Precisa ser desse jeito — o humor se sustenta, e aqui, na Kenyon, carrega um fardo considerável: estamos no mesmo depósito com milhares de itens que pertenceram aos inquilinos da Grenfell Tower, o edifício residencial queimado que se erguia preto e esquelético no oeste de Londres até que as autoridades o cobriram com uma lona gigante, esperando que desviássemos o olhar. Não importa a que distância estejamos do incêndio da Grenfell Tower, o dia 14 de junho de 2017 ainda parece uma ferida recente. Setenta e duas pessoas morreram, setenta ficaram feridas e 223 pessoas escaparam desse incêndio que destacou as falhas políticas e sociais do sistema em muitos aspectos. Enquanto o inquérito avançava, a Kenyon ainda estava vasculhando os pertences das vítimas no prédio e tentando localizar as famílias em seus novos endereços temporários para devolvê-los. Algo foi encontrado em quase todos os 129 apartamentos. Cerca de 750 mil itens individuais foram embalados e trazidos de North Kensington para serem processados aqui, depois limpos e devolvidos. Isso ainda estava acontecendo dois anos depois, em 2019, quando visitei a Kenyon.

Anteriormente, eu havia observado Mo explicar o poder e o significado dos objetos pessoais para pessoas que teriam que explicar esse mesmo poder para quem controla o dinheiro, que têm autoridade para dizer se vale a pena ou não desembolsá-lo para sua recuperação. Objetos pessoais não são apenas *coisas*; Mo explica que, dentro de um item que alguém tinha consigo no momento em que encontrou seu fim, há um peso emocional incalculável, e não cabe a nós julgá-lo. Tradicionalmente, as autoridades locais não se preocupam muito com objetos pessoais; a polícia pode colocá-los em um armário e esquecê-los, ou passá-los para outra pessoa que também pode esquecê-los (certa vez, trabalhei com um jornalista investigativo que tinha as roupas de uma vítima de assassinato em um saco plástico na gaveta de sua mesa de trabalho, roupas que pretendia devolver, mas não era uma prioridade). No entanto, a morte é transformadora, não apenas para a pessoa e para a família; ela muda os objetos de uma casa. Esses objetos se tornam, como Maggie Nelson escreveu em *The Red Parts* [As partes vermelhas] — um livro sobre o assassinato de sua tia e o subsequente julgamento —, talismãs.

Agora Mo está me conduzindo pelos corredores de coisas encontradas dentro do Grenfell, caixas empilhadas bem acima de nós. "Antes estava abarrotado", comenta ele sobre um armazém que eu ainda classificaria como abarrotado. Pode haver muito menos objetos aqui do que antes, mas eles ainda ocupam a maior parte do lugar. Milhares de caixas de papelão se alinham nas prateleiras, e pertences que são grandes demais para caber em uma caixa são empilhados em suas categorias ao lado da parede: bicicletas que vão desde uma BMX infantil até uma de corrida de tamanho adulto, carrinhos de bebê, cadeirinhas de descanso com móbiles rodopiantes que deslumbram bebês até acalmá-los. Malas. Cadeiras altas para alimentação de bebês, chamuscadas ou não. À frente do armazém fica o departamento de processamento: no caso de um item ser devolvido, a Kenyon perguntará se a família deseja que seja limpo, seja um carrinho de brinquedo, calças de pijama ou uma moeda. "Se você tivesse vindo aqui antes, teria visto varais pendurados nos corredores." Ele sorri e abre os braços como um espantalho — eles fizeram uma limpeza desesperada antes do dia aberto ao público. Há frascos de produtos de limpeza nas prateleiras, secadores de cabelo, vários ferros de passar. Logo ao sair dessa zona do armazém, encontra-se a sala de fotografia, onde as páginas quadriculadas A4 mostram exemplos de como fotografar diferentes artigos, de canetas a sutiãs, passando por suéteres com um braço dobrado e outro estendido.

De volta à área da recepção, folheei um fichário de "objetos pessoais não associados" — fotografias, tiradas na Kenyon, de itens de outros desastres que nunca encontraram seus donos, mas que ainda estão arquivados em algum lugar com um número de identificação, à espera. Parada ali, entre os participantes do dia aberto ao público, comendo sanduíches triangulares em pratos de papel e mexendo em um grande bule de chá, achei aquilo assombroso. O item pessoal ao lado do código sistemático, a espessura do fichário, milhares de coisas sem sentido cheias de significado para alguém desconhecido. Óculos de leitura com armação de tartaruga, entortada devido ao fogo ou à explosão — ou ambos; chaves de casas e de Alfa Romeos, cartões de oração. Um romance inchado de Ian Rankin retirado do mar.

Quando a família é identificada e contatada e tem certeza de que não quer o objeto de volta, seja o que for, o item precisa ser declarado inidentificável antes de ser jogado fora. Mo me leva para os fundos do armazém, até um departamento diferente, onde seis pessoas em macacões brancos e viseiras de proteção quebram fitas VHS dos anos 1990 com martelos, as palavras escritas cuidadosamente com caneta marcadora nos adesivos laterais visíveis nas mãos enluvadas antes de serem obliteradas. Mo está gritando alguma piada sobre alívio de estresse remunerado acima do barulho de martelos golpeando plástico, de peças voando e caindo nas proximidades, mas não consigo ouvi-lo direito. Vejo episódios de *Friends* gravados sobre episódios de *Taggart*.

Limbo   89

Vejo fitas que se parecem exatamente com as que tenho em casa, que guardam imagens insubstituíveis da infância. Entre os cacos, um CD da Britney Spears.

Três meses depois que as chamas foram apagadas, os trabalhadores da Kenyon, ainda vasculhando os restos carbonizados, encontraram um aquário na torre escurecida. De alguma forma, apesar da falta de comida, de eletricidade para oxigenar a água e dos 23 peixes mortos flutuando de barriga para cima na superfície, sete ainda estavam vivos. A família do apartamento foi contatada, mas, naquela situação, não tinha condições de acomodar os peixes; então, com sua anuência, um dos funcionários da Kenyon os adotou. Eles até conseguiram procriar, resultando na coisa mais improvável que ressurgiria das cinzas de um prédio queimado: um filhote de peixe.

Eles o chamaram de Fênix.

Nunca foi o plano acabar trabalhando neste lugar: Mo estava aposentado da polícia quando o cargo lhe foi oferecido. Porém, duas décadas atrás, ele havia participado de uma operação que definiria o rumo atual.

Era o ano 2000, um ano após a controversa campanha de bombardeio com duração de onze semanas da OTAN para acabar com a Guerra do Kosovo, e a ajuda internacional estava chegando para investigar as atrocidades. Relatórios de inteligência localizaram valas comuns e equipes forenses realizaram exumações e autópsias, a fim de identificar os mortos e reuni-los com suas famílias. Eles precisavam com urgência de alguém para atuar por cinco semanas. Naquele momento, Mo estava conduzindo investigações de homicídio, especificamente assassinatos não resolvidos. Ele estava acostumado a participar de autópsias, bem como a ser alguém organizado, e poderia configurar os sistemas de computador de que precisavam para uma tarefa tão grande assim — habilidades que fizeram dele um bom policial o tornavam um candidato ideal para o trabalho. "Peguei um voo para lá, recebi as chaves de um Land Rover e, no dia seguinte, me enviaram uma equipe de trinta pessoas para instruir." Seus olhos se arregalam quando me conta: as valas comuns no Kosovo ficavam a um mundo de distância de Hendon, no norte de Londres. "Caramba", desabafa.

Quatro anos depois, quando o tsunami atingiu o Sri Lanka no dia seguinte ao Natal, a Polícia Metropolitana de Londres estava enviando pessoas para ajudar a identificar os milhares de mortos. Mo havia identificado com sucesso as pessoas no Kosovo — desde os que foram reduzidos a esqueletos até os quase intocados —, então eles o enviaram, colocando-o no comando do processo para todas as nacionalidades. Mo ficou lá por seis meses, dormindo muito pouco. Durante todo o tempo, conheceu outras pessoas que atuavam na resposta a desastres, trabalhando com os mesmos caras que, anos depois, o tirariam de sua breve aposentadoria da polícia e lhe dariam um cargo permanente aqui na Kenyon.

Passaram-se algumas semanas desde o dia aberto ao público e tudo aqui está mais calmo agora. Estamos sentados no escritório de Mo, que está me contando alguns dos outros casos em que trabalhou: a queda da Germanwings nos Alpes em 2015, o tiroteio em massa na Tunísia que deixou 38 mortos em 2015, o voo 804 da Egyptair em 2016, que caiu no Mar Mediterrâneo, matando todos a bordo, e o avião da Emirates que caiu no aeroporto de Dubai em 2016, mas matou apenas uma pessoa em solo. Ele diz que a falha mais óbvia no plano de resposta a desastres de todas as companhias aéreas, quando há, é que todos esperam que o acidente aconteça no próprio aeroporto. Ninguém leva em conta a infraestrutura ou a riqueza — ou falta delas — em outro país.

Há fotos emolduradas de seu tempo na polícia e bugigangas nas prateleiras ao lado de manuais de fatalidade em massa. Aponto para um dos itens, um cadeado desgastado com uma etiqueta manuscrita arranhada pendurado em um pequeno suporte de madeira envernizada, e pergunto a respeito. "Esse é o cadeado que tiramos no último dia no Sri Lanka", explica, enquanto o tira da prateleira e o coloca entre nós na mesa. Veio de um dos contêineres refrigerados de 12 metros — daqueles que se vê na carroceria de um caminhão — que continham os corpos não identificados recuperados após o tsunami de 2004. Quando o último corpo foi identificado, quando os contêineres, depois de angustiantes seis meses, estavam vazios, o legista do Sri Lanka o presenteou com o cadeado final. "Foi um momento muito significativo para todos nós", diz ele, "perceber que havíamos cumprido a tarefa e dado descanso àquelas pessoas."

Um total de 227.898 pessoas morreram no tsunami quando as ondas colossais passaram por cima das costas da Indonésia, Tailândia, Índia, Sri Lanka e África do Sul. Mais de 30 mil morreram somente no Sri Lanka. As autoridades locais agiram rapidamente para enterrar os corpos — temendo que deixá-los onde jaziam, no calor tropical, representaria um perigo para a saúde dos vivos. Eles os colocaram em valas comuns, muitas delas ao lado de hospitais, para os corpos serem exumados por autoridades internacionais em busca dos seus. "As autoridades do Sri Lanka não queriam passar por uma identificação em massa de seus cidadãos", explica Mo. "Muitos eram budistas, hindus — eles estavam satisfeitos por essas pessoas terem sido enterradas em valas comuns. Mas, da mesma forma, as autoridades e o governo de lá sabiam que os estrangeiros não entenderiam aquela cultura. Eles não gostariam de ser deixados naquelas sepulturas. Então, foi feito um esforço para preservar os locais onde os estrangeiros haviam sido enterrados e um trabalho em conjunto para identificá-los."

Equipes rotativas de policiais e oficiais forenses do Reino Unido investigaram onde poderiam estar as valas comuns contendo estrangeiros e as exumaram. Cerca de trezentos corpos enchiam os sete contêineres refrigerados, todos não identificados, aguardando autópsias. Informações *ante mortem* — ou seja, pré-morte — foram coletadas em todas as nacionalidades para corresponder aos corpos nos contêineres: arcadas dentárias, DNA, impressões digitais. No entanto, coletar informações *ante mortem* para centenas de estrangeiros desaparecidos não é pouca coisa: no dia aberto ao público da Kenyon, Mo nos mostrou como isso era feito. Ele nos disse que é impossível saber em que estado o corpo estará se e quando for encontrado, então é preciso ir atrás de todas as informações que se puder obter sobre cada pedaço desse corpo. É ótimo se alguém tiver uma tatuagem no braço, mas e se o braço não for encontrado? Da mesma forma, pode-se pensar que uma tatuagem é única e depois descobrir — como aconteceu com uma tatuagem do Coiote, o inimigo do Papa-Léguas, em um caso anterior — que é o mascote de um Esquadrão de Transporte de Fuzileiros Navais e que centenas de homens o tatuaram. A mistura de objetos pessoais em uma explosão ou acidente significa que uma carteira com uma cédula de identidade encontrada em um corpo pode não ser a identidade dele. É preciso questionar tudo.

Como exercício, Mo fez com que nos agrupássemos com a pessoa ao nosso lado e representássemos a coleta de informações *ante mortem*. Ele nos disse para registrar quaisquer implantes médicos — marca-passos, próteses mamárias —, mencionando que os números de série desses procedimentos, únicos e rastreáveis, são inestimáveis: há pouco tempo, ele identificou alguém com base em uma prótese de joelho. Ou seja, a parte mais identificável do homem era sua rótula. Na encenação, fingi ser minha mãe fornecendo informações sobre mim, e o silencioso bombeiro ao meu lado assumiu o papel de funcionário da Kenyon. Contabilizei os dois parafusos em cada perna de cirurgias no joelho, uma marca de nascença desbotada na minha coxa esquerda, a cicatriz no meu pulso de quando quebrei uma janela em um ataque de raiva adolescente e a linha branca no meu ombro de quando bati meu triciclo rosa em uma lixeira. Só então, respondendo a perguntas que poderiam ajudar na identificação do meu corpo, percebo que não conto nada à minha família: eles não sabem quem é meu médico, meu dentista, não sabem se ou quando coletei sangue ou precisei de intervenção médica, nem se submeti meu DNA a algum teste de ancestralidade genética como o 23andMe, ou se já precisei de uma impressão digital para entrar no prédio em que trabalho. Imaginei meus pais oferecendo ao agente de contato com as famílias fragmentos de informações como se fossem fiapos que fossem encontrando nos bolsos. Imaginei a equipe do necrotério vasculhando os pedaços, tentando encontrar aquelas cicatrizes da infância. Parecia, para mim, um empreendimento caro, tanto em dinheiro quanto em tempo.

"Foi puramente por motivos religiosos que as autoridades locais se contentaram em deixar os seus conterrâneos não identificados?", pergunto a Mo, agora em seu escritório. "Ou foi porque as vítimas eram pobres?"

"Existe definitivamente um aspecto político", afirma ele. "Bem menos pessoas morreram na Tailândia, mas houve um grande esforço internacional lá. Por quê? Porque decidiram tentar identificar *todo mundo*, e isso levou de dezoito meses a dois anos para ser concluído. Quanto disso foi porque muitas das pessoas de lá eram turistas ricos?" Ele dá de ombros, como se dissesse que sempre se trata de dinheiro, e o dinheiro nem sempre depende dele. "Isso significava que havia mais foco internacional nessas pessoas. A política está completamente envolvida no financiamento e na abordagem de um desastre."

Outro caso em que a pobreza dos habitantes locais entrou em jogo foi nas Filipinas. O tufão Haiyan, um dos ciclones tropicais mais poderosos já registrados, atingiu a costa em novembro de 2013, quando arremessou carros como pedras, destruiu prédios e arrasou cidades inteiras. Matou pelo menos 6.300 pessoas só nas Filipinas. Um administrador municipal estimou que 90% da cidade de Tacloban havia sido obliterada. Foi para lá que Mo e sua equipe se dirigiram logo após a tempestade: uma cidade em ruínas tão devastada, que dois anos depois o papa Francisco a visitaria e realizaria uma missa para 30 mil pessoas em frente ao aeroporto como um exercício para nutrir a esperança.

Digo a Mo que me lembro de ter lido no *New York Times* que corpos foram deixados ao relento por semanas, e ele desvia o olhar como se ainda não acreditasse no que viu. "Hayley, eu tenho fotos", diz ele. Ele se posiciona atrás da mesa e, depois de procurar e praguejar — "Jesus, quantas malditas apresentações eu já fiz nesse tempo?" —, coloca uma exibição do PowerPoint no computador. Aqui está o quartel-general da operação: o prédio abandonado com um só banheiro, com as barracas e gazebos frágeis que serviam de necrotério temporário erguidos pelas autoridades locais com o que conseguiram encontrar. Não havia suprimentos funerários temporários oficiais na área e nenhuma refrigeração. "I ♥ TACLOBAN" está impresso em um dos gazebos. Ao lado, vê-se um campo pantanoso, repleto de mosquitos, onde sacos para cadáveres estavam enfileirados aos milhares, estourando por causa do calor. A taxa de decomposição em um lugar tão quente quanto Tacloban era alta — a temperatura média na época era de 27°C, com umidade de 84% — e os gases estavam fazendo o plástico rasgar, derramando seu conteúdo em poças no campo. Pergunto a Mo como era o cheiro e ele faz uma pausa, como se nunca tivesse parado para pensar. "Acho que não tenho um olfato muito bom, na verdade", confessa, erguendo os olhos da tela.

"Provavelmente isso ajuda no meu trabalho. Se bem que, no Sri Lanka, o cheiro adocicado de morte pairou no ar durante toda uma viagem de catorze horas de carro."

Mais adiante, mais fotos: aqui está Mo pescando pessoalmente três corpos em uma lagoa nas Filipinas. O tufão não deixou os corpos ali: foi um policial local tentando ajudar. Os corpos estavam a céu aberto, em decomposição — o policial estava tentando salvar os sobreviventes do cheiro, da visão, do horror. Então ele os descartou na fonte de água mais próxima, conseguindo apenas envenená-la para todos os que estavam por perto. Eles estão inchados, pálidos, com o rosto virado para a água. Usando duas tábuas de madeira, uma na pélvis e outra sob os braços, um corpo flácido é içado e levado à praia em um caiaque. A pele nas costas é lisa e inchada, mas a frente do corpo é esquelética, o rosto mordiscado por criaturas. "Recuperamos vítimas de desastres aéreos com mordidas de tubarão", conta Mo, clicando para passar os slides; a natureza apenas segue em frente. Em mais uma foto, estão os corpos estendidos em uma lona. Em outra, Mo levantando a perna de uma vítima, apontando para a corda azul que o policial pensou que amarraria o corpo ao fundo da lagoa e o faria desaparecer.

Ele está passando as fotos mais rápido agora, tentando me mostrar o que quis dizer quando contou que olhou para o campo de sacos para cadáveres e pensou consigo mesmo: *Acho que não vou conseguir resolver este caso.* Essas fotos foram tiradas uma semana depois que a tempestade havia ceifado aquelas vidas, e os sacos já estavam cheios de sopa marrom, caixas torácicas cor de creme projetando-se acima da lama, larvas visíveis na mistura; crânios despojados de suas características carnais definidoras, cabelos escorridos colados sobre a bochecha e sobre os olhos. Mais cadáveres inchados em trajes de banho, agora tão longe da praia. Adultos, crianças. Estou ouvindo Mo falar sobre seu trabalho há horas, mas, ao olhar para as fotos, só agora começo a entender como é difícil identificar essas vítimas. Não são pessoas afogadas retiradas de um lago: são carne e ossos em decomposição; não há rostos, muito menos tatuagens. Pelo lado positivo, pelo menos as pessoas estão inteiras ali, não em 47 pedaços retirados dos escombros de um acidente de avião.

Este não é, em teoria, um caso perdido — corpos assim ainda podem ser comparados por DNA ou registros dentários. Porém o tufão Haiyan tirou não apenas suas vidas, mas suas casas, e com elas qualquer chance possível de coletar informações *ante mortem* que pudessem ser comparadas com os mortos: quaisquer fios de cabelo, escovas de dentes que pudessem ser vasculhadas na tentativa de obter código genético, espelhos ou maçanetas registrando as voltas únicas de suas impressões digitais. E quanto mais pobre a pessoa, menor a probabilidade de ela ter visitado um dentista. Ninguém ali foi identificado para entrar em um arranha-céu pressionando o polegar em um scanner.

No entanto, havia uma equipe funerária das Filipinas trabalhando em meio aos milhares de mortos a uma taxa de quinze pessoas por dia, coletando informações *post mortem* que nunca, e provavelmente jamais poderiam, corresponder a informações que pudessem identificá-las. Eles estavam seguindo o fluxo sem considerar se isso significaria alguma coisa. Mo decidiu que era desumano deixar esses corpos apodrecendo por tanto tempo quanto as autoridades locais haviam deixado: não havia um plano adequado para identificação, nenhum interesse do governo internacional e, portanto, nenhum dinheiro. Foi um horror desnecessário em uma situação que já era emocionalmente sensível para os sobreviventes.

"Tenho todo respeito por quem estava tentando, mas vi que era uma tarefa impossível. Tentei convencê-los a enterrá-los em covas individuais, talvez tirar um dente ou algo assim", diz ele; um dente é a coisa mais fácil de manter, uma vaga esperança de que talvez alguma identificação seja possível, em vez de nada. "No final, todos os profissionais internacionais foram para casa no Natal, e as JCBs, as grandes máquinas de escavação, foram trazidas para enterrar as pessoas. Eles perceberam que não podiam fazer mais nada."

Meses atrás, no sul de Londres, colocamos Adam com todo o cuidado possível no necrotério iluminado pela primavera, removendo e dobrando delicadamente sua camiseta para a família ir buscar. Pensando nele agora, sentada aqui com Mo, fico impressionada com o enorme abismo entre o significado de "metódico" em uma morte silenciosa e esperada e em uma situação de fatalidade em massa — a consideração do indivíduo *versus* o melhor que você pode fazer com o que tem. Isso muda a cada desastre, mas existem alguns fundamentos que são imutáveis — todos aprendidos, como acontece com a maioria dessas coisas, por meio do que os outros fizeram de errado.

Em 1989, um barco afundou no Tâmisa. Era o *Marchioness*, uma pequena embarcação de festas que já ajudara a resgatar homens na evacuação de Dunquerque, em 1940. Ele colidiu com uma enorme draga chamada *Bowbelle* no meio da noite, demorou trinta segundos para afundar, deixou 51 mortos (a maioria deles com menos de 30 anos) e levou a uma mudança oficial na forma como os corpos eram tratados após um desastre, porque o que se seguiu a isso também foi um desastre. De acordo com Richard Shepherd, o patologista forense responsável por Londres e pelo sudeste da Inglaterra na época, esse foi um dentre uma série de catástrofes que revolucionaram o setor: colisões de trens, tiroteios, um fósforo aceso jogado em uma escada rolante na estação King's Cross (toda semana passo por uma placa na estação em homenagem às pessoas que morreram ali). Tudo isso e muito mais levou à morte de centenas e expôs grandes falhas sistêmicas. Atitudes corporativas e estatais em relação a treinamento, risco e responsabilidade, saúde e segurança — tudo teve que ser reformulado.

Mo não trabalhou no caso do *Marchioness*; ele era um jovem policial em uma área diferente quando o desastre aconteceu. Porém, puxando um fichário de sua estante, *Public Inquiry into the Identification of Victims following Major Transport Accidents: Report of Lord Justice Clarke* [Inquérito Público sobre a Identificação de Vítimas após Acidentes de Transporte Graves: Relatório do Juiz Clarke], lançado onze anos após o desastre do *Marchioness*, ele explica como o naufrágio daquele barco causou reverberações nas décadas seguintes. Na raiz disso estava a remoção das mãos das vítimas.

"Quando os moradores de rua — costumávamos chamá-los de 'mendigos' naquela época — caíam no Tâmisa e eram pescados talvez dois ou três dias depois, estavam bastante inchados e irreconhecíveis", explica Mo. "Como qualquer um ficaria, na água." A morte, por mais recente que seja, muda a aparência das pessoas, e é por isso que confiar apenas na identificação visual não é possível nem sensato. De acordo com o patologista forense Bernard Knight CBE, citado no relatório, é comum que parentes próximos tenham dúvidas, neguem ou concordem erroneamente com a identidade de uma pessoa falecida — mesmo em cadáveres recém-falecidos. Os efeitos da gravidade nas feições, o achatamento de partes do corpo que tiveram contato com superfícies duras, o inchaço e a palidez contribuem para distorcer a pessoa como alguém poderia tê-la conhecido. Quando o elemento dinâmico de uma pessoa não existe mais — como ela mantinha o rosto, como se movia e fazia contato visual —, às vezes o que resta é irreconhecível.

De modo geral, o tipo de pessoa que seria retirada do Tâmisa tendia a ser alguém que tivesse sido apanhado pela polícia em vida — suas impressões digitais provavelmente já estavam no banco de dados, então poderiam, em teoria, ser identificadas apenas por elas em um curto espaço de tempo. Mas, quando um corpo está na água, não é uma tarefa tão fácil: a pele fica enrugada como depois de um longo banho e branca, não importa a etnia. As impressões digitais tornam-se invisíveis. "Então, o que eles faziam era remover as mãos", conta Mo. "Em seguida, levavam as mãos para um armário de secagem em um laboratório de impressão digital. Depois que elas secavam, conseguiam tirar as impressões digitais."

O que aconteceu na investigação do *Marchioness* foi que aplicaram táticas de identificação de pequeno porte em grande escala e a um grupo de pessoas que dificilmente teriam suas impressões digitais arquivadas em um banco de dados. A pele encharcada estava se soltando e começando a se desprender dos dedos, então estava ficando mais difícil conseguir as impressões que eles achavam que precisavam. Um laboratório em Southwark tinha equipamentos papiloscópicos mais sofisticados do que o necrotério, mas não havia instalações para lidar com os corpos. Assim, como nos casos individuais de cadáveres no Tâmisa, eles pegaram apenas as mãos.

A remoção das mãos se transformou em problemas maiores como em uma bola de neve: famílias desinformadas vendo os corpos de seus mortos inexplicavelmente sem as mãos, e necrotérios que encontravam mãos perdidas nos cantos dos freezers anos depois de o resto do corpo ter sido enterrado ou cremado. "Estavam realizando processos para levar à identificação com boa-fé, mas provavelmente isso não foi feito de forma coordenada", pondera Mo, e seu raciocínio é apoiado na investigação de Clarke. Cinquenta e seis páginas do relatório de Clarke investigam cada passo que levou à decisão de cortar as mãos. As duzentas páginas ou mais restantes estabelecem princípios orientadores para o futuro: como os corpos devem ser identificados, quem tem o poder de fazer o que e como as famílias enlutadas devem ser tratadas e quais informações devem receber.

"Agora temos o que é chamado de padrão de identificação. Normalmente, apenas o DNA, impressões digitais e dentais serão suficientes, desde que não haja fatores de exclusão e discrepâncias inexplicáveis — já recebi DNA de pessoas no necrotério em casos que eu podia ver que era uma mulher, mas voltava o DNA de um homem por causa da contaminação. Você tem que considerar *todo o contexto envolvido*."

Após o desastre do *Marchioness*, algumas famílias tiveram permissão para ver seus mortos e outras tiveram o acesso negado. Agentes funerários e a polícia alegaram que foram aconselhados a não deixar as famílias verem os corpos, mesmo quando elas insistiam. O patologista Shepherd só soube disso mais tarde e especula que quem tomou essa decisão provavelmente o fez com "compaixão equivocada" — a crença de que ver o corpo em seu estado de decomposição só aumentaria a perturbação das famílias. "No entanto", escreveu Shepherd em seu livro de memórias *Unnatural Causes* [Causas Não Naturais], "essa pessoa claramente não sabia que *não* ver é ainda pior."

Pergunto a Mo sobre ver os corpos. Dado tudo o que me mostrou, ele impediria uma família de ver o que ele vê?

"Neste país, as pessoas têm o direito de ver os corpos", explica. "Pode ser um corpo coberto e você só precisa estar lá com ele. Talvez parte do corpo ou do rosto seja mostrada. Apesar disso, devido ao tipo de incidentes com que lidamos — que são níveis elevados de fragmentações e talvez a mais ínfima parte de restos humanos —, aconselhamos às famílias, em uma fase inicial, que o corpo provavelmente não se encontra em estado adequado de ser visto. Mas explicamos o *porquê*, e isso não é o mesmo que negar."

Ao explicar o motivo, os agentes responsáveis pelo contato com as famílias das vítimas devem ser honestos. Depois de um acidente de avião, os familiares são questionados se gostariam ou não de ser notificados sempre que uma nova parte de uma pessoa é identificada: você gostaria de outra ligação quando encontrarem a quadragésima sétima parte, ou a primeira — a identificação positiva — é o suficiente? Algumas famílias podem receber uma mecha de cabelo para guardar, mas outras não. Como oferecer uma mecha de cabelo se a cabeça não foi encontrada? As tradições religiosas podem não ser realizadas simplesmente porque não há corpo suficiente para fazê-lo. Se não for realizada uma abordagem sincera sobre determinada situação, as famílias poderão não entender.

"No Egito, depois do MS804, quando tive acesso pela primeira vez ao local onde os corpos se encontravam, 66 deles estavam em três geladeiras domésticas de cinco gavetas. A maior parte era do tamanho de uma laranja. E o maior número de fragmentos de restos humanos atribuídos a um único indivíduo foram cinco. Isso causou dificuldades com a fé muçulmana, quando a família queria estar presente e lavar os restos mortais. *Você está falando sobre um fragmento em um pote de amostra.* No entanto, a identificação de alguém e a presença de *alguma* parte de seu corpo é muito importante."

De volta ao dia aberto ao público na Kenyon, após uma pausa para o café, Gail Dunham subiu ao púlpito para fazer um discurso. Era uma senhora de 70 e poucos anos, com cabelos grisalhos ondulados e uma série de broches, ambos bonitos e parecendo trazer mensagens, decorando suas lapelas. Ela passou o dia sentada sozinha, a algumas cadeiras de distância de vários representantes de companhias aéreas, e se destacava como uma anomalia em uma sala cheia de pessoas vestidas em ternos. É a diretora executiva da National Air Disaster Alliance/Foundation [Aliança/Fundação Nacional de Desastres Aéreos], grupo formado por famílias de sobreviventes e vítimas de acidentes aéreos para elevar o padrão de segurança, proteção e capacidade de sobrevivência da aviação e para apoiar as famílias das vítimas. A Kenyon estava visivelmente entusiasmada por tê-la ali, uma mulher educada e de fala franca, especialista na maneira como as companhias aéreas funcionam (ela trabalhou para a American Airlines por 27 anos) e profundamente familiarizada com a sensação de perder alguém em um acidente de avião e ser maltratada pela companhia aérea.

Em março de 1991, o voo 585 da United Airlines, um Boeing 737-200, estava se aproximando de Colorado Springs para pousar quando jogou para a direita, inclinou o nariz para baixo até ficar quase na vertical e atingiu o solo. Imagens do local do acidente, um parque ao sul do aeroporto, mostram uma queimadura preta, grama chamuscada e pedaços de avião tão pequenos e estilhaçados que é como se a aeronave tivesse evaporado. Dois tripulantes, três comissários de bordo e vinte passageiros morreram; ninguém a bordo sobreviveu ao impacto. O ex-marido de Dunham e pai de sua filha era o comandante daquele avião. Como alguém de dentro e, ao mesmo tempo, uma pessoa enlutada de fora, o único objetivo dela no dia aberto ao público era falar diretamente com os representantes de centenas de companhias aéreas reunidos naquela sala para pedir-lhes que parassem de usar a palavra "superação" — uma palavra de companhia de seguros que não significa nada. Ninguém nunca consegue encontrar superação. Um acidente nunca termina.

Se a superação é um ponto de aceitação inatingível, o que a presença de um corpo acrescenta ao novo normal que é a vida de uma vítima viva? O que estamos procurando e como um corpo ajudaria a encontrar isso? É claro que queremos o corpo de volta e ninguém questiona isso. Mas muitos enfrentam dificuldades até para olhar para um cadáver, há quem inclusive se recuse. Para alguns, a crença religiosa dá pouca importância ao corpo: a alma se foi, o receptáculo vazio é menos importante do que a ideia espiritual de uma pessoa existir em outro lugar melhor. Em uma fatalidade em massa, em guerras, em desastres naturais ou provocados pelo ser humano, milhões são gastos para devolver corpos às famílias, inteiros ou em pedaços. Para quê? O que significa a presença de um corpo em um funeral se o caixão pode estar vazio sem que ninguém saiba, exceto os carregadores?

Após a morte do general Franco, em 1975, depois de quase quatro décadas de ditadura, o governo espanhol decidiu que, em vez de vasculhar os crimes do passado — crimes que os historiadores chamaram de

"Holocausto Espanhol", com uma contagem de centenas de milhares de corpos —, eles focariam exclusivamente no futuro da Espanha. Assim, votaram para estabelecer um Pacto do Esquecimento, uma espécie de amnésia legislada, uma lei de anistia que significava que ninguém seria processado pelo sofrimento em massa sob o governo de Franco, que o país simplesmente seguiria em frente. Ao contrário da Alemanha, não transformariam seus próprios campos de concentração em museus de memória ou julgariam funcionários em tribunais — as ruas nomeadas em sua homenagem permaneceriam, os funcionários continuariam no poder, passariam uma borracha no passado. Também significava que qualquer um que tivesse sido jogado em uma vala comum pelos soldados de Franco ficaria lá; desenterrá-los seria desenterrar o passado, e isso era proibido por lei. Alguns dos parentes sobreviventes das vítimas sabiam vagamente onde os corpos estavam enterrados e jogavam flores por cima de muros ou as amarravam com lacres plásticos às grades de proteção em estradas. Eram atraídos para os lugares onde acreditavam que estavam seus entes queridos. Ascensión Mendieta tinha 92 anos quando o pai foi finalmente localizado, em 2017, jogado em uma das muitas valas comuns da Espanha depois de ser morto por um pelotão de fuzilamento em 1939. Quando ouviu a notícia de que a sepultura seria exumada (após um processo judicial na Argentina, porque crimes contra a humanidade podem ser julgados em qualquer lugar do mundo, o que ajuda se o Estado que os cometeu estiver reprimindo os casos por lei) e que seu pai seria identificado por DNA, ela declarou: "Agora posso morrer feliz, porque sei que o verei, mesmo em um osso ou em uma cinza".

Mendieta morreu um ano depois que seu pai foi encontrado no cemitério em que foi alvejado, onde ainda eram visíveis os buracos de bala nas paredes. Ela lutou a vida inteira para recuperar os ossos dele.

Ver o corpo é um sinal, uma marca no rastro da dor. O consolador diz ao enlutado que uma pessoa não está realmente morta, desde que você a mantenha viva em sua mente, e isso é verdade de mais maneiras do que aquele que consola pode pretender. Sem ver os restos mortais de seu filho, ou de seu bebê morto, ele permanece vivo de alguma forma, psicologicamente, de modo que nem todo o pensamento racional pode derrotar. Em um acidente de avião, você quase pode se enganar pensando que as pessoas estão por aí em algum lugar, que sobreviveram ao impacto e foram parar em uma ilha tropical, que ainda estão usando rochas e troncos para escrever SOS na praia, à espera de serem encontradas. Sem um corpo, você fica preso em um crepúsculo da morte, sem a escuridão necessária para alcançar a aceitação.

"É o limbo em que as pessoas permanecem durante esse período que é tão difícil", explica Mo. "Não saber onde está o corpo. Nem mesmo saber se o ente querido será identificado. Sem saber quando poderão tê-lo de volta. Essa situação não oferece aqueles marcos importantes que temos com uma morte normal. Uma morte normal pode ser um membro da sua família adoecendo diante dos seus olhos, que morre no hospital e você pode ir ao funeral. E talvez os próprios falecidos falem com a família antes de morrer. Isso é o que também é tão difícil em relação a homicídios: são mortes súbitas e inesperadas. E da mesma forma que eu fazia em casos de homicídio, diria para uma pessoa: 'Olha, vou fazer de tudo para tentar descobrir o que aconteceu, para te contar o que aconteceu'. Esse é o mesmo tipo de motivação, na verdade. O que aconteceu? Como posso lhes dar a verdade? E às vezes essa verdade é horrível, mas as famílias querem saber e nós contamos tudo." Talvez não seja possível dar às famílias tudo o que elas querem, mas, ao recuperar um corpo, é possível lhes dar aquilo de que precisam para se recuperar.

O conteúdo da mala de emergências de Mo está alinhado no tapete agora, ao lado de uma mala de mão vazia de couro marrom. Ele está esperando os resultados do DNA das vítimas de um acidente de avião. Amanhã de manhã ele embarcará em um voo para os Estados Unidos para vasculhar cada saco de cadáveres e se certificar de que tudo o que deveria estar lá está mesmo lá. Nas etiquetas em branco com a marca Kenyon em um saco de papel de pão no chão, o próprio Mo escreverá os nomes das pessoas identificadas. Ele vai ligar para os familiares para contar o que sabe e orientá-los sobre as próximas etapas — cremações, enterros, tudo depende deles. Quando a vítima for liberada do necrotério, Mo estará lá. O caixão terá o comprimento e a forma de um caixão normal. Dentro, apenas um pequeno saco de partes.

Quero saber como tudo isso afeta Mo, o que faz com sua psique ver pessoas empilhadas em valas comuns, apodrecendo em sacos mortuários ou seladas em potes. Ele diz que não se sente diferente em relação à morte. "A morte faz parte da vida", afirma. "Essa é uma das coisas que fazemos." Mas o trabalho mudou suas prioridades. É impossível ver o que ele presenciou e ainda pensar que tudo tem a mesma importância. Antes do tsunami no Sri Lanka, Mo conta que era ótimo com a burocracia que acompanha o trabalho no serviço policial: formulários, regras, regulamentos. Quando voltou, isso deixou de ser importante. "Provavelmente prejudicou muito minha carreira. Fazer as coisas só para manter as aparências? Nada disso importava mais. Eu não estava com raiva, só não queria mais fazer isso."

Seu trabalho também lhe deu maior compreensão daquilo com que as pessoas podem lidar emocional, mental e fisicamente. O Sri Lanka deixou um de seus funcionários com transtorno do estresse pós-traumático, de forma que ele provavelmente nunca mais voltará a trabalhar. "Falhei nisso", diz Mo, sem rodeios, sério. "Ele trabalhou sem parar para mim sem nenhum dia de folga por cerca de três semanas. Para começo de conversa, era uma pessoa muito frágil para ter sido enviado." Houve uma indenização do Ministério do Interior, em vez do atendimento especializado posterior que ele deveria ter recebido.

A Kenyon é cuidadosa na seleção de profissionais e há suporte de saúde mental durante o trabalho e quando ele termina. Mo está organizando um interrogatório para as pessoas sobre o caso da Grenfell Tower. E, depois de uma experiência no Kosovo — vendo um voluntário da equipe de exumação subir na vala comum e vomitar todos os dias durante duas semanas, recusando-se a parar —, ele sabe que há uma diferença entre querer ir e realmente ser forte o suficiente para exercer a função. Os trabalhadores precisam ter as habilidades práticas para ajudar, mas também precisam ser emocionalmente resilientes: não podem ter sofrido perdas recentes nem serem pessoas que decidiram entrar em uma cruzada para corrigir erros sofridos na própria vida.

Ele mesmo não escapou ileso da natureza avassaladora da função: em 2009, antes da Kenyon, Mo foi destacado pela polícia para ir ao Brasil, a fim de trabalhar na identificação das vítimas da queda do Air France 447 que deixou 228 mortos. Foi seu primeiro acidente de avião. Seu chefe disse que ele precisava voltar a tempo para o turno de plantão em homicídios, então ele pousou no Heathrow às 6h e dirigiu direto para o trabalho, mas bateu o carro no caminho. "Meus mundos haviam mudado. Minha concentração não estava na tarefa. As pessoas precisam de tempo para descansar e se recuperar depois de acontecimentos como esses."

Mas Mo não parece descansar. Ele diz que está ocupado o tempo todo. Ao contrário de outras pessoas que atuaram com ele no Sri Lanka — que nunca trabalharam em outra fatalidade em massa e organizam um churrasco anual para se reencontrar —, Mo foi para outro grande trabalho, e depois outro. Ele mantém os sapatos calçados durante todos os voos, sabe onde estão as saídas e sempre assiste ao vídeo de segurança até o final. E agora está aqui, trabalhando em um escritório onde estamos sentados a poucos metros de um depósito que contém os pertences chamuscados de pessoas que morreram queimadas em suas próprias camas. Como Nick Reynolds, o escultor de máscaras fúnebres, pergunto se ele acha que viria parar aqui se pudesse pensar a respeito. "Agora você está começando a parecer minha esposa falando", comenta ele com um sorriso.

Quando começo a colocar minhas coisas na bolsa e me preparar para sair, Mo me pergunta se mais alguém com quem falei me deu uma boa resposta sobre por que eles fazem o que fazem. Ele mudou um pouco desde que cheguei, está menos travesso, parece pensativo. Estamos aqui há horas tentando descobrir por que ele consegue fazer o que faz; ele insiste que é apenas "um cara simples", sem nada mais profundo para encontrarmos, nenhuma grande razão para ter vindo parar aqui. "Tenho certeza de que, debaixo da minha camada superficial, tudo o que você vai encontrar será mais superficialidade", continua ele, brincando e bebendo chá de uma caneca que diz "FILHA PERFEITA". Mas, do nada, ele me diz que não possui casos de assassinato não resolvidos. Na parede atrás dele está uma citação emoldurada de William Gladstone: "Mostre-me o modo como uma nação trata seus mortos e medirei com precisão matemática a terna misericórdia de seu povo, seu respeito pela lei da terra e sua lealdade a altos ideais."

Digo a ele que, nos últimos meses, recebi muitos motivos de pessoas que pensam que não os possuem, mas todos se resumem a isto: elas estão tentando ajudar e fazer o que acreditam ser certo. Essas pessoas não conseguem reverter a situação e fazer os mortos viverem de novo, mas podem mudar a forma de lidar com isso e dar-lhes dignidade na morte. Conto a ele sobre Terry, na Mayo Clinic, ficando até tarde no laboratório de anatomia, esperando para destrocar os rostos, embora ninguém jamais fosse notar se ele não o fizesse. Mo assente em silêncio, inclina-se para frente na cadeira, o último cadeado mortuário ainda entre nós. "As pessoas merecem sua identidade, mesmo após a morte. Entende?"

(mor.te) *sf.*
O Horror

Depois de uma morte violenta, não há agência do governo dos Estados Unidos que venha limpar o sangue para poupar proprietários ou familiares da visão de horror. Quando o corpo está na van, as declarações foram gravadas, as impressões digitais, colhidas, e a fita de isolamento da polícia, retirada, restam a sujeira e o silêncio. "Familiares, amigos, ninguém" cuida disso, e quem me deu essa informação foi um faxineiro profissional de cenas de crime.

Neal Smither tem um jeitão de chapado californiano, de *essa-merda-é-assim-mesmo-cara* em tudo o que diz. Antes de seu emprego atual, ele era muito bom em "transar, fumar maconha e sentar na praia". Tem limpado cenas de crimes e mortes nos últimos 22 anos, de plantão 24 horas por dia. Agora está sentado ao lado de uma pilha de guardanapos brancos em uma lanchonete gordurosa, vestindo uma camisa jeans azul com um símbolo de risco biológico bordado no bolso do peito, e pergunto a ele — porque já deve ter visto — qual é a pior maneira de morrer.

"Despreparado."

A maioria das pessoas que ele limpa não estava preparada: não esperava ser assassinada, não esperava morrer durante o sono e se decompor despercebida até o vencimento do aluguel, não esperava que a vida desse tão errado. A cada poucos minutos, o celular dele emite um bipe e vibra com um novo trabalho. Ele o ignora. É baixo, o cabelo bem cortado, os óculos sem marcas de sujeira — ele os limpa várias vezes durante nossa conversa. Pede à garçonete outra pilha de guardanapos de papel, e ela lhe dá talvez dez. Duas vezes se inclina e pega mais guardanapos para limpar a sujeira invisível das lentes. Fala alto e de maneira impetuosa, mas o chiado da grelha obscurece algumas de suas palavras e ele precisa repeti-las. As pessoas olham por cima dos ombros. "*Decomposição*", diz ele, mais alto. "*Cérebros*", repete no plural. "*Vibradores.*"

Ao nosso redor, banquinhos cromados sobre hastes de metal preto sustentam os traseiros largos em jeans azul dos estadunidenses servidos por uma garçonete que está segurando um bule de café com os dedos ainda mais longos por conta das unhas de acrílico azul-petróleo de mais de 2 centímetros. Um homem com um olho só, mancando, inclina-se sobre o balcão de fórmica. Um casal de idosos limpa gordura de hambúrguer na camisa um do outro — um efeito colateral de tapinhas nas costas inconscientes e reconfortantes. O piso é quadriculado, há um pote de biscoitos de menta de 25 centavos e uma pequena TV onde não está passando nada.

"Existem três coisas que quase sempre estão presentes na cena de um assassinato", comenta ele, levantando os dedos, derrubando-os casualmente como rostos no jogo *Cara a Cara*. "Pornô ou algum tipo de parafernália relacionada — do brando ao, ah, *você sabe*. Algum tipo de inebriante, de gás a algo crônico, seja qual for sua escolha. E uma arma. A única coisa que realmente vai variar é o aspecto sexual. Nem todo mundo deixa um vibrador na cômoda, mas está em algum lugar. Eu vou encontrar." Acho que ele está exagerando, não é possível que haja um vibrador em cada cena de crime. Ele me olha como se eu estivesse subestimando ou superestimando as pessoas. "A vida já parou quando a gente chega", diz ele. "Mas nada foi limpo."

A empresa de Neal, Crime Scene Cleaners Inc., é o limiar entre parecer normal e uma exibição de atrocidades — ele é o botão de reinicialização que permite colocar a casa no mercado imobiliário após o assassinato ou vender o carro apreendido no leilão da polícia. Antes que empresas como a dele existissem, você pessoalmente ficava de joelhos e esfregava o sangue o melhor que podia. Agora, você pode ligar para o Neal. Ele estará na sua casa com uma caminhonete dentro de uma hora. Você pode olhar para o outro lado, ir tomar um café. Sair. Quando voltar, vai parecer que nada aconteceu.

Estou conversando com Neal em parte por causa do que ele faz, mas principalmente por causa de como o encontrei. Ele comercializa sua empresa como qualquer um faz: na internet. Vende produtos — moletons, camisetas, gorros —, todos com o mesmo logotipo da Crime Scene Cleaners Inc. que ele tatuou no antebraço em um ninho de caveiras cercado pelo slogan da empresa: HOMICÍDIO — SUICÍDIO — MORTE ACIDENTAL. Sob a alcunha de @crimescenecleanersinc no Instagram, onde tem quase meio milhão de seguidores e sua bio diz: "SE ZOAR, TOMA UM BLOCK", ele posta fotos de trabalhos antes e depois de terem passado pela limpeza profunda. Rolando a tela para passar o tempo, vi o fino jato de sangue e o cérebro atingindo os limites superiores de uma sala, acertando o detector de fumaça e a luminária após um suicídio por espingarda. Perto do veículo esmagado em um acidente de carro catastrófico, pedaços de crânio quebrados, um tronco cerebral na pista. Dentes. Quando encontrei Neal, estava fazendo o que sempre faço: procurando fotos de morte na internet. Acompanho a conta dele há anos.

 Cresci como parte da geração que foi a última a vivenciar a infância sem internet e a primeira a vivenciá-la na adolescência. Naquela época, não havia buscas seguras: podíamos explorar qualquer coisa que o mundo online oferecesse, qualquer coisa em que pudéssemos pensar. Alguns iam atrás de estrelas pop e pornografia, outros buscavam a morte. Escreva "rotten.com" na barra de URL agora e nada aparece, o site está extinto. Mas, no passado, estava lá, programado no código HTML básico e simplificado que qualquer adolescente aprendia sozinho ao iniciar um site da GeoCities na década de 1990. Era uma coleção de doenças, violência, tortura, morte, depravação e crueldade humana em um jpeg granulado após o outro. Havia os famosos e os ninguéns: os não identificados, os não identificáveis. Lá estava a estrela do *Saturday Night Live*, Chris Farley, com uma overdose e o rosto roxo, morto no chão de seu apartamento. *Clique.* Uma jovem loira nos estágios iniciais de decomposição, sua pele verde e amarela começando a escorregar do corpo. *Clique.* Uma série de fotos enviadas por um policial, retratando um homem de 90 e poucos anos que morreu e inadvertidamente cozinhou pouco a pouco por duas semanas com o filamento de uma chaleira

O Horror

submerso na água do banho. *Clique*. Outro comediante, Lenny Bruce, no site *Celebrity Morgue*. Em setembro de 1997, um ano após o início do site, seu fundador — um programador de 30 anos que trabalhava para a Apple e para a Netscape chamado Thomas Dell e que administrava o site anonimamente sob o pseudônimo de Soylent — postou uma foto do cadáver da princesa Diana. Embora a foto fosse falsa, o simples fato de ele ter ousado publicá-la explodiu na imprensa global, e o Rotten. com se tornou infame: um destino popular para voyeurs, ações judiciais, adolescentes, eu.

Meu impulso de olhar vinha do desejo de ver o tipo de morte cotidiana com a qual eu poderia lidar e entender, mas tudo o que a internet podia me oferecer era horror — eu não estava chegando mais longe do que quando era pequena, olhando aquelas cenas de crime do Estripador. Não me lembro de ter visto alguém que tivesse morrido de morte natural: tinham sido mutilados, desmembrados, explodidos. Era uma série de tragédias violentas e incomuns. Provavelmente a mais próxima da morte comum foi a fotografia mortuária do rosto manchado de Marilyn Monroe, comparativamente sereno. Nada disso parecia uma morte real, ou algo que acontecesse na minha cidade. Além disso, éramos adolescentes; éramos imortais, embora minha amiga morta indicasse o contrário.

Eu tinha 10 anos quando o site começou, 13 quando o encontrei — cerca de um ano depois do funeral de Harriet. Foi, para muitos de nós que crescemos nos primórdios da internet (oi quer tc?), formativo. Essas eram as coisas que eu olhava na época da internet discada no horário que me era permitido, porque mais tempo custaria outro telefonema. Em outra janela, conversava com colegas da escola no MSN Messenger, mudando meu nome de exibição para piadas internas e citações dos filmes dos irmãos Coen. A nuca de John Kennedy, o cabelo encharcado de cérebro e sangue, a um clique de uma conversa sobre um garoto. Banalidade adolescente e mortalidade brutal lado a lado. "O horripilante nos convida a ser ou espectadores ou covardes, incapazes de olhar", escreveu Susan Sontag em seu último livro publicado antes de sua morte, *Diante da Dor dos Outros*, uma análise da nossa resposta a imagens de horror. Você escolhia um time: espectador ou covarde. Era compulsiva, essa necessidade de ver. Tornava-se algo em si. Depois de ter visto e suportado algo terrível, você continuava procurando a próxima coisa pior. Com ajuda do esforçado modem de 56k, os pixels seriam carregados linha por linha, e sua mente apostaria corrida com eles até a parte inferior da tela: as coisas que você viu eram piores ou não tão ruins quanto imaginava? Às vezes, a confusão era tão específica que sua mente nunca poderia criá-la sozinha. Você nunca pensaria que um crânio poderia quebrar como um ovo, que o cérebro poderia formar uma poça igual a uma gema. Os professores do laboratório de informática ainda não estavam ligados na gente; a pornografia ainda não estava bloqueada. Você podia ver o que quisesse, e íamos lá para sentir o zumbido de inquietação e a bravura que vinha com essas imagens de morte. Clique o suficiente e, quando der por si, você perde esse zumbido. Você se entorpece.

É nesse entorpecimento que fico pensando quando estou conversando com Neal, o faxineiro de cenas de crimes. Ele foi tema de alguns documentários e de um reality-show chamado *True Grime*; é destaque em um episódio de *Caçadores de Mitos* e fez uma série de participações especiais no YouTube. Nas resenhas de suas aparições, os telespectadores costumam dizer que ele é insensível — e, sentado à sua frente, ouvindo sobre sua carreira em frases que poderiam facilmente ser locuções em um programa de TV sensacionalista de fim de noite, entendo o que essas pessoas querem dizer. Só por sua conta do Instagram já percebo isso. Mas me pergunto quanto disso já estava presente, ou se veio com o trabalho.

Como muitos jovens de 20 e poucos anos que abandonaram o ensino médio assistindo a *Pulp Fiction* em meados dos anos 1990, Neal teve uma epifania sobre sua vida. Outros escreveram roteiros de filmes derivados; já ele seguiu um caminho menos óbvio. A cena que mudou tudo para ele foi ver Harvey Keitel aparecer como Winston Wolfe: ele chega no início da manhã vestindo um smoking, pronto para resolver o problema de Vincent Vega, interpretado por John Travolta, por ter atirado acidentalmente na cabeça de Marvin na parte de trás do carro. "Você tem um cadáver em um carro, sem cabeça, dentro da garagem", diz Wolfe. "Me leve até lá." Ele instrui Travolta e Samuel L. Jackson a colocar o corpo no porta-malas, tirar os produtos de limpeza de debaixo da pia e limpar o carro o mais rápido possível. Ele se torna minucioso enquanto Travolta e Jackson ficam desajeitados na cozinha, em seus ternos manchados de sangue e gravatas pretas finas. Quentin Tarantino como Jimmie, pairava por ali, vestido em seu roupão, temendo o retorno iminente da esposa. "Você tem que entrar no banco de trás — pegue todos aqueles pedacinhos de cérebro e crânio, tire-os de lá. Limpe o estofamento. Agora, quando se trata de estofamento, não precisa ser impecável — você não precisa deixar limpo para comer nele. Dá só uma geral. O que você precisa cuidar é das partes realmente sujas — as poças de sangue que se formaram, tem que enxugar essa merda." Travolta e Jackson se arrastaram até a garagem; Neal largou seu baseado e abriu um negócio.

Ele fez algumas pesquisas sobre empresas de zeladoria e encontrou alguns caras já nesse pedaço sangrento do território, mas eles eram tão "um absurdo de caros" que ele não os viu como ameaça. Pegou 50 dólares que não podia despender, conseguiu uma licença comercial e foi gastar sola de sapato, jogando panfletos na cara de qualquer um que pudesse usar seus serviços. Bateu de porta em porta em necrotérios e empresas de administração de propriedades, subornando policiais na Bay Area com rosquinhas. "Houve um ponto em que os policiais me viam chegando, destrancavam a porta e eu passava direto. Eu tinha *acesso* ao departamento; ia direto para homicídios, para as patrulhas, tanto faz. Naquela época, antes do Onze de Setembro, você podia fazer isso. Eu trazia sanduíches do Subway e dizia: 'Ei, filho da puta, quando você vai me dar algum trabalho?'. Eu só tinha um ótimo *timing* e era implacável. Toda vez que você se virasse, ia ouvir falar de mim." Ele conta que a avó, então com 80 anos, conseguiu uma vaga de voluntária no Departamento de Polícia de Santa Cruz. De lá, ela escrevia cartas fingindo ser uma cliente elogiando o desempenho de Neal e as mandava para legistas, sargentos da polícia, qualquer pessoa em quem conseguissem pensar que pudesse ter alguma influência sobre como uma cena de morte desaparecia.

A lanchonete em que estamos é a Red Onion na San Pablo Avenue, em Richmond, ao norte de San Francisco, do outro lado da baía. "Esse lugar pertence a um sargento antiquado bem típico do Departamento de Polícia de Richmond", conta Neal, olhando por cima dos óculos para o papel de parede da Coca-Cola e a máquina de café antiga. "Ele estava por perto quando batiam em alguém, e nada ia acontecer com essa gente. Foi um dos primeiros caras para quem vendi o serviço."

Quando o táxi me deixou aqui há uma hora, o motorista examinou o local com os olhos semicerrados e perguntou se eu tinha certeza. Eu saí, o carro se demorou. Nós dois olhamos para um drogado seminu arrastando um edredom pelo estacionamento da Dollar Tree ("Tudo custa 1 dólar!") e passando pela farmácia Walgreens. A pequena lanchonete era como uma ilha no meio de seu próprio estacionamento, parecendo ter sido teletransportada para lá dos anos 1950. Apenas alguns meses antes disso, uma jornalista sueca chamada Kim Wall havia sido assassinada em um submarino, seu corpo desmembrado e jogado no mar entre a Dinamarca e a Suécia. Eu não a conhecia, mas conhecia seu trabalho e, na época de sua morte, escrevíamos para a mesma revista. Se eu tivesse encontrado um homem fazendo seu próprio submarino, também teria contado essa história. Pensei nela então, enquanto eu estava parada na beira da estrada, prestes a encontrar um homem cujo trabalho é fazer com que os assassinatos desapareçam. O taxista olhou para mim e perguntou se eu tinha mesmo certeza de que queria ficar ali. Assenti. "Ok, moça", disse ele, virando o carro de volta para a estrada sem mim.

"Este é o lugar onde a merda acontece." Neal aponta para fora da janela, não me fazendo sentir nem um pouco melhor sobre minha escolha. "Este é um mercado mágico onde eu tenho o controle. Uma pequena área densamente povoada. Tenho milhões de pessoas à minha disposição em um raio de 100 quilômetros." Segundo ele, as pessoas são animais territoriais. Quanto mais gente, maior a probabilidade de matarem uns aos outros ou a si mesmas. As tensões aumentam com a proximidade.

Essa lanchonete foi onde a merda aconteceu em abril de 2007, quando o então proprietário foi baleado em um assalto malsucedido por quatro assaltantes mascarados. O detetive responsável na época descreveu o acontecimento ao *East Bay Times* como "invasão e roubo, realmente violentos". Eles espancaram um cozinheiro, intimidaram os outros funcionários e, quando Alfredo Figueroa apareceu do escritório dos fundos, atiraram na parte superior de seu tronco. Fugiram sem levar nada. Figueroa morreu na ala de emergência, seu Toyota 4Runner vermelho ainda parado, dias depois, no estacionamento isolado pela polícia. Os homens nunca foram capturados, e o capitão Robert De La Campa, do Departamento de Polícia de El Cerrito, me contou que, desde 2019, o caso continua sob investigação. Nas semanas que se seguiram ao incidente, a família deu hambúrgueres grátis para quem doasse 25 dólares ou mais para o fundo de recompensa por informações, preparados ali mesmo, na grelha do local do crime.

Neal tem experiência pessoal em limpar uma cena de crime como não profissional: o trabalho recaiu sobre ele aos 12 anos, quando um vizinho cometeu suicídio. A bala do fuzil atravessou a cabeça do vizinho, quebrou a janela e espalhou seu cérebro pela lateral da casa onde Neal passava o verão com os avós. Ele pegou uma escova de aço e uma mangueira e começou a trabalhar. "Foi nojento, mas não dei a mínima. Estava pensando algo mais parecido com: 'Caraca, aquele cara estourou a porra da cabeça dele!'. Isso me deixou ainda mais desorientado. Só precisava ser feito. Meus avós não podiam limpar porque eram velhos. Era o meu trabalho." E ele pôs as mãos na massa cedo, logo após o disparo da arma. Se tivesse deixado, teria aprendido o que descobriu anos depois: aquele cérebro explodido seca como mármore. Ainda é a coisa mais difícil de limpar.

Se você conseguir conter a ânsia de vômito, poderá limpar uma cena de morte sozinho, mas a contratação de um profissional depende de quanto você se preocupa com as coisas que não pode ver e se pode pagar. Neal me pede para imaginar uma casa onde uma pessoa morreu e começou a se decompor. O corpo foi removido, então agora você só tem o quarto com o colchão embebido em fluidos humanos, os vermes, o chão manchado. Você remove o colchão, encharca a cena com alvejante, o lugar fica visualmente impecável e você pensa que acabou. Mas não: você se esqueceu dos microscópicos pés de moscas. "Demorei muito para perceber que as moscas entravam pela porta e pisoteavam a sujeira por toda parte", diz ele. "A menos que você saiba que isso acontece, você nem sabe onde procurar, porque realmente não consegue ver até chegar na parede ou tocá-la e o local ganhar uma mancha. Você pode tirar a fonte, mas está *por toda a porra das paredes*." Os olhos de Neal se arregalam. "Você tem que esfregar *tudo*. Tem que mostrar aos clientes, porque eles não acreditam em você — e eu também não acreditaria. Aprendi enquanto fazia, não havia um manual de instruções. Sabe... *porra!* Quem ia saber?"

A maioria dos trabalhos que a Crime Scene Cleaners Inc. pega — divididos entre os oito funcionários em tempo integral, todos homens — é acumulação, infestações de ratos ou serviços relacionados a sangue. Quanto à forma como o material se espalha, varia, e poças de sangue são outra coisa que as famílias subestimam. "Uma mancha de sangue no carpete tem quatro vezes esse tamanho debaixo dele. É como um cogumelo de cabeça para baixo: você está olhando para a ponta do caule, embaixo está o chapéu suculento. Você vê uma mancha do tamanho de um prato, mas vai ter de cortar um metro do carpete. Porque o sangue se separa. Os glóbulos brancos se separam do que quer que seja, o plasma, e ele forma uma grande mancha de gordura. É essa merdinha que as pessoas não veem."

No final de cada trabalho, Neal toma uma chuveirada na casa e deixa a cena limpa e transformada, porque, apesar do que o smoking de Harvey Keitel pode fazer transparecer, a verdade é que o trabalho é manual ao extremo. "É miserável e não tem glamour algum", explica Neal. "Você está vestindo um traje de proteção no qual imediatamente começa a suar, fica encharcado e está usando uma porra de uma máscara facial. É terrível." Imagino Terry lá na Mayo Clinic com seu fluido de embalsamamento e piso selado, e pergunto a Neal se o cheiro continua impregnado nele apesar do banho. "Ah, sim. Mas não tem como entrar sem um respirador na cara. O teste é quando você termina e tira o respirador: ainda sente o cheiro? Se sentir, tem um problema. Você não terminou. Está no ar, e não é a *sua* partícula que está sendo transportada, é a de outra pessoa. Você não vai querer ingerir aquilo, seja respirando, comendo ou qualquer outra forma."

Um cliente que estava ouvindo a nossa conversa se volta silenciosamente para o seu milk-shake.

Para os adolescentes da década de 1990 e início dos anos 2000, olhar o Rotten.com era uma ação deliberada. Não era algo que se fizesse por acaso. Não era uma coisa que se encontrava nas redes sociais, onde agora é possível ver uma imagem que escapou da rede de censura de proteção de marca, algo que a gente gostaria de poder apagar mentalmente. Naquela época, tínhamos que ir à caça. Hoje, o site pode ter desaparecido, preservado em âmbar tal qual um fóssil nos arquivos da internet, mas outros semelhantes surgiram em seu rastro. O Instagram da Crime Scene Cleaners Inc. oferece sua própria marca de terror para uma nova geração de voyeurs da morte: uma que existe em uma plataforma e em uma linha do tempo, com todo o resto. Às vezes, rolando a tela, você pode se esquecer de pensar de forma consciente sobre o que está vendo. Apresentado dessa maneira, encaixado no resto da sua vida organizada com curadoria, existe o perigo de o horror se tornar mundano.

As imagens de morte podem estar ao nosso redor, mas não as processamos mais como tal por causa de sua onipresença. Estamos tão acostumados com elas que nos tornamos insensíveis. Quando se entra em uma igreja, em geral as pessoas não param e pensam uma segunda vez que aquele é um homem torturado, morto em uma cruz. A crucificação é um dos momentos mais revisitados da história da arte, mas não é mais chocante; é uma história que se ouve de novo e de novo. Você pode andar com a imagem pendurada no pescoço, mas nunca a notar no espelho: uma execução pública, uma cena de crime em ouro 24 quilates. Durante doze anos de escola católica, estive cercada pela Via-Sacra e pela morte de Jesus. Estava lá nos elaborados vitrais que brilhavam ao sol, nas estátuas que assomavam no canto de cada sala de aula, o sangue escorrendo do lado do corpo de Jesus. Durante a Quaresma, quando eu era criança e essa história era nova, eu me ajoelhava atrás de bancos duros e ouvia o padre nos contar quantos dias Jesus ficou deitado em seu túmulo antes de ressuscitar, imaginando em que estado estaria seu cadáver, se estava verde quando a pedra rolou. Se ele morreu em uma sexta-feira, como será que cheirava no domingo? Era muito quente no Gólgota? Envie seus filhos para a escola católica. Eles vão se divertir muito.

Andy Warhol teve criação católica e era obcecado por imagens de morte. Como poderia não ser — é uma religião construída sobre essas imagens, afinal. De acordo com aqueles que estavam lá na época, a ideia fixa de Warhol tornou-se particularmente aguda no início dos anos 1960, quando ele tinha 30 e poucos anos — a minha idade. Em junho de 1962, seu amigo e curador Henry Geldzahler lhe entregou um exemplar do *New York Mirror* durante o almoço. A manchete gritava "129 MORREM EM JATO"; o texto dizia que os mortos eram do mundo da arte. Warhol pintou à mão a imagem do acidente de avião em tela. Dois meses depois, Marilyn Monroe morreu. Apenas alguns dias depois que alguém tirou a fotografia em preto e branco para o arquivo do necrotério que mais tarde apareceria na internet, Warhol produziu as primeiras serigrafias do famoso rosto sorridente. Os meses seguintes trouxeram mais acréscimos ao que chamou de sua série *Morte e Desastres*: vítimas suicidas, acidentes de carro, explosões de bombas atômicas, manifestantes de direitos civis atacados por cães, duas donas de casa envenenadas por latas de atum contaminadas e imagem após imagem da cadeira elétrica na Penitenciária de Sing Sing, cerca de 50 quilômetros ao norte da cidade de Nova York. A cada impressão e repetição da imagem, algumas vezes duplicadas em grade na mesma tela, Warhol se afastava mais e mais da sensação que a cena provocava, criando mais distância entre ele e a realidade — quase como se tivesse aprendido na igreja que a repetição silencia a história.

Reconheço esse mesmo efeito na conta do Instagram da Crime Scene Cleaners Inc. Outra grade, três quadros de largura, dezenas de comprimento — é uma série amadora de mortes e desastres. São imagens de tragédia, dor e violência, mas, ao serem vistas em conjunto, às centenas, permaneço insensível a elas. É o Rotten.com todinho de novo. "Quanto mais você olha para a mesma coisa", disse Warhol, "mais o significado desaparece e melhor e mais vazio você se sente."

Era sempre nessa série de Warhol que eu me detinha na adolescência, nas páginas dos livros de arte. Ele estava interessado nas mesmas coisas que eu. Nunca questionei por que ele procurava imagens de morte, e só mais tarde percebi que nossas motivações eram diferentes: eu estava procurando entender a morte; ele estava tentando escapar dela. Nunca me ocorreu que estivesse com medo; pensei que estivesse apenas sendo provocativo. Ele falava de seus medos para Geldzahler em telefonemas tarde da noite, pequenos gritos de socorro no escuro. "Às vezes, dizia que ficava com medo de morrer se fosse dormir", contou Geldzahler. "Então ele se deitava na cama e ouvia as batidas de seu coração."

Os irmãos de Warhol, John e Paul, acreditam que seu medo incapacitante da morte começou com o falecimento do pai, quando Andy tinha 13 anos. O corpo foi levado para casa e deixado na sala por três dias. Andy se escondeu debaixo da cama, chorou e implorou à mãe para deixá-lo ficar na casa da tia, e ela — com medo de que o distúrbio nervoso dele, a coreia de Sydenham, também conhecida como dança de São Vito, pudesse voltar — o deixou ir.

Warhol nunca viu a morte de verdade com os próprios olhos; só viu o que saía nos jornais, pelas lentes de um fotógrafo. Aos 13 anos, ele — ao contrário de mim — teve a opção de ver a morte de perto e recusou. Foi somente nos anos 1970, tendo sobrevivido à tentativa de assassinato perpetrada por Valerie Solanas,[*] que começou a explorar a própria mortalidade em autorretratos e crânios. Mas seu medo permaneceu por toda a vida: Warhol nunca foi a funerais ou velórios, recusando-se a comparecer até mesmo ao enterro de sua mãe em 1972. Ele era vítima de imagens que tinham o poder de assombrá-lo e, por meio de sua arte, tentou lutar contra o poder delas, em vez de aproveitar as oportunidades da vida real para enxergar a morte como algo diferente do macabro. Seu belo comportamento de evitação é exibido em galerias ao redor do mundo.

"Desde quando as câmeras foram inventadas, em 1839, a fotografia flertou com a morte", escreveu Sontag. Os motivos para tirar essas fotografias são inúmeros, tão variados quanto as motivações das pessoas

---

[*] Valerie Solanas (1936-1988) foi uma feminista radical conhecida de Andy Warhol. Em 1968, ela tentou matá-lo a tiros. Disparou três vezes e errou nas duas primeiras. A terceira bala, porém, acertou Warhol e o deixou gravemente ferido, tendo atingido baço, estômago, fígado, esôfago e pulmões. Após ter ficado frente a frente com a morte, Warhol sofreu os efeitos físicos e psicológicos da tentativa de assassinato pelo resto da vida.

que as olham. Os vitorianos montavam câmeras em tripés para tirar fotos dos moribundos e dos mortos — às vezes a única fotografia que teriam de um filho, aninhado ali no tecido grosso que escondia uma mãe segurando seu bebê morto, ou talvez a criança jazesse em seu pequeno caixão, com os pais devastados posando rigidamente ao lado enquanto esperavam pelo disparo da câmera. Depois, havia as cenas de crimes e as fotos de autópsias, realizadas para fins policiais, como as de 1888 das cinco mulheres mortas que eu conhecia tão bem: Polly Nichols, Annie Chapman, Elizabeth Stride, Catherine Eddowes e Mary Kelly. Décadas depois, um fotógrafo chamado Weegee (nome verdadeiro Arthur Fellig) ajudou a vender jornais usando a morte como atração sensacionalista, registrando a violência dos anos 1930: o fim da Grande Depressão, a revogação da Lei Seca e a repressão governamental ao crime organizado que resultou em uma onda de assassinatos em toda a cidade de Nova York. Ele nunca fotografou a ação, apenas a situação imediatamente após; graças ao seu rádio de polícia (ele era o único fotógrafo autônomo de jornal com permissão para ter um), conseguia chegar a tempo de capturar a imagem do corpo na poça de sangue e o chapéu do gângster virado para cima na calçada antes que o lençol branco caísse. Suas fotos estariam espalhadas pelas primeiras páginas: centenas de corpos e de histórias, todas rasgadas dos jornais e pregadas nas paredes de seu apartamento sujo do outro lado da rua do Departamento de Polícia de Nova York, como troféus. Vítimas enchiam as paredes da sala. "O assassinato é o meu negócio", afirmou ele.

Bem longe do mundo eticamente instável dos tabloides, o fotojornalismo desempenha um papel vital na prova documental, em que a visão e o testemunho são falíveis. Em 1945, Margaret Bourke-White — a primeira fotojornalista de guerra estadunidense e a primeira mulher autorizada a trabalhar em zonas de combate — viajou por uma Alemanha em colapso com o Terceiro Exército do general Patton. Suas fotos das atrocidades nazistas, tiradas quando ela teria 40 anos, são registros importantes e inabaláveis que ela só foi capaz de processar mentalmente mais tarde, na sala escura. "Eu dizia para mim mesma que só acreditaria na visão indescritivelmente tenebrosa no pátio diante de mim quando tivesse a chance de olhar minhas próprias fotografias", escreveu ela em suas memórias no ano seguinte, sobre as cenas em Buchenwald. "Usar a câmera era quase um alívio; interpunha uma ligeira barreira entre mim e o horror branco à minha frente." Suas fotografias, publicadas na revista LIFE, foram algumas das primeiras reportagens a mostrar a realidade dos campos de extermínio a um público, em grande parte, incrédulo.

Um fotojornalista está na fronteira entre o registro e a ação: seu trabalho é essencial para que o mundo saiba o que está acontecendo, mas isso pode ter um grande custo pessoal. Kevin Carter ganhou o prêmio Pulitzer por sua fotografia de 1993 de uma criança faminta e desmaiada no Sudão sendo vigiada por um abutre. Quando saiu no jornal, os leitores escreveram para o *New York Times* querendo saber o que havia acontecido com ela e se o fotógrafo a havia ajudado. Dias depois, o jornal publicou um aviso dizendo que o abutre foi enxotado e a criança continuou sua jornada, embora não se soubesse se ela conseguira chegar à barraca de comida. Três meses depois de ganhar o Pulitzer, aos 33 anos, Carter se suicidou, asfixiando-se com os gases de sua caminhonete, dentro dela, tendo deixado um bilhete para trás. Dizia, em parte: "Sou assombrado pelas memórias vívidas de assassinatos & cadáveres & raiva & dor [...] de crianças famintas ou feridas, de pistoleiros loucos, muitas vezes policiais, de carrascos assassinos".

Como observador de imagens de morte, o elemento crucial é o contexto: precisamos saber o que aconteceu ou elas flutuam, soltas na memória como um horror à deriva, cujos efeitos podem ser medo cumulativo ou entorpecimento, dependendo de quem você é. Fotos de cenas de crimes, como aparecem no Instagram de Neal, não são nenhuma das opções acima. Elas não são um chamado às armas nem uma história que provoca empatia ou compreensão mais profunda. Também não vendem jornais. São apenas carnificina sem sentido. Principalmente porque não conhecemos a história: embora geralmente receba uma explicação do despacho da polícia como forma de estimar a duração do trabalho, Neal diz que as legendas que escreve nunca são a verdade completa — ele muda a narrativa para algo não relacionado como forma de mascarar identidades, embora membros ocasionais das famílias ainda encontrem as postagens e se enfureçam com ele nos comentários. Não há realmente um sentido para essas imagens além do voyeurismo e da promoção de seus negócios, é mais um item de performance do que uma exibição do que o dinheiro pode comprar. Ele abriu a conta para mostrar às pessoas como é seu trabalho e, embora não consiga muitos clientes por meio do conteúdo da plataforma, a natureza vaga das postagens cria um burburinho em torno do negócio: nos comentários, na ausência de detalhes, os seguidores constroem uma narrativa própria, reunindo coisas vislumbradas pela janela parcialmente obscurecida por onde Neal lhes permitiu a entrada nessas cenas de morte privadas.

A única parte da história que sabemos ser verdadeira é que o faxineiro de cena do crime está chegando a cenas que já aconteceram, onde o crime já foi cometido, o pulso já cortado — a história que ele não pode mudar. Fico pensando se isso pesa sobre ele; parece que não. "Acho que não é da minha conta, na verdade", afirma ele. Pergunto sobre as imagens que permanecem em sua mente, e Neal se esforça para encontrar uma. As pegadas de uma criança em um corredor marcadas no sangue de seus pais, talvez. Mas, na maior parte das vezes, nada. "Todo mundo começa querendo saber as histórias — seus primeiros cinquenta casos ou mais —, e então você não se importa mais, nem mesmo enxerga", diz ele. "Na maioria dos casos, você já esqueceu quando saiu da casa."

No final de sua análise sobre o efeito que imagens horríveis têm sobre nós, Sontag escreveu que "a compaixão é uma emoção instável. Ela precisa ser traduzida em ação, do contrário definha (...) passamos a nos sentir entediados", diz ela, "cínicos, apáticos". Quer a emoção instável da compaixão tenha estado presente ou não, o cinismo agora parece reinar supremo em Neal. Está presente na forma como ele fala de seu trabalho para mim na lanchonete; nas legendas contundentes das fotos em que usa a hashtag "#p4d": "reze pela morte" — em inglês, *pray for death* —, porque a morte é igual a dinheiro (assassinato também é o negócio dele). Algumas das coisas que ele me diz ouvi quase literalmente em outros lugares, na TV, no YouTube. "Se eu não estivesse por aí irritando todo mundo na TV e usando ótimas frases de efeito, a empresa não estaria nem perto de onde está agora", afirma. Tudo faz parte da performance de ser o faxineiro de cenas de crime da internet. Estou com dificuldades em compreender como ele se sente sobre qualquer coisa, ou mesmo como me sinto sobre Neal. Fui mais uma plateia para um show bem ensaiado, polido até brilhar.

Mas há alguns momentos em que tenho flashes de algo verdadeiro.

Neal não costuma mais sair para fazer trabalhos de limpeza. Sua equipe envia as fotos para ele postar na internet. Está com 50 anos agora e diz que a visão imperfeita diminui sua capacidade de tirar as pegadas microscópicas de moscas das paredes, mas, principalmente, ele fica de fora porque não consegue mais esconder seus sentimentos. "Não sou mais solidário com o cliente e acho que isso transparece mais do que eu gostaria. Eles me *enojam*", confessa. "Não digo a eles com todas as letras que os acho uns bundões, mas eles conseguem sentir."

É esse desgosto pelo cliente que vem à tona nele o tempo todo — tanto em relação à atitude quanto às casas imundas desses clientes. Neal nem sempre esteve presente, mas, depois de 22 anos limpando o horror e a tragédia, vê apenas o pior de nós. "Acho que todo mundo é meio oportunista e só pensa em si", declara Neal, antes de me dizer que não existe lealdade. Nos casos em que uma pessoa morreu e não foi descoberta por meses, os familiares vão aparecer para vasculhar as coisas da casa em busca de tesouros que possam vender. "Estou limpando e eles estão vasculhando as gavetas, procurando itens que possam guardar como se fosse seu direito de nascença. *Odeio* isso."

Neal entrou nesse ramo com intenções frias e capitalistas e, para ele, o trabalho ainda é apenas limpeza e dinheiro. "Não estou lá para ser o amigo de ninguém, não estou lá para ser o psiquiatra de ninguém", explica, terminando com as últimas mordidas de seu hambúrguer. "Sou o faxineiro, sabia? Por que você se importa com o que eu penso de você?" Em seu trabalho, ele não tem a menor intenção de tornar o mundo um lugar melhor ou de dar dignidade aos mortos; sua função é tirar de cena todos os vestígios de uma pessoa, literalmente desumanizar a situação para tornar a casa passível de ser colocada à venda para o primo de terceiro grau que está mexendo nas gavetas do outro cômodo. Mas os dois estão na casa pelo mesmo motivo, e talvez essa seja a raiz do desgosto de Neal. Ambos são abutres, mas Neal está sendo pago por eles.

Ele me conta que tem um lugar em Idaho onde ele e a esposa vão se aposentar, um oásis impecável onde ele vai desaparecer do mapa e deixar todos os assassinatos, suicídios, ratos e pessoas esquecidas para trás. Ele pega o celular, desliza para o lado as dezenas de notificações de trabalho e me mostra um relógio de contagem regressiva, os números marcando segundo a segundo. "Daqui a 1.542 dias. Quatro anos, dois meses e vinte dias." Neal mal pode esperar para esse dia chegar. "É lá que vou morrer", afirma. Está preparado: tem todas as coisas em ordem e, antes que não possa mais fazer isso fisicamente, quer escalar as montanhas e ser comido por um urso. Não quer acabar sendo o trabalho de limpeza de outra pessoa.

"Você tem medo da morte?", pergunto.

"Tenho. Não quero morrer."

Ele quer saber se terminamos, pega as chaves da mesa e fala com os funcionários da lanchonete na saída. A garçonete se inclina no balcão, bloco de pedidos enfiado em uma das mãos erguida na cintura, pergunta se ele está ocupado. Ele responde que está sempre ocupado. O telefone apita de novo. Ele me diz para esperar minha carona dentro da lanchonete, que não é seguro lá fora. Observo-o partir na imaculada caminhonete Ram, branca e limpíssima, brilhando ao sol; todos os outros carros à vista estão opacos de tanta sujeira, absorvendo a luz como buracos negros. A placa diz HMOGLBN. O Instagram me informa que ele comprou recentemente uma caminhonete nova para um funcionário com a placa BLUDBBL.

Entro de volta no nicho onde estávamos e espero um táxi vir me pegar. Apanho o celular e vou rolando a tela. Lá, aninhadas entre os cachorros, as selfies e as plantas domésticas em vasos cor de ouro rosé, encontram-se novas cenas de crimes.

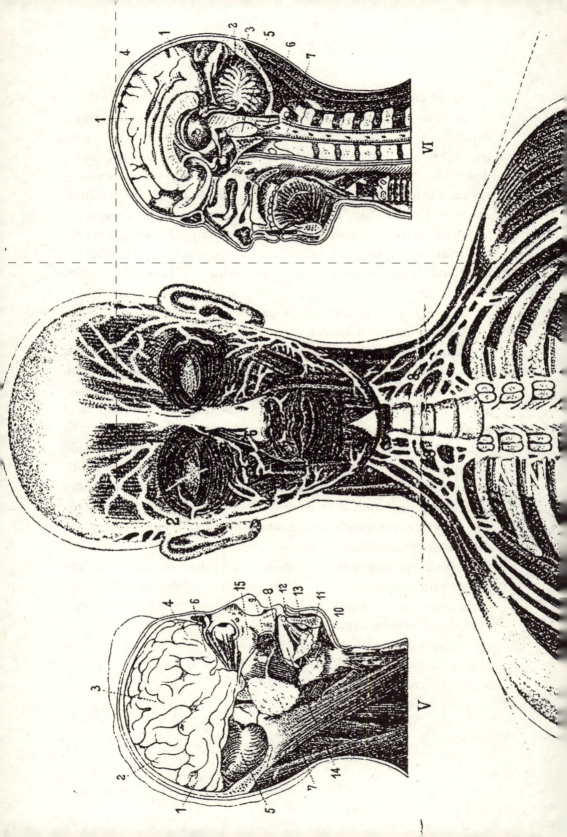

(mor.te) *sf.*
Jantar com o Carrasco

Em 27 de fevereiro de 2017, foi anunciado que o estado de Arkansas apressaria a execução de oito prisioneiros no espaço de onze dias. Era um ritmo inédito na história estadunidense recente — o próprio Arkansas não realizava uma única execução em doze anos. O raciocínio deles era que o suprimento limitado de midazolam, um dos três medicamentos usados no protocolo de injeção letal do estado, estava se aproximando do prazo de validade e, por extensão, também estavam esses oito homens. (O Arkansas está acostumado com decisões notáveis em relação à pena de morte: esse é o mesmo estado que, em 1992, viu o então governador Bill Clinton correr para casa depois de sua campanha presidencial para testemunhar a execução de Ricky Ray Rector, um homem com problemas mentais tão extensos devido a um disparo infligido por ele mesmo na cabeça que guardou a sobremesa de sua última refeição, uma fatia de torta de nozes, para depois da execução. Recusar-se a perdoar o homem foi uma jogada de marketing da parte de Clinton. Ele queria parecer menos mole.)

Em uma carta datada de 28 de março de 2017, assinada por 23 ex-funcionários do corredor da morte de todo o país, eles peticionaram ao governador Asa Hutchinson:

> Acreditamos que realizar tantas execuções em tão pouco tempo imporá estresse e trauma extraordinários e desnecessários ao pessoal responsável por realizar tais execuções

> (...). Mesmo em circunstâncias menos prementes, a realização de uma execução pode afetar gravemente o bem-estar dos agentes penitenciários. Aqueles de nós que participaram de ou supervisionaram execuções vivenciam diretamente os desafios psicológicos da experiência e suas consequências. Outros de nós testemunharam essa mesma tensão em nossos colegas. A natureza paradoxal do papel dos agentes penitenciários em uma execução muitas vezes passa despercebida: os agentes que dedicaram sua vida profissional a proteger a segurança e o bem-estar dos presos são convidados a participar da execução de uma pessoa que estava sob seus cuidados.

A carta ao governador Hutchinson teve pouco efeito; um mês após o envio, quatro homens foram executados e os outros quatro receberam adiamentos não relacionados à tentativa de intervenção. Mesmo o menor número de quatro execuções em uma semana, em uma unidade prisional, permanece um ponto fora da curva na história moderna das penas capitais estadunidenses.

Encontrei o nome de Jerry Givens no final desta carta, anexado à notícia que li naquela manhã. Na longa lista de signatários — guardas, capitães, um capelão —, ele era o único listado como "executor". Os carrascos modernos são anônimos, ou pelo menos são para nós; suas identidades são mantidas em segredo dos jornais e sua função é desempenhada atrás dos muros da prisão. Então, por que um carrasco não apenas se nomeou publicamente, mas também assinou essa carta sobre o trauma? O que aconteceu?

Para mim, os carrascos sempre foram uma espécie de satélites naturais para os trabalhadores do ramo da morte que me interessavam — eles não faziam parte do grupo, mas existiam em sua órbita como outras pessoas invisíveis que trabalham no ofício mortuário. No entanto, um carrasco não é o faxineiro da cena do crime, esfregando as consequências de algo que ele não fez e não pode mudar. Ele não é o agente da funerária que recebe o corpo já morto e escreve o nome na porta da geladeira. O carrasco está presente na transição da vida para a morte; ele é a causa dela, no sentido prático mais básico — a parte final de uma máquina que executa as diretrizes do governo e do tribunal, fazendo o trabalho que outros, com razão, se recusariam a fazer. Como é entrar naquela sala, amarrar uma pessoa em uma cadeira elétrica e acionar a alavanca? Transformar uma pessoa viva e saudável em um cadáver e depois ir para casa, tendo feito o seu trabalho, tendo acabado com uma vida humana? Por que uma pessoa aceitaria esse emprego e ficaria nele?

Ali, naquela carta, estava um carrasco tentando salvar outra equipe de execução de tudo o que ele havia vivenciado. Talvez ele falasse comigo e me dissesse como se sentia; parecia que agora ele tinha um motivo para fazer exatamente isso. Eu queria saber como alguém que havia acabado com vidas por meio de assassinatos planejados e sancionados pelo Estado lidava com a pressão psicológica desse fato. O que a morte significava para ele se era apenas mais um nível de punição que podia ser proferido em um tribunal? Ele temia mais ou menos a morte agora que tinha visto não apenas os corpos, mas o momento em que ela acontecia?

Não é isso que digo à recepcionista do hotel enquanto ela digita o número do meu cartão de crédito no sistema e faz uma pausa para dizer com toda a franqueza de quem está cansada e quer ir para casa: "Meu Deus, por que você está em Richmond, Virgínia?".

Venho tentando encontrar Jerry há um ano e, toda vez que pergunto qual seria um bom dia para encontrá-lo, ele casualmente diz só para avisá-lo uma semana antes de eu chegar à cidade. É um plano vago para pegar um voo e cruzar o mundo, mas provavelmente já fiz coisas mais estúpidas. Então dou um jeito de conseguir algum outro trabalho nos Estados Unidos para a revista: a ideia é que, se ele não aparecer, a viagem não seja um fracasso total, e organizo o itinerário para que a Virgínia esteja no caminho — apesar do fato de que a Virgínia, localizada onde está, dificilmente fica no caminho de qualquer lugar para onde eu esteja indo.

No dia em que Jerry e eu concordamos em nos encontrar, meu namorado, Clint, e eu dirigimos cerca de 400 quilômetros desde a Filadélfia em uma porcaria de um Nissan alugado. Eu o convenci a vir comigo porque essa viagem é um pouco complicada para se depender de táxis, e, embora seja parte do meu trabalho conversar com pessoas em lugares estranhos — porões, sets de filmagem remotos, pequenas cidades escocesas com um motorista de táxi que está sempre no chuveiro quando você liga —, depois do faxineiro de cena de crime finalmente cansei de ficar sentada vendo um pontinho de um carro em um aplicativo se mover lentamente na minha direção enquanto me preocupo que o sinal ruim da internet seja a única coisa entre mim e tudo dando errado. Além disso, vou conhecer um carrasco de verdade em um lugar que ele ainda não especificou, em uma parte dos Estados Unidos onde não conheço ninguém — vou ser sincera: me sinto desconfortável com isso. Não que eu esteja dizendo que você deva trazer um comediante inglês com você se temer por sua vida, mas eles costumam ser melhores em dirigir longas distâncias em carros fuleiros.

É o fim de uma tarde de janeiro. Está escuro. Estamos indo para Richmond, mas não sabemos exatamente aonde, e Jerry liga para perguntar onde estamos. A resposta é nos entupindo de batata frita em um posto de gasolina vazio, pensando em como pudemos elaborar um plano sem garantia alguma. Também nos perguntamos quanto tempo duas pessoas podem sobreviver com coisas que encontram em postos de gasolina, duas pessoas que não teriam que viver assim se quem tivesse feito o itinerário tivesse levado em conta parar para almoçar. O carro cheira a pizza velha e nós também. Jerry me diz para encontrá-lo na escola. Ele vai na frente. Qual escola? Ele me manda um e-mail com o endereço. É uma escola do subúrbio — por que um carrasco quer me encontrar lá, horas depois do fim das aulas? Dirigimos um pouco mais, seguindo o rastro de migalhas que ele vai deixando pelo mundo. As placas dos veículos à nossa frente dizem: "A Virgínia é para os amantes", todas fabricadas por presidiários em uma oficina prisional a oeste do centro da cidade.

São 19h. Dirigimos por uma rua tranquila onde os postes de luz não funcionam tão bem, mas os faróis do carro iluminam brevemente uma faixa com os dizeres "vidas negras importam", pendurada no telhado de um salão comunitário. Paramos na Armstrong High School, mal iluminada do lado de fora, exceto pelas luzes do saguão que se acumulam na calçada. Não há mais ninguém por perto além da silhueta de um cara fumando ao lado de seu carro. Ele não reage à nossa chegada, então presumo que não seja Jerry. Pegamos nossas mochilas e caminhamos até a entrada da escola. Tendo viajado tanto em um carro com apenas um limpador de para-brisa funcionando e um para-choque recolocado com um lacre plástico, estou meio que resignada a qualquer absurdo que nos aguarde. Não faço ideia do que esperar de alguém que serviu como executor do Estado por dezessete anos.

Olho através das portas de vidro, semicerrando os olhos. Vejo seguranças e detectores de metal — aquela cena surreal de colégio nos Estados Unidos — e alguns degraus acima, no mezanino, um homem de pele preta na casa dos 60 anos, de óculos e barba branca, curvado para espiar nossos rostos através dos portões de segurança. Ele sorri e faz um sinal caloroso para entrarmos. Além das poucas pessoas no local, ainda é, até onde posso dizer, uma escola vazia. Até os corredores do saguão estão escuros.

"Eles estão com você, Jerry?", pergunta um dos guardas.

"Estão, sim. Eles vieram de Londres!" Ele ri. Jerry tem um jeito lento e sulista de falar, o tipo de voz profunda que você quer ouvir no rádio tarde da noite.

Os guardas vasculham nossas malas, nos revistam em busca de armas e facas. "Somos da Inglaterra", digo sem jeito. "Não temos nada." Eles sorriem e dão um sinal para passarmos. Jerry me dá um abraço e agradece por ter vindo, diz que está feliz por termos conseguido chegar. "Vamos assistir a um jogo de basquete", sugere. "Vocês gostam de basquete?"

Eu não esperava um jogo de basquete.

Caminhamos pelos corredores escuros, Jerry em sua calça bege e jaqueta azul-marinho, mancando um pouco devido a uma recente cirurgia no joelho. Damos 14 dólares em dinheiro a um homem em uma mesa, que o coloca dentro de uma pequena lancheira. Ele nos entrega canhotos de ingressos e nos diz para aproveitar o jogo. "Eles estão com você, Jerry?", pergunta o homem.

"Sim, estão comigo." Ele sorri e vai mancando na frente.

Jerry abre as portas duplas do ginásio da escola e a luz é ofuscante. Cheira a verniz fresco e suor, e o rangido dos sapatos no chão escorregadio é ensurdecedor. São os Wildcats contra os Hawks. Chegamos a tempo para o terceiro quarto, e Jerry se senta na arquibancada, acenando para as pessoas ao passar. O diretor da escola está sorrindo em seu terno e gravata roxa perto da cesta do time da casa. Uma menininha de trancinhas abraça no colo os enormes tênis Nike brancos do irmão.

Clint e eu nos espremermos ao lado dele, ombros curvados do jeito que as árvores crescem em uma floresta para que suas copas não se toquem, e Jerry me conta, em palavras que por vezes se perdem nos guinchos e aplausos, que ele mesmo frequentou aquela escola em 1967; quando foi inaugurada, na década de 1870, foi a primeira escola a ensinar afro-americanos na Virgínia. Ele me conta que, nos últimos trinta anos, tem sido um mentor para os jovens dali; ele vinha depois do trabalho, ainda vestindo o uniforme da prisão, e deixava que perguntassem o que quisessem sobre a vida na cadeia enquanto chutava a bola no treino de futebol. "Isso me deu a oportunidade de orientar essas crianças na direção certa, porque muitos deles saíam e faziam a mesma coisa que os pais faziam, que os amigos faziam, e acabavam na Spring Street. Era onde ficava a cadeia", explica. "É onde as pessoas são executadas."

"Andou!", grita um treinador.

Alguém apita.

Em 1974, quando Jerry conseguiu o emprego como agente na penitenciária estadual, não havia pena de morte na Virgínia — nem no resto do país. Os Estados Unidos estavam no meio de uma breve moratória nacional sobre a pena de morte, marcada por dois processos judiciais. *Furman v. Geórgia*, em 1972, invalidou todas as sentenças de pena de morte, argumentando que eram castigos cruéis, e as reduziu à prisão perpétua enquanto o país descobria uma forma de aplicá-las com mais consistência e com (supostamente) menos discriminação racial. Estatutos em todo o país foram alterados para atender às diretrizes da Suprema Corte e, em 1976, *Gregg v. Geórgia* reabriu as portas dos corredores da morte do país.

A Virgínia — uma das treze colônias originais e lar da plantação de Charlottesville do pai fundador Thomas Jefferson — tem uma longa história de execuções. A que geralmente é considerada a primeira do país foi realizada lá, em Jamestown, por um pelotão de fuzilamento, que encerrou a vida do capitão George Kendall, em 1608, por supostamente conspirar para trair os britânicos em favor dos espanhóis. Mas, em 1977, quando o supervisor de Jerry lhe ofereceu um papel no "time da morte", o corredor da Virgínia estava vazio. Eles não executavam ninguém lá desde 1962.

Jerry tinha apenas 24 anos na época. Se alguém perguntasse, ele teria dito que era a favor da pena capital — tire uma vida e sua vida deve ser tirada. Ele diz que se lembra de estar em uma festa quando tinha 14 anos e ver alguém entrar na casa e matar a tiros uma garota com quem ele estava nervoso demais para conversar. A injustiça do ato ficou gravada na sua mente. Então ele aceitou o trabalho, que lhe foi dito que viria com um bônus em dinheiro para cada execução realizada. Quando lhe pergunto quantos dólares um carrasco ganharia por trabalho, ele diz que não sabe; nunca perguntou.

Ele nunca aceitou nenhum pagamento extra pelo que fazia porque isso mudaria o propósito de sua presença ali. "Meu trabalho era *salvar* vidas", comenta. "Você sabe quantas vezes arrisquei minha vida salvando a vida de outro preso, ou a de um policial?"

"Em brigas?"

"Hum-hum. Esfaqueamento e tudo, dentro da instituição."

Jerry não sabia a quem mais o supervisor havia convidado, mas, depois que aceitou a função, ele e os outros oito caras se encontraram no porão da prisão uma noite para jurar anonimato. Ninguém fora da equipe de morte sabia quem estava nela. Jerry nem mesmo contou à esposa — e jamais contaria durante todo o tempo em que ocupou o cargo.

Cada estado com pena de morte nos Estados Unidos tem sua própria maneira de dar nome a um executor — antes da moratória, alguns nem eram funcionários da prisão, mas trabalhavam como "eletricistas" autônomos chamados apenas com o objetivo de acionar a alavanca. No estado de Nova York, alguns eram conhecidos do público pelo nome — um recebeu ameaças de morte, outro teve a casa bombardeada. Houve quem ganhasse muito dinheiro com isso, indo de estado em estado, recebendo um cheque para cada vida que encerrava. Outros trabalhavam no anonimato: um trocava as placas do carro na garagem antes de sair no meio da noite para a longa viagem até Sing Sing, a fim de que não pudesse ser identificado ou localizado. O homem que operava a cadeira elétrica da Flórida já estaria encapuzado quando o carro o buscava às 5h para levá-lo à casa da morte — e assim permanecia até que voltasse pela porta da frente. Quando a moratória terminou, novas equipes foram formadas em todo o país (a Flórida foi menos dissimulada do que a maioria e publicou um anúncio para o emprego no jornal; receberam vinte candidaturas). As novas equipes aprenderam a usar quaisquer equipamentos deixados pelas antigas: câmaras de gás, cadeiras elétricas, laços e armas.

A cadeira elétrica original da Virgínia, construída por presidiários em 1908 a partir de um velho carvalho, foi desembalada e remontada (Jesus também era carpinteiro, e a ironia de criar a arma de sua própria destruição não tinha passado despercebida pelo meu eu adolescente — ou por Nick Cave). Em 1982, eles a prepararam para ser usada em Frank James Coppola — um ex-policial de 38 anos que amarrou uma mulher com a corda de uma veneziana durante um assalto, bateu a cabeça dela repetidamente no chão até que ela morresse e então se mandou com 3.100 dólares em espécie, mais joias. Jerry era apenas o executor substituto naquela noite. Não seria ele quem apertaria o botão pela primeira vez em vinte anos — outra pessoa da equipe tinha essa tarefa.

Não havia mídia presente para relatar o que acontecia naquela sala. As notícias sobre execuções tendem a ser pouco confiáveis e inconsistentes, de qualquer maneira — dramatizadas e exageradas em ambos os sentidos, inclinadas para o viés político do jornal. Nenhum agente penitenciário divulgou detalhes da execução tampouco. Porém, de acordo com o relato de um advogado presente como testemunha, na qualidade de representante da Assembleia Geral da Virgínia, as coisas não correram bem. A maquinaria antiquada incendiou a perna de Coppola; fumaça subiu para o teto e encheu a câmara com uma névoa nebulosa. Durante o segundo e último choque elétrico de 55 segundos, o advogado ouviu um chiado que ele descreveu como o som de "carne fritando".

Coppola não foi o primeiro a experimentar uma execução elétrica malfeita: essa coroa de espinhos vai para William Kemmler, em 1890, em Nova York — um alcoólatra que havia assassinado a esposa em uma discussão, bêbado, acertando-a 25 vezes na cabeça com uma machadinha. Ele foi o primeiro a ser executado por corrente elétrica, se não contarmos o velho cavalo em que testaram a voltagem.

Kemmler também foi o primeiro a demonstrar que o crânio humano é um mau condutor de eletricidade, assim como a pele: a partir do relatório da autópsia impresso no *New York Times* no dia seguinte à execução, quando a pele queimada em suas costas foi removida, o patologista descreveu seus músculos da coluna como parecendo "carne que passou demais do ponto". O suor, no entanto, é um excelente condutor — sendo essencialmente água salgada, contém, portanto, mais íons condutores do que água pura — e a maioria das pessoas levadas para uma câmara mortuária e amarradas a uma cadeira elétrica se encharcarão de suor. As equipes de execução aprenderam a embeber a esponja em solução salina e a colocá-la na cabeça raspada do condenado, entre a pele e o capacete. Jerry me conta que muitas execuções malsucedidas dos tempos modernos foram resultado de prisões com esponjas sintéticas — em vez de naturais — que incendiam a cabeça.

Dois anos depois que a equipe de morte da Virgínia executou Coppola, Linwood Earl Briley se sentou na mesma cadeira de carvalho. Ele e seus dois irmãos eram responsáveis por uma onda de roubos e assassinatos que durara sete meses na cidade de Richmond, em 1979, que oficialmente deixou onze pessoas mortas, embora os investigadores suspeitassem de que eles haviam matado quase o dobro disso. O carrasco principal disse que estava doente naquele dia, então Jerry assumiu o papel — amarrou o homem, molhou a esponja e colocou-a na cabeça raspada do condenado. Então, posicionou-se atrás de uma cortina e acionou o botão que enviaria a corrente através do corpo dele e faria seu coração parar. O carrasco anterior estaria mesmo doente ou não seria capaz de enfrentar a câmara mortuária depois do que acontecera com Coppola, sabendo que tinha sido o seu dedo o que começara tudo? Não posso perguntar a ele — Jerry não conta quem foi. Ele ainda respeita a promessa de anonimato que fez naquela noite no porão quando tinha 24 anos. De qualquer forma, essa pessoa nunca mais foi o carrasco principal. Das 113 pessoas mortas na câmara mortuária da Virgínia desde a reabertura, as 62 seguintes foram executadas por Jerry — 25 por cadeira elétrica e 37 por injeção letal.

Seguimos as luzes traseiras do Kia de Jerry até o Red Lobster para jantar, outro restaurante estadunidense de rede, uma ilha bem iluminada em um oceano de estacionamento. Ao entrar pelas portas da frente e, antes que o cliente seja levado a uma mesa, é possível encontrar os presos: um tanque de lagostas condenadas aguardando execução, pequenas algemas de borracha em torno das garras imóveis, paredes de acrílico nublado dividindo as celas de prisão. Elas olham para nós sem piscar.

"Escolha uma", diz Jerry, sorrindo.

Fico lá, tal qual Calígula em um casaco impermeável, escolhendo quem vai morrer. Elas rastejam umas sobre as outras para nos ver melhor.

Há uma tirinha de Charles Addams em que às vezes penso: dois carrascos seminus em uma alcova de tijolos, uma espécie de camarim pré-decapitação, vestindo capuzes e capas, usando longas luvas pretas. Um deles está apoiado em seu machado, dizendo ao outro: "Do meu ponto de vista, se a gente não fizer, alguém vai fazer". Isso vem à minha mente agora. Alguém marcou essas lagostas para morrer, e, se eu não pegar uma, outra pessoa o fará. Mesmo assim, não consigo. Não consigo apertar o botão para encerrar a vida de uma lagosta. Digo a Jerry que vou pedir outra coisa e ele ri. Clint e eu olhamos para o tanque enquanto ele se afasta e acena para a equipe do restaurante. Eles o conhecem ali também. Ele está a meio caminho da mesa e ainda estou pesando minha culpa ao lado dos crustáceos de dois quilos.

Mal entrei no nicho da nossa mesa quando ele começou a me dizer que Deus o colocou na posição de matar pessoas, então, se estou aqui para descobrir por que ele foi escolhido para o trabalho, terei que falar com Deus diretamente. "Ele tinha Suas razões. Não perguntei por que, apenas assumi essa posição. Não me coloquei nessa vida. Você acha que, aos 24 anos de idade... e *um homem preto* ainda por cima?" Ele parece incrédulo. "Mas...", diz e dá de ombros, "... isso seria feito independentemente de eu ser essa pessoa ou não. Porque o Estado pode fazer." Aí está aquela tirinha de Charles Addams mais uma vez. Olho para as lagostas. Ele pega o cardápio e fala que não sabe quanto a nós, mas vai escolher um prato chamado "O Maior dos Banquetes".

Paul Friedland escreve no livro *Seeing Justice Done: The Age of Spectacular Capital Punishment in France* [Certificando-se de que a justiça seja feita: a era da impressionante pena capital na França] que essa imagem que temos de um carrasco como um agente da lei, alguém cujo trabalho é executar uma sentença proferida por outro acima na hierarquia, é um ideia relativamente moderna posta em prática pelos reformadores do Iluminismo, que estavam tentando construir um tipo diferente de sistema penal — algo que fosse racional e burocrático, que dispersasse a responsabilidade e, portanto, a culpa, entre as muitas engrenagens de um vasto sistema. Antes disso, pelo menos na França, o carrasco era considerado um ser extraordinário, um pária, uma pessoa universalmente insultada "cujo toque era tão profano que não podia entrar em contato com outras pessoas ou objetos sem alterá-los profundamente". Eles viviam nas periferias das cidades e se casavam entre os seus. O papel era geralmente herdado: a pessoa era condenada por ter sangue de carrascos correndo nas veias, como se ela mesma tivesse deixado cair a lâmina da guilhotina. Quando os algozes morriam, eram enterrados em uma seção separada do cemitério, por medo de que sua presença — vivos, mortos, não importava — contaminasse a população em geral. Eram intocáveis, no sentido literal, recebiam colheres de cabo longo para pegar produtos das bancas do mercado e usavam insígnias especiais para que ninguém os confundisse "com alguém honrado". "No decorrer do início do período moderno, e durante a Revolução", escreve Friedland, "um dos meios mais eficazes de impugnar o caráter moral de alguém era insinuar que ele fora visto jantando com o carrasco." Jerry fez um gesto educado para o garçom indicando que estávamos prontos para fazer nossos pedidos.

"Os prisioneiros já sabiam que você era o cara que apertava o botão?", pergunto. Homens encarcerados têm muito tempo para pensar. Imagino que tenham suas teorias sobre os guardas e capitães — ser um carrasco não é um trabalho em tempo integral.

"Não." Ele balança a cabeça. "Alguns deles tinham palpites. Chegavam ao final e diziam: 'Aposto que é você, Givens, que vai apertar aquele botão'. Eu respondia: 'Não, amigo, não sou eu'. Não vou ficar lá e falar para eles que sou eu! Então eu ria para desconversar. 'Não sou eu, cara. Não sou eu'."

As execuções, na época de Jerry, aconteciam às 23h — o mais tarde possível para dar espaço a recursos de última hora, com uma hora de reserva para o caso de avaria do equipamento (e evitar passar o limite da meia-noite e depois ter que esperar que o tribunal defina uma nova data de execução). Jerry passou muitas horas acordado pensando nisso, observando a contagem regressiva do relógio para um adiamento ou uma ordem, uma vida ou uma morte. Seu trabalho era a preparação, tanto para o preso quanto para ele mesmo.

"Eu preparava um cara para sua próxima fase da vida." Jerry espeta um camarão frito enquanto o prato é deslizado na frente dele. "Não sei para onde ele ia depois, então isso é entre ele e seu criador, entre ele e Deus. Mas o meu negócio é deixar o sujeito pronto. Como você se prepara para ser morto? Eu o estudava, conversava com ele, orava com ele. Porque esse era o seu último tudo."

Enquanto ele estava lá dentro ajudando os condenados a colocar seus assuntos em ordem, tanto na parte espiritual quanto prática, os defensores da pena de morte se reuniam do lado de fora da prisão, vendendo camisetas, segurando faixas, comemorando. Os abolicionistas se aglomeravam em torno de velas nas proximidades para uma vigília silenciosa. Para o condenado, as horas pareciam minutos. Para o carrasco, os segundos se arrastavam como se os ponteiros do relógio estivessem enguiçados. Como se preparar psicologicamente para acabar com a vida de alguém de quem cuidou como guardião?

"Eu bloqueava tudo", conta ele. "Eu me concentrava no que tinha que fazer. Não falava com ninguém. Nem me olhava no espelho, porque não queria me ver como o carrasco."

Um garçom alegre se aproxima e coloca algumas bebidas na mesa enquanto imagino um homem se evitando no espelho. "Esse tempo todo, com sua esposa sem saber... você não sentiu vontade de contar para ela?"

"Não, porque, se você fosse minha esposa e soubesse que eu tinha uma execução, então qualquer estresse que *eu* estivesse passando, *você* também passaria. Você ia sentir pena de mim. Então nunca coloquei esse peso sobre ela."

Cada estado é diferente, mas a identidade do carrasco costuma se manter vaga não apenas para o preso e para as testemunhas, mas também para a própria equipe de pena de morte, assim todos sentem que não é nada que tenham feito por conta própria. Às vezes, há dois botões pressionados simultaneamente e a máquina decide qual será ativado e, em seguida, exclui automaticamente o registro, para que ninguém possa ter certeza de *quem* deu o golpe — elétrico ou químico. Coloque robótica suficiente entre você e o ato e você pode se enganar acreditando que mal aconteceu, como ataques de drones. Outras vezes, é a própria pessoa que distribui a responsabilidade: Lewis E. Lawes, diretor de Sing Sing entre 1920 e 1941, coordenou a execução de mais de duzentos homens e mulheres na cadeira elétrica, mas desviava o olhar quando o mecanismo era acionado, permitindo-lhe afirmar que nunca tinha visto uma execução. Mas, apesar do fato de a equipe de Jerry, como todas as equipes de morte, dividir suas tarefas entre si para que ninguém carregasse o fardo sozinho, era apenas Jerry quem apertava o botão no painel de controle. Era só ele que observava os produtos químicos letais saírem da seringa em sua própria mão, descerem pelo tubo e entrarem na veia do homem amarrado à maca. Mas, mesmo com essa certeza, ou talvez por causa dela, ele conseguiu colocar um bloqueio entre ele e o ato de matar alguém: Deus.

Jerry acreditava que aquele não era realmente um fim porque havia vida após a morte — assim como muitos dos presos, depois de anos e anos no corredor da morte. Mesmo os ex-ateus precisavam de algo pelo que ansiar, algum poder superior para pedir perdão quando o Estado não lhes daria isso. Eles precisavam de alguma esperança de intervenção, um adiamento de última hora, alguma força que pudesse fazer o telefone na parede da câmara mortuária tocar — outra ironia, buscar clemência do mesmo cara que permitiu que seu único filho fosse morto por meio da execução do Estado. Parece que todos no corredor da morte, dos prisioneiros aos guardas, aos políticos e juízes que recusaram o indulto, transferiram o peso da responsabilidade para Deus. Sempre desconfiei de alguém que usasse a religião como um escudo ou um substituto; para mim, isso significa que as pessoas estão escolhendo não pensar muito profundamente sobre o que quer que estejam fazendo porque não importa, é outra pessoa que executará o ato. Estão apenas seguindo ordens superiores. Em um lugar como a casa da morte da Virgínia, Deus é o foco suave que todos colocam em cena.

Mas, para Jerry, tudo isso é uma reescrita retrospectiva — um primeiro rascunho com furos na trama e contradições. Ele diz que Deus o colocou naquela posição e que estava fazendo a obra Dele. Afirma que conversa com Deus todos os dias, mas, quando pergunto o momento em que essa conversa começou, a data que me dá é de anos depois de ter deixado o emprego. A linha do tempo não se encaixa — Jerry não estava falando com Deus quando estava naquela câmara mortuária, não estava falando com ninguém. Não importa quantas vezes pressione ou reformule a pergunta, não consigo penetrar o que ocupava sua mente naquelas primeiras execuções: o que ele estava pensando enquanto vestia seu uniforme passado, enquanto se desviava do reflexo no espelho e dava um beijo de despedida na esposa. Talvez ele também não consiga; o corpo esconde nossos traumas em espaços escuros, e construímos narrativas com espaços em branco para nos salvar. Mas ao se jogar a culpa em Deus, um juiz ou um júri quando uma pessoa é executada pelo Estado, a forma oficial da morte em seu certificado é "homicídio". Quando se acredita que esta seja uma punição adequada e justa para os crimes horrendos cometidos, "a máquina da morte não pode funcionar sem mãos humanas para girar os controles", escreveu David R. Dow, fundador do projeto de inocência mais antigo do Texas, e essas mãos eram as de Jerry; ele tem que viver com elas. Consigo perceber que ele está ficando frustrado comigo por eu apontar esse fato repetidas vezes, enquanto o garçom se inclina para pegar nossos pratos vazios.

"Olha só", diz ele, com os talheres nas mãos, descansando na beirada da mesa. Ele não está com raiva, está rindo da obviedade de tudo, da minha ingenuidade. "Não matei ninguém porque quis." Ele sorri com serenidade.

"Aquelas pessoas seriam mortas de qualquer maneira. Eu só estava na posição de quem apertaria aquele botão. Sou a última ação, o último que assumirá a responsabilidade pelo que foi feito pelo condenado. Entende? Aquelas pessoas sabiam exatamente no que estavam se metendo quando saíram e mataram alguém; elas perderam suas vidas, fizeram uma escolha errada. Houve uma consequência. É *suicídio*, querida. É o que é."

Olhamos um para o outro sobre a bagunça de guardanapos e peixes e não digo nada. Não sei o que dizer. Ele passou anos — dentro e fora dos muros da prisão — construindo esse andaime mental que lhe permite prosseguir sem desabar, e quem sou eu para tentar derrubá-lo? Joan Didion escreveu em *O Álbum Branco*: "Contamos histórias para poder viver (...). Buscamos o sermão no suicídio, a lição social ou moral no assassinato de cinco. Interpretamos o que vemos, selecionamos o que funciona melhor entre múltiplas escolhas." Mesmo os líderes dos esquadrões da morte no genocídio indonésio de 1965 diziam a si mesmos que eram gângsteres descolados de Hollywood, como James Cagney, enquanto estrangulavam incontáveis pessoas em telhados banhados em sangue. Alguém no nicho ao lado do nosso ri. As baladas pop suaves são pontuadas por sininhos da cozinha. Mais do que tudo, Jerry é simpático e doce — do jeito que é com as crianças na escola, com a equipe de garçons que o encontra regularmente e comigo. Simplesmente não consigo imaginá-lo sendo o carrasco.

"Mas", começo, "você não pensou, da primeira vez que teve que tirar uma vida, *eu não consigo fazer isso*? Ou você sabia que seria capaz de..."

"*Olha só.*" Ele pega a cestinha de pães e despeja os dois últimos biscoitos de queijo na mesa. "Querida, você não está entendendo. Eu não tirei a vida dele. Ele tirou a própria vida. Este é o preso...", explica, sacudindo o celular, "... este é o rio...". Ele ergue a cestinha de pães vazia e a joga de volta na mesa. "Se você errar, vai cair nesse rio e morrer." Ele faz um *piu-í* ao empurrar a cestinha pela mesa entre as garrafas de cerveja e chá gelado, abrindo um mar de guardanapos. "Você vai fazer algo errado?" Ele joga o celular na cesta de pães. "Você morre. Estou aqui, atrás deste grande edifício...", diz e coloca a garrafa de ketchup na encenação, "... com um botão. Não apertei, nunca usei. Não preciso usar. Faça escolhas certas, e você não passa por mim — você passa direto." Ele empurra a cesta de pães, ela passa deslizando pela garrafa pegajosa. "Não me dê a chance de usar esse botão. Tá ouvindo o que estou dizendo? Não coloque a culpa em mim. Não é nada que eu faça. Não vou perder o sono por causa disso."

Digo: "Não consigo deixar de sentir que eu perderia o sono". Também não consigo deixar de sentir que a explicação seria mais fácil se tivéssemos ido a algum lugar com uma esteira de sushi.

"Sim, sabe por quê? Você teria se culpado. Se ninguém vier até você, pelo que você vai se culpar? Se ninguém for para o corredor da morte, pelo que você vai se culpar? Você não sabe? Falando sério. Do que você vai se culpar?"

"... Se ninguém passar e eu não tiver que fazer isso?"

"Sim."

"... Então eu não fiz nada."

"*Ok*. Ok, então." Ele se recosta, parecendo realizado, levantando as mãos como se estivesse encerrando o caso. A cesta de pães está entre nós. "Como você pode ser acusada de algo se não fez nada?"

Tem uma cara que faço quando bebo demais. Fecho um olho apertado para poder ver as coisas sem visão dupla, tentando entender o mundo confuso da tabela de horários de uma linha de ônibus ou um cardápio de restaurante de kebab. Estou completamente sóbria agora, mas estou fazendo essa cara, tentando sair de um impasse frustrante de perguntas que foram respondidas, mas não de verdade. Jerry está rindo outra vez.

Para que sua teoria sustentasse que o que ele estava fazendo era certo e bom, Jerry tinha que ter total fé no sistema de justiça. Ele não estava presente na cena do crime, não estava presente no tribunal, não tinha lugar no júri. Precisava acreditar que todos na cadeia acima dele haviam cumprido seu dever e condenado um homem como culpado em um julgamento justo. E ele acreditava que o sistema funcionava: sua fé no sistema havia se solidificado cedo, quando fez amizade com policiais ainda menino — dois agentes pretos que vinham à escola para ensinar judô e caratê. Eles tinham seus próprios carros — Jerry ainda se lembra dos números de identificação: 612 e 613. Jerry, de 9 anos, queria ser policial quando crescesse, principalmente porque queria dirigir seu próprio carro. Sua fé no sistema de justiça era tão resoluta quanto sua fé posterior em Deus.

Mas aconteceram duas coisas que o fizeram questionar a crença no rigor judicial. O primeiro foi Earl Washington Jr., um homem com o QI de um garoto de 10 anos, estuprador e assassino condenado, que passou quase dezoito anos no corredor da morte antes de ser absolvido por evidências de DNA. Ele estava a apenas nove dias de morrer na câmara mortuária de Jerry.

A inocência de Washington Jr., para Jerry, lançou dúvidas sobre os demais, tanto do passado quanto do futuro. Isso abalou sua confiança, mas ainda assim ele não deixou o trabalho. Tinha em mente que queria chegar a cem execuções — um bom número redondo — antes de pular fora. Àquela altura, ele se considerava um especialista, e outros concordavam: era enviado a outros estados, como a Flórida, para investigar execuções malfeitas, corrigir seus métodos, certificar-se de que não estivessem usando uma esponja sintética. Então, segundo ele, dado que a primeira dica não funcionou, Deus lhe lançou uma segunda bola curva para dizer que ele tinha feito o suficiente: seu próprio julgamento perante um grande júri, um veredicto de culpado e 57 meses de prisão por perjúrio e lavagem de dinheiro.

Jerry continua alegando inocência mesmo agora, em uma história que não faz sentido no tempo ou na lógica, algo sobre uma arma carregada escondida em uma máquina de escrever da prisão, salpicada com mensagens dos céus como a maioria de suas histórias. Ele diz que sua mente estava em outras coisas quando se encontrava naquele banco de testemunhas: estava se preparando mentalmente para executar dez pessoas em um período de três meses — o número mais concentrado em sua gestão como carrasco. Mas ele não ia dizer isso ao tribunal. Não contaria a doze estranhos em um júri se não podia contar nem para a esposa. Houve uma tempestade em sua mente quando estava sendo interrogado sobre um veículo comprado com dinheiro de drogas que ele diz não saber que era dinheiro de drogas. Mas, pensou, se eles pudessem condená-lo por isso, poderiam condenar qualquer um por qualquer coisa.

Foi assim que sua esposa acabou descobrindo que o marido havia sido o carrasco estadual da Virgínia nos últimos dezessete anos — um estado que agora só perdia para o Texas no número de execuções realizadas desde o restabelecimento da pena de morte. Ela descobriu pelo jornal local, e Jerry não sabe até hoje quem contou à imprensa.

Como afirmou a carta ao governador do Arkansas, assinada no final por Jerry e muitos outros que trabalharam no corredor da morte, as repercussões de longo prazo na saúde mental dos funcionários da prisão não são algo que costuma ser foco do debate da pena de morte. O foco geralmente recai sobre a justiça, a vingança e a ideia estatisticamente não comprovada de um impeditivo. Mas está lá, quando se procura: breves artigos de opinião sobre as décadas de noites em claro de ex-superintendentes, o estresse e a ansiedade de praticar para matar alguém repetidas vezes, preocupando-se com isso dar errado, vivendo com isso dando certo. Alguns ex-carrascos se tornam abolicionistas, escrevem memórias, e viajam pelo mundo tentando convencer os que estão no poder a parar com a matança. Robert G. Elliott, que executou 387 pessoas enquanto trabalhava como carrasco autônomo em seis estados, encerrou seu livro de memórias *Agent of Death* [Agente da Morte] com esta passagem: "Espero que não esteja muito distante o dia em que o assassinato legal, quer por eletrocussão, enforcamento, gás letal ou qualquer outro método, seja proibido em todos os Estados Unidos". Seu livro foi publicado em 1940. A injeção letal ainda não tinha sido adicionada à lista.

Antes da cadeira e da agulha, as execuções costumavam assumir a forma de enforcamentos públicos, mas não há um desses nos Estados Unidos desde 1936. Muitos argumentaram (entre eles, Norman Mailer e Phil Donahue) que, se os Estados Unidos levam a sério matar cidadãos, deveriam fazê-lo com uma audiência pública, talvez até transmitindo o espetáculo pela televisão. Se não podemos ver, não somos capazes de realmente entender o que está acontecendo e, portanto, isso continua a apodrecer sob a superfície do sistema judicial, em continuidade. Ver alguém morrer por um método planejado e burocrático pode mudar a opinião sobre a pena de morte de uma forma que ouvir sobre ela não muda. Albert Camus escreveu sobre a guilhotina, sobre o efeito que teve em seu pai a favor da pena capital, que voltou para casa depois de testemunhar a execução em ação contra um assassino de crianças, vomitou ao lado da cama e nunca mais foi o mesmo. Camus escreveu que se a França realmente apoiasse a matança de prisioneiros condenados, levaria a guilhotina para a frente de uma multidão, onde costumava ficar, não a esconderia atrás dos muros da prisão e do discurso eufemístico nos noticiários matinais. Se a França realmente sustentasse o que estava fazendo, afirmou ele, mostraria ao seu povo as mãos do carrasco.

Jerry abre as mãos agora, como um pregador, e me conta que, quando saiu da cela quatro anos depois, sua cabeça havia mudado. "Todos nós, todos no mundo, temos uma sentença de morte", afirma ele calmamente. "A morte está prometida para todos nós. É garantida. Vai acontecer. Mas o fato é que não precisamos matar para demonstrar ao mundo que matar é errado. Sabemos disso." Ele agora acreditava que não apenas o sistema judicial era injusto e falho, mas que a pena de morte era, para ele, sem sentido. Ele oferece uma punição alternativa: apenas deixar os condenados na prisão, deixá-los sofrer pelo resto da vida sabendo o que fizeram. "Na data do aniversário em que o condenado tirou a vida daquela jovem, daquele velho, isso vai se voltar contra ele", diz Jerry. "Eles vão morar naquela cela com ele. As paredes vão começar a se fechar sobre ele. Será como se estivesse em um túmulo. Isso é o que os caras costumavam me dizer. Eles diziam: 'Givens, é como se eu fosse enterrado vivo'."

Jerry conseguiu um novo emprego como motorista de caminhões para uma empresa que instala grades de proteção ao longo de rodovias interestaduais — outra função que ele enxerga como salvar vidas, embora desta vez outros também vejam assim. E como seu anonimato foi destruído de qualquer maneira, ele tornou sua história pública. Agora viaja pelo mundo dando palestras sobre a pena de morte, sobre como não precisamos dela, sobre o que isso faz com as pessoas que devem cumpri-la. Morgan Freeman o colocou em sua série de documentários sobre Deus, em um episódio sobre lutar contra nós mesmos e nossa fé para fazer o que acreditamos ser o certo. Em uma semana, a Suíça o chama, na semana passada foi outra pessoa, hoje sou eu — ele está rolando a tela do celular para me mostrar como é querido, necessário, como está produzindo o bem a partir do mal, porque ele é alguém que viu com os próprios olhos. Ainda orienta as crianças em sua antiga escola, tentando matar de fome o sistema de recém-condenados. Até escreveu um livro de memórias: *Another Day Is Not Promised* [Não há promessa de outro dia]. Está catalogado como "ficção religiosa".

Apesar de tudo isso, Jerry diz que não se arrepende de seu papel na morte de 62 homens — ele acredita que foi o próprio sofrimento o que acabou com eles. Mas suspeito de que foi o começo do sofrimento de Jerry. Estou sentada aqui, perguntando a ele como é, e ele não consegue falar de verdade sobre esse passado de maneira significativa; viaja pelo mundo para falar a respeito, mas não consegue de fato falar. Por meio de Deus, ao colocar a culpa nas ações passadas de um homem condenado, conseguiu minimizar seu papel descomunal como administrador da morte, mas há uma gravidade a respeito desse assunto com a qual não se permitirá contato — ele até conseguia tomar café da manhã como de costume nos dias de execução. Acho que ele só se convenceu parcialmente do que está me contando. É de partir o coração vê-lo racionalizar sobre seus atos diante de pedaços de peixe e camarão. O que ele faz quando acorda no meio da noite e tudo o que tem é ele mesmo?

Sua preocupação específica agora é a equipe de execução, e quando advoga pelo fim da pena de morte é por eles, os trabalhadores dessa área, que luta. Jerry é muito mais claro falando sobre a dor e o tormento dos colegas e, sentada ali ouvindo, tenho a sensação de que tudo o que descreve sobre o trauma também se aplica a ele. "Eles estão segurando uma barra enorme, e uma pessoa comum não consegue aguentar", afirma. "Muitos deles tiram a própria vida. Eles se voltam para o álcool, para as drogas. O condenado, ele já se foi. Mas você fica no corredor da morte por vinte anos e psicologicamente já está morto — já eles estão prontos para aceitar o que for e colocar logo um ponto final. O que resta são as pessoas que estão realizando a execução. Elas têm que levar a morte até o fim. A morte do condenado vive com essas pessoas até que morram. Será uma parte delas e, em algum momento, todos vão se dobrar."

E se dobram mesmo. Dow B. Hover, vice-xerife, foi a última pessoa a servir como carrasco no estado de Nova York. Ao contrário de seu antecessor Joseph Francel, cujo nome era conhecido do público e que foi atormentado por ameaças de morte ao longo da carreira, a identidade de Hover permaneceu em segredo. Era ele quem trocava as placas do carro antes de sair da garagem para dirigir até Sing Sing para uma execução. Em 1990, ele se asfixiou com gases de escapamento naquela mesma garagem. John Hulbert, que serviu como carrasco de Nova York de 1913 a 1926, teve um colapso nervoso e se aposentou. Três anos depois, em seu porão, ele se suicidou com um revólver calibre .38. Donald Hocutt, que misturava os produtos químicos para a câmara de gás no Mississippi, era assombrado por pesadelos nos quais matava repetidamente um prisioneiro condenado enquanto outros dois esperavam sua vez. Ele morreu de insuficiência cardíaca aos 55 anos.

"Não há nada como estar livre disso", diz Jerry. "Se você diz que não o afeta, então algo está errado com você. Se não sente nada, então tem algo errado com você. O homem condenado se foi. Ele não precisa mais suar. Mas você sim, suar, respirar, pensar nas coisas que tem feito."

Nós nos levantamos para sair. Jerry me entrega uma caixa de sobras e insiste para que eu as leve. Seguimos seu mancar lento até a porta, passando pelas lagostas, que nos observam partir. Clint ficou em silêncio durante o jantar — ele não costuma vir comigo para as entrevistas e não queria atrapalhar a conversa sem querer. Mas ele pergunta, enquanto empurro as portas e saio para o frio de janeiro, se um condenado ainda pode escolher ser morto por fuzilamento. Claro, diz Jerry, mas ele não tem certeza onde. Talvez Utah.

"Mas pense nisso." Jerry para ali na escuridão do estacionamento, segurando sua própria caixa de camarão. "Você tem cinco caras. Um deles vai ter a munição de verdade, mas o ato vai ficar com esses cinco caras pelo resto da vida. Os cinco vão pensar que foram o responsável pela morte."

Coloco as luvas e nos despedimos. Imagino o pelotão de fuzilamento completo fazendo o mesmo, despedindo-se, cada um achando que as mãos do carrasco são as suas.

Jerry morreu de Covid-19 em 13 de abril de 2020. Os obituários relacionam sua doença a um surto na Cedar Street Baptist Church, em Richmond, onde ele cantava no coral. A pena de morte na Virgínia foi abolida em 25 de março de 2021, menos de um ano após a morte de Jerry.

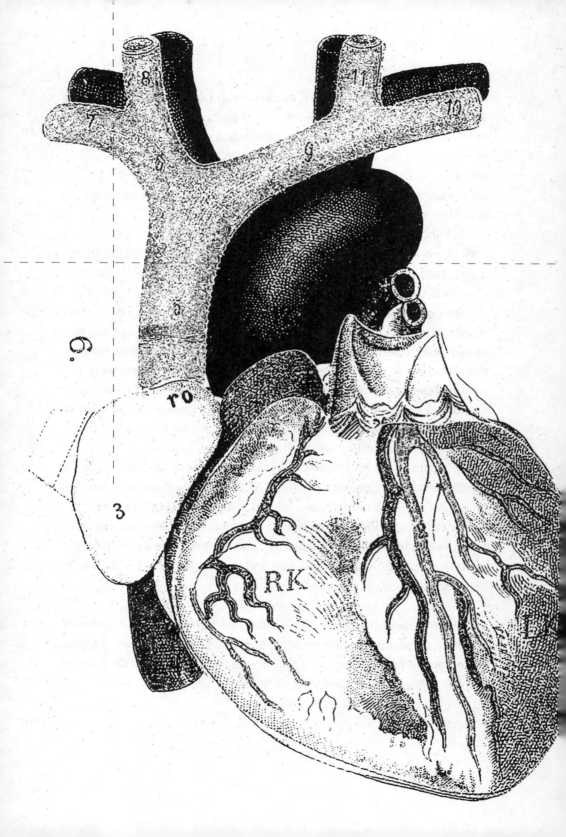

(mor.te) *sf.*
Nada
Disso é
Eterno

— — — — — — — — —

A morte não é um momento, e sim um processo. Algo falha no corpo e o sistema desliga à medida que as notícias se espalham: o ar é cortado, o sangue para de fluir. A deterioração, do mesmo modo, não ocorre de uma só vez. Não existem dois corpos que se decomponham exatamente no mesmo ritmo; fatores tanto ambientais quanto pessoais causam variações no quadro geral: elementos como temperatura do cômodo, roupas e gordura corporal afetam a velocidade de decomposição. Porém os estágios básicos são os mesmos: minutos depois da morte, as células, agora famintas por oxigênio, começam a se autodestruir; as enzimas internas derrubam as paredes que as prendem. Três ou quatro horas após a morte, a queda de temperatura corporal desencadeia o *rigor mortis* e começa a jornada descendente; as proteínas dos músculos, agora sem fonte de energia, travam onde estão. As pálpebras começam a enrijecer; depois, rosto e pescoço. Após doze horas, o corpo inteiro está rígido; passadas 24 horas, por vezes 48 ou mais, congela em qualquer que seja a posição em que esteja. Em seguida, a rigidez se esvanece do mesmo jeito que chegou: pálpebras, rosto, pescoço. O corpo relaxa. O estágio seguinte, a putrefação, começa.

 A tarefa do embalsamador não é deter o processo indefinidamente; ele apenas o desacelera. Tem sido uma prática em relação à morte há milênios, por todo o planeta, com muitos métodos e motivações, religiosas ou não. Na Europa, corpos eram embalsamados por razões de transporte, ciência médica e, no caso do britânico Martin van Butchell, excêntrico dentista charlatão do século XVIII, para se esquivar de uma cláusula no contrato matrimonial que dizia que ele só poderia permanecer na propriedade da esposa enquanto ela estivesse acima do solo, embora esse talvez fosse um rumor de sua própria autoria. De todo modo, em 1775, ele injetou nela conservantes e tinturas, colocou-lhe o vestido de casamento e, na sala de estar, deitou-a em um esquife com tampo de vidro com seus novos olhos de vidro abertos e olhando para o alto, até que a segunda esposa, conforme esperado, se opôs.

Nos tempos modernos, a popularidade do embalsamamento em funerais dos Estados Unidos começou com a Guerra Civil. Até então, no país, bem como na Europa, o embalsamamento havia sido basicamente usado na preservação de cadáveres nas faculdades de medicina. No entanto, conforme a guerra se intensificava e o número de mortos aumentava, corpos de soldados, tanto Confederados quanto da União, sobrecarregavam os cemitérios dos hospitais e eram enterrados pelos companheiros com marcadores improvisados, ou rolados para dentro das trincheiras próximas onde haviam tombado, em teoria, pela parte vitoriosa, mas, mais tarde, por quem estivesse mais perto: amigo, inimigo, civis locais. Famílias mais abastadas mandavam buscar os corpos com o quartel-mestre-general, que destacaria uma equipe de homens para localizar o morto e levá-lo para casa; outros viajariam para o local para procurar os corpos eles mesmos. Na melhor das hipóteses, seriam transportados pela ferrovia em caixões metálicos herméticos ou naqueles projetados para conter gelo, mas nenhum deles retardava o início da decomposição tanto quanto essas pessoas teriam desejado nessas longas viagens.

Em 1861, quando um jovem coronel chamado Elmer Ellsworth — antes escrevente na repartição da cidade natal do presidente Lincoln — foi alvejado e morto ao apanhar a bandeira confederada do telhado de um hotel na Virgínia, todos os aspectos de sua morte foram acompanhados pela imprensa, incluindo a condição excepcionalmente "realística" de seu corpo no funeral. Ele havia sido embalsamado por um médico chamado Thomas Holmes, que oferecera seus serviços sem quaisquer custos. Holmes havia passado os anos antes da guerra fazendo experimentos com uma nova técnica arterial que havia aprendido com um inventor francês, Jean-Nicolas Gannal, cujo livro, detalhando seu método de preservação de corpos para estudo anatômico, havia sido traduzido para o inglês vinte anos antes. Tão logo as notícias quanto ao corpo de Ellsworth foram espalhadas, outros embalsamadores visionários abriram oficinas perto dos campos de batalha. O próprio Holmes, que ficou conhecido como pai do embalsamamento dos Estados Unidos, afirmava ter embalsamado 4 mil homens a 100 dólares cada. Na vitrine de seu estabelecimento em Washington, DC, ele expunha o corpo de um desconhecido encontrado em um campo de batalha como propaganda de seus serviços.

Quando Abraham Lincoln foi assassinado, em 1865, ele também foi transportado por todo o país: desde Washington, DC, até sua cidade natal em Illinois, onde foi sepultado. Foi uma viagem de três semanas, passando por sete estados e treze cidades. Enquanto era velado com pompas de estadista, o caixão aberto, milhares de pessoas foram prestar condolências. Elas puderam ver o trabalho do embalsamador: aquele era um cadáver, mas diferente do que conheciam como tal. Apesar de a opinião geral em relação a esses profissionais durante a guerra ter sido de suspeita e hostilidade — o Exército dos Estados Unidos recebeu denúncias de famílias dizendo que haviam sido enganadas por embalsamadores, e pelo menos dois deles foram oficialmente acusados do crime de manter os corpos embalsamados reféns até as famílias pagarem —, o embalsamamento se tornou algo desejado, bem como uma atividade bastante comercial.

Um embalsamador de Porto Rico levou a atividade ao extremo, fazendo cadáveres posarem como estátuas nos próprios velórios: o lutador morto apoiado no canto do ringue de boxe para mostrar que seguia lutando, o mafioso ainda segurando maços de dinheiro apesar da bala que o havia matado. No entanto, acima de tudo, o propósito do embalsamamento é fazer parecer que nada aconteceu. A função do embalsamador é fazer o morto aparentar estar vivo, mas adormecido, ser o restaurador de arte que devolva à pintura ao estado de outrora — borrar a linha entre a vida e a morte. Mas, se alguém está morto, por que fingir o contrário?

Em 1955, o antropologista inglês Geoffrey Gorer escreveu em seu ensaio "The Pornography of Death" [A pornografia da morte] que, na morte moderna, "a realidade feia é implacavelmente encoberta; a arte dos embalsamadores é uma arte de completa negação". Esse tem sido um assunto de debate em livros sobre morte e embalsamamento desde então. Mais tarde, em 1963, Jessica Mitford publicou um livro chamado *The American Way of Death* [O estilo de morte americano], que é uma visão muito divertida, mas radical, da indústria fúnebre, e um exercício bastante impiedoso de denunciar escândalos. Ela olhou para cada setor da indústria, qualquer coisa que pudesse ser vendida ao consumidor por um preço alto, apresentada sob um nome enganoso, velada pela ilusão de que era uma exigência legal e, por isso, obrigatória. Ela postulou que, uma vez que o embalsamamento não preservava um corpo por tempo indefinido — e ela não conseguira uma resposta direta sobre se um corpo não embalsamado tinha realmente impacto na saúde dos vivos, conforme muitos embalsamadores afirmavam —, a atividade apenas garantia ao agente funerário algo mais para vender. O ponto crucial do livro era que a indústria funerária estava se aproveitando dos vulneráveis.

Ela pode ter sido incisiva (mencione, como quem não quer nada, o nome dela para embalsamadores e o clima do ambiente muda), mas estava certa ao afirmar o alto custo da morte: mesmo agora, pessoas abrem contas em sites de financiamento coletivo como o GoFundMe para bancar o mais simples dos funerais. Se preferir, é possível fazer um plano parcelado para ir pagando todo mês o próprio funeral ao custo de uma conta de telefone de consumo médio. Basta fazer uma caminhada por um cemitério vitoriano em Londres para ver o quanto pode ser caro enterrar alguém e o quanto muitas pessoas estavam, e ainda estão, dispostas a pagar. A morte, é claro, pode ser outro jeito de ostentar riqueza: no Cemitério de Highgate, onde as máscaras mortuárias de bronze de Nick Reynolds enfeitam o topo das lápides, um magnata dos jornais jaz em um vasto mausoléu que, de modo proposital, bloqueia a vista do passeio.

Em matéria de embalsamamento, Mitford desconfiava de que os agentes funerários "vestiam o manto de psiquiatras quando convinha a seus propósitos" ao dizer que o ato tinha efeitos terapêuticos no luto.

Ao ler seu livro há quinze anos, gostei da atitude dela e, àquela altura não tendo nenhuma experiência pessoal com embalsamamento, adotei atitude semelhante. A mim, soava lógico.

Então, um embalsamador aposentado muito simpático chamado Ron, sentado ao lado da esposa, Jean, olhou para mim do outro lado da mesa de um café e disse que ficou magoado quando eu descrevi, em um artigo de revista, o processo físico do embalsamamento como "violento". Estávamos conversando havia algumas horas sobre sua vida e carreira, depois de o dr. John Troyer ter sugerido que eu o conhecesse; Ron Troyer era seu pai, o que tinha muito a ver com a razão para John ser o atual diretor do Centro para a Morte e Sociedade da Universidade de Bath. Foi sobre o pai que ele falou no velório do filósofo, pouco antes de Poppy nos dizer que o primeiro corpo que alguém visse não deveria ser o de um ente querido. John cresceu em um lar em que a morte não era ocultada, e era muito fácil se fixar em algo normal dentro de casa, mas tabu em outros lugares; eu sabia bem disso. Em fevereiro, seus pais vieram de Wisconsin para uma visita, e eram as únicas pessoas no café lotado de Briston trajando casacos adequados para a neve leve que caía lá fora. Todos os ingleses, por outro lado, se revezavam em parecer pessoalmente atacados pelas condições climáticas. Não finjo estar acima dessa reação.

Ron tem 71 anos e é um cara alto com ombros largos e uma testa ampla que me lembra da fronte de Arnold Schwarzenegger. Antes de chegarmos ao assunto do embalsamamento, ele estava me contando sobre as mudanças na indústria que havia testemunhado ao longo de seus 35 anos de atuação nela. Falou sobre como o movimento pelas instituições de cuidados paliativos nos anos 1970 — que teve início em Londres nos anos 1960, com Cicely Saunders, que o levou para os Estados Unidos — começou a mudar nossa abordagem da morte, que passou de uma batalha médica frenética a uma confortável aceitação; sobre como, quando começou como agente funerário, boa parte das mortes ocorria em hospitais, com poucas nas estradas e nas ferrovias, mas que, quando foi chegando a época de se aposentar, ele fazia atendimentos em domicílio na maior parte das vezes, sentando-se com o moribundo calmamente no leito de morte. Falou de como o declínio religioso gradual ao longo das décadas havia mudado o papel dos agentes funerários — de meros funcionários públicos, que cuidavam do descarte do corpo enquanto a Igreja ficava com a alma e o luto, passaram a um papel que agora abrangia um tipo de aconselhamento com relação à perda; e de como, na Universidade de Minnesota, que ele mesmo havia frequentado e onde mais tarde lecionou, a porcentagem de mulheres em treinamento funerário passara de praticamente nenhuma a quase 85% da turma.

"Em 1977, quando comecei a lecionar, se por acaso houvesse mulheres se inscrevendo no curso para aprender, ou eram filhas de donos de casas funerárias ou estavam casadas com o filho do dono de uma", comenta, ainda ignorando o cardápio do qual o garçom não para de perguntar, porque havia muito a ser abordado em uma carreira de 35 anos. "Não que homens donos de funerárias não contratassem mulheres, mas, por causa das horas incomuns e da proximidade em que se trabalhava, havia um estigma na indústria por parte dos cônjuges sobre integrar essas mulheres. Tivemos que lutar contra isso, e foi duro. *Além disso,* havia a crença de que mulheres não seriam fortes o bastante fisicamente e que não conseguiriam encarar a função. Era só conversa fiada, desde o início. Agora é bem comum vermos mulheres como agentes funerárias. As coisas mudaram; houve uma revolução."

"As mulheres trouxeram muita compaixão, o que não existia na indústria", adiciona Jean, ao seu lado, que, como professora, não era uma das esposas que trabalhavam na funerária, exceto por duas ocasiões em noites movimentadas quando foi convocada para ajudar com os telefonemas. "Homens são criados para serem estoicos, mas mulheres... *Tudo bem* você ser boazinha com as pessoas porque você é menina." Ela revira os olhos um pouco. "Parece bobo agora, mas as pessoas aceitavam melhor que elas agissem assim."

Algumas coisas, no entanto, nunca mudam: Ron brincou sobre subornar coveiros com bourbon para convencê-los a trabalhar nos invernos congelantes de Wisconsin e afirmou que agentes funerários sempre serão enterrados no caixão mais caro disponível, os quais são comprados a preço de atacado e dificilmente conseguem ser vendidos. "Até que enfim se livraram daquele caixão de bronze!", diz ele, rindo. Muitas das histórias de Ron são engraçadas, mas ele também me fez chorar quando falou sobre trabalhar durante a crise da AIDS em uma cidade pequena, observando famílias impedirem amantes e amigos de se despedirem do morto. Enquanto funerárias ao redor do país nem sequer aceitavam preparar os corpos, Ron ficava até tarde e deixava entrarem escondidas pessoas que os amavam. "Foram tempos perigosos", disse ele, baixinho. "Fazer algo que talvez causasse reação negativa na comunidade ou que fizesse o negócio ser tirado de nós. Precisávamos tomar bastante cuidado."

Ron obviamente não é um homem que valoriza o dinheiro acima de tudo. Ele subornava o clero no Dia de Ação de Graças com perus grátis, como todo agente funerário fazia, mas naquela época era a igreja que os recomendava para a família dos mortos. "Se os clérigos não gostassem de você, era um azar danado, menina. Você não conseguia o funeral." Esse é um homem que ajudava mães e pais enlutados a vestir os filhos mortos e que se lembra agora, no café, do pequeno e perdível detalhe de que, quando pais de bebês que haviam passado por autópsia viam a incisão naquele corpinho miúdo, sempre se referiam a ela como "a cicatriz", o que implicava em cura; uma dor tremenda em forma de sintaxe. Fora da funerária, ele ajudava grupos para jovens viúvas e pais de crianças assassinadas; era uma pessoa que poderia falar dos tempos difíceis quando ninguém mais conseguia. E, quando uma menina de 15 anos morreu em um acidente de carro, ele foi até o diretor da escola e lhe pediu para permitirem aos colegas de turma irem ao funeral, explicando o quanto seria importante eles estarem lá, o quanto seria importante verem e como estar presente era parte do processo de luto de cada estudante. Só depois a família descobriu que ele havia feito aquilo; eu li o bilhete de agradecimento que ele me mostrou, escrito pela mãe da menina.

Ron não via o embalsamamento como um ato de violência, como eu o havia descrito em um artigo de revista e que ele não parava de citar só para implicar comigo. "Sempre vi como um ato de compaixão", ele me diz agora. "Embalsamei meu pai e minha mãe."

"Foi... terapêutico?", pergunto, pegando emprestada uma palavra que Mitford havia usado em seu argumento.

Nada Disso é Eterno   153

"Bem, vejamos...". Ele exagera na expressão pensativa. E sorri. Já sei o que está por vir. "Não foi *violento*."

Ele comentou que não poderia, ele mesmo, me mostrar o que abrangia o processo, já que havia encerrado os negócios há tempos, mas me incitou a tentar encontrar alguém que pudesse. Eu estava deixando passar alguma coisa, segundo ele, se estava só lendo sobre o assunto.

Se alguém fosse me convencer de que o embalsamamento era mais que um ardil comercial, esse alguém seria Ron. Mas eu não conseguia deixar de pensar que esconder o cadáver com artifícios reforça a ideia implícita de que algumas verdades são difíceis demais para encarar — e, embora existam verdades dolorosas, não tenho certeza se a morte é uma delas. Então Ron me contou uma história sobre o corpo "sem condições de ser visto" de um soldado do Vietnã, um dos nove que havia recebido no ano em que ele mesmo tinha apenas 22 anos. Por insistência do pai, ele havia aberto à força a tampa de metal aparafusada de um caixão de transporte para que o pai pudesse ver as plaquinhas de identificação e a bolsa com os ossos e tecido carbonizados do que restava do filho dele. "Por vezes, o que vemos não é o mesmo que eles veem", explicou Ron. "O que aprendi no trabalho que eu fazia foi que as pessoas são bem mais fortes e muito mais capazes de fazer coisas do que lhes damos crédito." Ron não estava apenas me dizendo que cadáveres jamais deveriam ser vistos como são.

Fiquei imaginando se havia algo mais em jogo ali, que talvez o papel do embalsamador moderno tivesse sido negligenciado, considerado apenas como uma função mercenária porque o trabalho que faziam era difícil de ver, com exceção da conta. Talvez haja mesmo uma razão psicológica para isso, pensei, se, ao embalsamar ambos os pais, Ron desempenhou tanto o papel do familiar que paga pelo funeral como o do profissional a realizar o serviço.

O dr. Philip Gore coloca a cabeça na porta do escritório e diz que se juntará a mim em um minuto. É pouco antes das 9h em Margate, cidade no litoral sudeste da Inglaterra com uma praia plana e arenosa e um parque de diversões icônico chamado Dreamland, embora seja um pouco cedo para turistas queimados de sol estarem lotando as calçadas abraçados a ursinhos de pelúcia gigantes e tomando sorvete. É aqui que, desde 1831, a família do dr. Gore está envolvida com a indústria fúnebre, de início com trajes mortuários, depois embalsamando e sepultando os mortos da cidade. Ele é alto e magro, parece uma coruja sábia com seus óculos, e eu chego cedo; ele não vai sair para o silêncio da recepção até seu colete de seda estar completamente abotoado, até seu figurino, tal qual um ator nas coxias, estar perfeito. É o aspecto teatral dos funerais — cavalos, plumas, cerimônia — que de início o atraiu para o negócio familiar. Ele diz que gostava da "pompa e circunstância" da coisa toda, da apresentação de uma imagem preparada com esmero. Também embalsamou o próprio pai.

Nós nos acomodamos em seu escritório. Como vice-presidente do Instituto Britânico de Embalsamadores, o dr. Gore é também professor de história do embalsamamento e, como seu doutorado no assunto atestará, ele é alguém que passou décadas pensando na razão para o embalsamamento existir em sua forma atual e quais fatores sociais conduziram à sua invisibilidade. Não foi sempre assim: nas décadas de 1950 e 1960, na época do pai, ele conta que as pessoas eram mais sintonizadas com a realidade do curso da natureza, em parte por causa da proximidade da guerra, mas também porque os mortos não eram levados pela funerária. O falecido ficava na comunidade, em casa, e o caixão era colocado na sala de estar, pronto para receber os últimos visitantes. Gore pai e sua equipe se deslocavam em vez de ficarem parados no escritório. "Quando as coisas chegavam ao ponto de ficarem um pouco... *desafiadoras*, eles atarraxavam a tampa do caixão", relembra o dr. Gore. "Porque era a única opção que restava. Agora estamos no século XXI. Há muito que se pode fazer para mitigar isso." Há quarenta anos, no início de sua própria carreira, ele se lembra de momentos da "realidade bruta" da decomposição se revelando na forma de uma poça no crematório ou no fundo de um rabecão. "Podia ser real, mas não particularmente confortável." Ele faz uma cara de tia julgadora que está experimentando uma torta que deixa a desejar.

Na época, funerais aconteciam dentro de quatro ou cinco dias úteis, então embalsamar era menos comum. Agora, cerca de 50% a 55% dos corpos no Reino Unido são embalsamados em um ano típico (especialistas estimam que seja similar nos Estados Unidos, embora a indústria não publique as estatísticas), porque funerais levam mais tempo para serem providenciados, em parte devido à burocracia que envolve a emissão da certidão de óbito e também por causa da dificuldade de agendar o funeral. Na pacata área de Thanet, o distrito que circunda Margate, há 110 mil habitantes, dezesseis funerárias (seis delas pertencentes à família Gore) e apenas um crematório; organizar um funeral em menos de três semanas é raro. "É bem difícil conseguir horário, a menos que você queira que a cerimônia seja às nove e meia da manhã", explica ele. "Quem quer viajar de Deus sabe onde para chegar aqui às *nove e meia*? E a refrigeração é uma técnica maravilhosa, mas não sei como ficaria o conteúdo da sua geladeira depois de três semanas. Talvez você prefira não abrir a porta." Ele abre um sorriso suave e une as mãos sob o queixo. Penso em Adam na funerária, no fato de que ele estava morto havia mais de duas semanas, mas só cheirou à morte quando o tiramos de lá.

O dr. Gore fala com delicadeza intencional, fruto de quarenta anos praticando a sensibilidade de imaginar o quanto a pessoa sentada do outro lado da mesa deseja saber. A indústria fúnebre é cheia de discursos eufemísticos, outro ponto que Jessica Mitford detestava, mas ele não usa nada disso comigo, e sou grata a ele por isso. "Bem, ninguém da sua família morreu no dia de hoje para você vir me ver." Ele sorri. "Então estamos em um ambiente diferente." Ele me relata que, se eu fosse um dos enlutados, ele descreveria o processo de embalsamamento como algo parecido com uma transfusão de sangue. As pessoas costumam não fazer muito mais perguntas depois disso.

Agora, o que ele chama de "bruta realidade" da morte é tão escondido de nós que não é algo que sequer nos preocuparíamos em confrontar em um funeral. Na Inglaterra e na Austrália, os caixões costumam ficar fechados, ao contrário dos Estados Unidos, onde os enlutados podem passar pela tampa aberta e olhar o morto, como fizeram com Abraham Lincoln. A morte aqui é mais um momento familiar tranquilo do que um evento público. Menos pessoas verão o corpo, isso se chegarem a optar por fazê-lo. Se for o caso, o corpo será colocado na Capela Mortuária, aquelas salas menores nas casas funerárias (religiosas apenas se decidirem ser) onde acontecem as visitas. É lá que podem ver o trabalho do embalsamador, não que muitos fossem notar, mesmo que eles mesmos houvessem concordado com o "tratamento higiênico", como a técnica costuma ser chamada nos arranjos fúnebres. O resultado é tão comum, tão aparentemente normal, que ninguém estaria ciente das habilidades técnicas impressionantes que são usadas para criar essa imagem de normalidade, ou assim o dr. Gore me explica. Eu, é claro, não faço ideia do que estamos falando. Eu não tinha visto um corpo embalsamado para comparar com como ele se pareceria em seu estado intocado. Tinha visto de perto cadáveres médicos inchados e embalsamados, mas eles eram um tipo completamente diferente — são preservados para uma utilidade, não com o objetivo de permanecerem fiéis à aparência que tinham para as visitas de familiares e amigos. Eu havia visto fotos de falecidos notáveis embalsamados: o corpo incorruptível de Lênin em seu esquife de vidro, morto por quase um século, ainda assim praticamente intocado graças ao trabalho de preservação em andamento. Uma Aretha Franklin adormecida, com os saltos purpurinados erguidos sobre um travesseiro branco aos pés do caixão dourado resplandecente. Rosalia Lombardo, que morreu de gripe espanhola uma semana antes de seu aniversário de 2 anos — e o último corpo a ser sepultado nas catacumbas dos monges capuchinhos de Palermo, na Sicília. A menina jaz em um minúsculo caixão de tampo de vidro e só recentemente começou a perder a cor. Mas o que alguém ganha ao ver um cadáver preparado para parecer vivo?

    O dr. Gore acredita que, com a diminuição da religiosidade nos funerais, conforme Ron Troyer observou, o corpo do morto assumiu maior importância no processo do luto e, por conseguinte, também o embalsamador. "Na vida religiosa convencional, o indivíduo é dividido em dois: corpo e alma. Se você não acredita na alma, tudo o que resta é a parte física", relata ele. "E, até o funeral, ainda há uma sensação persistente de que a pessoa morreu, mas ainda está ali. Há um tipo de relacionamento contínuo para aqueles que precisam disso nas Capelas Mortuárias."

    Não é perigoso nem anti-higiênico estar perto de cadáveres — apesar do que muitos embalsamadores podem ter afirmado para Jessica Mitford — e o dr. Gore não está sugerindo que agora seja. Não há exigência legal para um corpo ser embalsamado, a menos que ele vá ser repatriado para o exterior e o país que for recebê-lo assim exija. Mas o dr. Gore crê que a imagem derradeira é importante. "Se você não via sua mãe há tempos porque mora em outro país — e essa é uma das razões para as pessoas levarem tanto tempo para se reunir —, vir e passar uns momentos com ela pode ser de grande ajuda."

"E sua última imagem dela não é...

"... desesperadora. É, *sim*, um disfarce da realidade, mas a ironia é que se você disser às pessoas: 'Não faremos nada disso, é *assim* que ela é', isso ajudaria a alguém? Não sei se a resposta seria sim."

Penso nisso por um instante e tento imaginar o que eu ia querer ver, ou o que esperaria ver. Quando vi os cadáveres na funerária de Poppy, eles pareciam mortos, e não achei que a aparência deles, por si só, fosse traumática; mas, claro, eu não havia conhecido essas pessoas em vida. Imagino se o processo de aceitação ao ver alguém morrer aos poucos, tornando-se esquálido e diferente, seria desfeito ao ver a pessoa parecendo viva, mesmo que por breves instantes, em um caixão. "Eu acho a sinceridade tranquilizadora", afirmo. "Estou sozinha nisso?"

"É claro que não, mas o problema é o que as pessoas supõem ser sinceridade e o que é, por vezes, a chocante realidade, são coisas bem diferentes", assegura ele, com muita paciência. "É essa a ironia por termos construído esse mundo desconhecido. Cada ator morto em um filme é um ator vivo fingindo estar morto. Esse não é normalmente o aspecto dos indivíduos quando morrem, mas o público não sabe disso. Ou não se dá conta. O processo de embalsamamento já está neste país há cerca de 150 anos; está um pouco tarde para dizer: 'Chega de fazer isso, precisamos retornar às nossas verdadeiras raízes'."

O dr. Gore diz que me colocará em contato com um embalsamador que vai me mostrar o processo, já que ele não costuma mais lidar diretamente com os mortos tanto quanto antes; como capitão desse navio em particular, sua atenção é mais necessária no leme. Agradeço a ele e prometo que não transformarei o assunto em uma história de terror, que é o que todo mundo que abordei para este livro temia, e foi por isso que acordei antes do raiar do dia para dirigir por três horas até essa cidade litorânea para passar pelo que suspeito ser algum tipo de verificação. Levei cinco meses para conseguir conversar com um embalsamador, mas é compreensível; desde que consigo me lembrar, jornalistas e editores têm apresentado com sensacionalismo aqueles que trabalham com os mortos. Mesmo eu, ao longo dos anos, tive que convencer editores a deixarem de lado os clichês de embelezamento dos "tons sussurrados" e dos gigantes altos e sombrios que nos recebem à porta rangente tal qual o Tropeço, mordomo da Família Addams. Mas o Instituto Britânico dos Embalsamadores está empenhado em colocar a realidade do processo não exatamente à vista de todos, mas disponível para quem estiver interessado; a expectativa que têm em relação aos jornalistas pode ser bem baixa, sem dúvida, mas eles querem educar o público. Sou grata por isso e peço desculpas de antemão.

"Sejamos sinceros", diz ele, ao me acompanhar até a porta. "Estamos todos, de certa forma, produzindo um mundo manufaturado. Você está produzindo um quadro de palavras; o nosso envolve a dramaturgia do funeral."

Um mês depois, estou esperando nos fundos de outra funerária em Londres, perto da porta de aço aberta de uma garagem lotada de rabecões e limusines pretas e reluzentes. Um homem de terno escuro está sentado em uma cadeira dobrável, mexendo no celular. Um rádio toca aos seus pés. Uma jovem com o cabelo muito bem penteado, saia social e meia-calça bege e grossa, apesar da onda de calor, fuma um cigarro sobre o parapeito e encara o nada. Kevin Sinclair sorri ao emergir de entre as lixeiras e me passa às escondidas pela porta dos fundos, em vez de anunciar minha existência na recepção. Ele tem 50 e poucos anos, usa uma camisa xadrez vermelha e azul enfiada para dentro da calça jeans, óculos e gel no cabelo. É embalsamador licenciado há quase trinta anos e professor em sua própria escola de embalsamamento por metade desse tempo, embora mais pareça uma pessoa com quem você dividiria um pacote de salgadinho de camarão no pub da cidade do que alguém que lhe mostraria como embalsamar um corpo.

Ele me deixa por alguns instantes perto da porta arqueada de madeira da Capela Mortuária, próxima ao banheiro dos funcionários, que ostenta a placa "ACERTA A MIRA, A GALERA AGRADECE" e o desenho de um ursinho dando uma piscadela. Um enorme caixão de pinho passa por mim e desaparece pelas portas duplas para ser deslizado para dentro de um dos refrigeradores, onde vai ficar até o rabecão vir pegá-lo. Consigo ouvir dois funcionários do local discutindo na entrada, algo sobre uma família que não tem condições de pagar por um funeral por estarem atolados em um inventário infernal.

"Ele só precisa provar que a família pode pagar pelo serviço."

"*Puta que pariu.*"

Essa é outra ponta do negócio, as vozes ruidosas que só se ouve nos fundos, durante o intervalo. Dentro do escritório, na parte que as famílias frequentam, não se ouve sequer o som dos próprios pés no carpete.

Kevin acena para eu entrar na sala de tanatopraxia e me apresenta a uma antiga aluna dele, Sophie, que fará o trabalho enquanto observamos. Hoje em dia, a maior parte de seus alunos é composta de mulheres. Ela é tímida e está um pouco nervosa com minha presença ali. Sophie sorri e acena brevemente, pequenas tatuagens coloridas espreitando entre a manga do uniforme cirúrgico roxo e o punho das luvas nitrílicas, antes de se voltar para o corpo estendido entre nós: os restos pálidos de um homem que morreu de câncer de pulmão há três semanas. Pelos púbicos bem aparados sobem por sua barriga que, ao longo dos últimos dias, foi ficando verde aos poucos.

Sophie tinha passado a manhã fazendo o mesmo processo que fizemos na funerária de Poppy, removendo todos os tubos e as pulseiras de identificação do hospital. Ela também lavou e secou os cabelos dele com secador, que agora parecem soltinhos e macios. Mas há mais a ser feito antes de o homem ser vestido. Ela já colocou cones semiesféricos sob as pálpebras dele, pequenos escudos convexos de plástico que dão a ilusão de que os olhos não estão fundos. Quando Mo, na Kenyon, estava explicando a razão para a identificação visual de corpos não ser confiável, esse é o tipo de coisa à qual ele se referia: temos o instinto de encarar os olhos da pessoa querida, e os olhos do morto não ficam como nos lembramos deles. Não são as ostras que vi no rosto de Adam quando o vesti para ser posto no caixão: esses parecem olhos vivos e adormecidos.

São os olhos que Nick, escultor de máscaras fúnebres, encontra quando chega para moldar um rosto. Se não estão aqui, seja por fatores biológicos ou por cones semiesféricos, ele precisa recriá-los.

    Agora Sophie está suturando a boca do homem para que as mandíbulas não fiquem frouxas. É um procedimento complicado e invasivo, que requer que o embalsamador fique cara a cara com o morto, e é ainda mais complicado de descrever. Ela abre a boca do homem o máximo que consegue, a cabeça dele inclina para trás, e então insere uma agulha grande e curva com uma linha de sutura sob a língua dele, por detrás dos dentes inferiores, e atravessa-a pela carne até sair debaixo do queixo. Então vira a agulha e volta pelo mesmo orifício, mas a direciona para sair por detrás do lábio inferior, de modo que a linha dê a volta no osso hioide na frente da mandíbula. Sophie puxa bem o fio para que a mandíbula frouxa seja controlada pelo filamento ao qual está ancorada, o que, em um instante, será o maxilar. Em seguida, insere a agulha sob o lábio superior do homem, até a narina esquerda. Então, atravessa o septo nasal até a narina direita, e por fim emerge sob o lábio superior de novo. Sophie puxa a linha com força, a mandíbula fecha, as pontas são amarradas e enfiadas por trás dos lábios do homem. Vendo de fora, a menos que a pessoa saiba pelo que está procurando logo abaixo do queixo dele, parece que nada aconteceu.

    Não é algo assustador ou nojento de se testemunhar, apesar de que a ideia de ter a minha boca costurada, de ser emudecida, seja puro horror; se o homem estivesse vivo durante o procedimento, seria tortura, haveria gritos abafados. Enquanto espio por cima do ombro de Sophie, não consigo deixar de fazer movimentos estranhos com a mandíbula conforme observo, como se provando a mim mesma que não sou eu na mesa. Porém, mesmo que eu saiba que esse homem está morto, que não usa mais a boca nem a voz, acho tocante e triste que esteja deitado ali, mole e sem apresentar resistência. É possível fazer qualquer coisa com um cadáver, e aqui estão apenas tentando dar uma aparência mais fiel a como ele era.

    Kevin e eu estamos de pé do outro lado da sala agora, fora do caminho de Sophie, encostados em um banco de aço com pilhas de papéis e potes plásticos com mais papéis. Não há janelas; nesta caixa branca e brilhante você é extirpado do mundo exterior, selado a vácuo em um mundo só seu. No inverno, quando há mais movimento, espera-se que embalsamadores cheguem às 4h e fiquem até as 22h. Enquanto suas mãos estão ocupadas, a única conexão que têm com o ambiente exterior é um rádio; eles determinam o clima de acordo com a roupa dos entregadores.

Ainda não posso vê-lo, mas consigo cheirá-lo: o fluido embalsamador, aquele odor estranho, mas de certa forma conhecido, uma combinação dos laboratórios de biologia do ensino médio e um cheiro pungente de esmalte que ficará mais forte à medida que o procedimento progredir. Quando chegar em casa mais tarde, vou notar que meu jeans fede a isso com uma intensidade que invade todo o cômodo. Kevin explica que o gás formaldeído que evapora do fluido é mais pesado que o ar (assinto, pois já aprendi isso com Terry, da Mayo Clinic, quando ele mostrou o sistema de ventilação do térreo no laboratório de anatomia), mas as antigas salas de embalsamamento anteriores aos protocolos de saúde e segurança colocavam os filtros de ar na parte superior das paredes, supondo que os gases subiam, o que significa que só começariam a filtrar muito depois que o gás tivesse enchido a sala do chão até o teto e a cabeça do embalsamador estivesse no meio dessa nuvem. A voz de Kevin é profunda e rouca, uma vibração que se pode ouvir através das paredes; isso, segundo ele, é o resultado de décadas de produtos químicos impactando suas cordas vocais enquanto ele trabalhava no que estima ser mais de 40 mil corpos. "Na verdade, tenho 84 anos. Só sou muito conservado." Ele sorri.

"Há três razões para se embalsamar." Ele volta a se concentrar no corpo diante de nós, erguendo os dedos para exemplificar. "Higiene, apresentação, preservação. O que Sophie está fazendo agora é só definir os traços. Queremos uma boa apresentação facial da aparência que consideramos que a pessoa deveria ter. É claro, por não as conhecer, devemos seguir as pistas em relação a como elas se portavam." Pergunto se eles já trabalharam com o apoio de fotografias. "Às vezes", responde ele. "Normalmente são apenas conjecturas e observação do falecido. Temos fotos quando fazemos reconstruções, assim temos acesso a medidas e ao tom da pele." Mais tarde, ele vai me contar sobre montar um crânio como se fosse um quebra-cabeças, unindo os pedaços de ossos um a um, de um homem que fez um teste de coragem diante de um trem, com os dois filhos pequenos assistindo. Ele diz que tenta não julgar as pessoas pela forma como morrem, mas às vezes é bem difícil.

O homem ainda está rígido; o frio do refrigerador desacelerou a decomposição, estendendo temporariamente o *rigor mortis* que viria e iria embora mais rápido sob o sol. Sophie ergue as pernas compridas dele para cima, uma por vez, e dobra o joelho com força. O som parece com o de uma velha carteira de couro sendo torcida com tal vigor que as juntas dos dedos ficam brancas. "Basta fazer isso uma vez, e o *rigor mortis* não retorna", explica Kevin. As proteínas, uma vez quebradas, não voltam a se juntar.

Quando começa a trabalhar em um corpo, o embalsamador avalia a situação: há quanto tempo a pessoa está morta, quanto falta para o funeral e se houve ou não alguma intervenção medicamentosa, legal ou não, que pode alterar a eficácia dos compostos químicos do fluido embalsamador. Eles consideram o clima tanto de onde estão quanto o de onde a pessoa será levada: é quente ou úmido? Fevereiro ou julho? A pessoa é uma figura santa que será levada em uma exibição por vários templos? Fazem os cálculos de cabeça e decidem a concentração do líquido: um que deterá o processo de decomposição para que a pessoa possa ser transportada pelo mundo, ou por uma cidade, e chegar nas mesmas condições. Se for fraco demais, há o risco da putrefação; forte demais, e o corpo fica sujeito à desidratação; a arte está no equilíbrio. Quanto mais forte o fluido, mais tempo o corpo permanece suspenso no tempo, mas nada disso é eterno.

O fluido, dependendo de como seja, pode durar mais tempo do que o corpo em si. Aqueles homens embalsamados que retornaram da Guerra Civil continuam a liberar arsênico — um ingrediente há muito proibido — no solo ao redor deles, contaminando os lençóis freáticos. Atualmente nos Estados Unidos são enterrados a cada ano mais de 3 milhões de litros de fluido embalsamador, contendo o cancerígeno formaldeído. Em 2015, enchentes nos cemitérios da Irlanda do Norte fizeram os produtos químicos chegarem à superfície, levando ativistas ambientais a chamarem cemitérios de "espaços contaminados". Meu instinto de ver o embalsamamento com suspeita não está atrelado apenas a esconder a verdadeira face da morte, mas se tudo isso vale a pena.

A indústria funerária ocidental não tem o monopólio de injetar produtos químicos em cadáveres a fim de preservá-los. Caitlin Doughty, no livro *Para Toda a Eternidade*, escreveu sobre as técnicas relativas à morte praticadas ao redor do mundo, e havia um lugar em particular em que o embalsamamento tinha um papel proeminente. Em Tana Toraja, na Indonésia, de tempos em tempos, famílias tiram os mortos dos túmulos para banhá-los e vesti-los, oferecer-lhes presentes, acender seus cigarros. No período entre a morte e o funeral, um corpo pode ser mantido em casa, às vezes por anos. Doughty, sendo ela mesma uma agente funerária e embalsamadora de formação, interessava-se tanto pelo elemento emocional quanto pelo prático. Ela descobriu que esses corpos eram, no passado, mumificados lançando mão de uma técnica similar à que os taxidermistas usam para tratar a pele de animais a fim de deixá-las mais fortes e rígidas: óleos, folhas de chá e cascas de árvores. Agora são, em grande parte, embalsamados com os mesmos produtos químicos que consigo inalar na sala de tanatopraxia aqui no sul de Londres. No entanto, levando em conta que aqueles corpos na Indonésia tinham uma razão para serem preservados — já que se encontrariam de novo com a família, seriam adornados e participariam de danças durante um festival —, Doughty, tal qual Mitford, fez uma excelente pergunta: qual é a razão de se preservar um corpo com tal intensidade como fazemos aqui?

Este corpo estendido diante de mim não está sendo preservado para durar séculos em uma vasta pirâmide nem para ser tirado do caixão daqui a vinte anos para participar de uma festa. Ele só precisa passar pelo funeral, que será do outro lado do mundo. Sophie havia selecionado um fluido mais forte para fazer isso acontecer.

Em seguida, ela faz duas pequenas incisões na base do pescoço para localizar a artéria carótida comum no lado esquerdo e direito: são as veias que você sente com os dedos quando mede a pulsação, e mais uma vez minhas mãos se movem sem pensar até o meu pescoço para senti-las.

Ela retira esses vasos sanguíneos do pescoço — parecem um pouco com macarrão udon — e desliza uma ferramenta fina de aço por baixo para prendê-los ligeiramente acima da superfície da pele, e as artérias esticam como um elástico. Sophie amarra um fio ao redor de cada uma delas para que o fluido corra em uma única direção e insere tubos transparentes dentro dos vasos — a cabeça, elevada em um apoio de pescoço, será embalsamada separadamente ao se inverter o sistema de tubos. Usando o sistema arterial como mecanismo de distribuição, o fluido rosa-chiclete corre pelo corpo, substituindo o sangue. As veias, auxiliadas pela pressão do líquido que está entrando, empurram o sangue em direção ao coração parado, onde se acumula nas câmaras.

"O embalsamamento de duas pessoas falecidas nunca será o mesmo", explica Kevin, conforme o volume do tanque começa a baixar. "Todo ser humano é único. A mãe natureza fez o sistema arterial ligeiramente diferente em todos nós. Você pode ter gêmeos, e eles serão embalsamados de um jeito totalmente diferente por causa do aspecto aleatório da natureza; o desenho geral do sistema arterial pode ser diferente, as válvulas cardíacas poderiam estar abertas ou fechadas na hora da morte."

Ele fala com a confiança inabalável de alguém que fez esse trabalho mais de 40 mil vezes. Às vezes, o fluido embalsamador atravessa o corpo na primeira tentativa; às vezes, não. O tempo faz o sangue coagular e os caminhos se fecham. A mesma documentação que atrasa os funerais do dr. Gore significa que boa parte dos embalsamamentos é feita semanas após a morte — de novo, cerca de três —, ao contrário da Irlanda, onde o morto ainda pode estar quente, ou nos Estados Unidos, onde Kevin diz que eles consideram uma boa parte dos corpos em que ele trabalha na Inglaterra como "imbalsamáveis". Mas há seis pontos de injeção em um corpo: pescoço, parte superior da coxa e das axilas; um beco sem saída em uma direção não quer dizer que a jornada está terminada.

Enquanto a máquina de embalsamar opera, Sophie passa óleo de lanolina na pele do homem — isso ajuda com a desidratação —, e o movimento encoraja o fluido embalsamador a viajar pelos vasos sanguíneos e se assentar nos músculos. Ao massagear a mão do homem, a palma branca assume um aspecto rosado. Ela busca mudanças na cor da pele, ou lugares onde não há, o que indicaria um entupimento. Passa mais óleo no rosto e nos braços dele, sempre avaliando o quadro geral, como um pintor diante de um cavalete.

Leva cerca de quarenta minutos para o fluido inundar os vasos do corpo dele. Observar é como um truque para os olhos: acontece de forma tão imperceptível que não consigo notar se não afastar o olhar de vez em quando para poder ver tudo outra vez. Em câmera lenta, vejo o homem morto voltar à vida e no tempo: a pele ganha volume, o rosado nas veias passa a impressão de calor, o rosto não está mais com a pele esticada sobre feições cadavéricas. "Porra, ele é tão jovem", exclamo, chocada, depois me desculpo por xingar; talvez seja porque sou nova aqui, mas parece errado falar palavrão perto dos mortos, tipo na igreja. Mas ninguém parece se importar. Kevin remexe nas caixas de suprimentos às nossas costas para pegar a certidão de óbito sobre uma pilha de papéis. O que pensei ser um homem fragilizado na casa dos 70 anos com um cabelo estranhamente escuro é, na verdade, um homem de 40 e poucos. O câncer tinha arrasado com ele, e a desidratação havia sugado qualquer juventude restante em seu rosto.

Ele não era muito diferente do meu namorado, Clint, e essa situação agora me parece estranha. Lembro a mim mesma de que este não é o cadáver de alguém que amo. Meses depois, arrisco e vejo se o nome que ouvi na sala de tanatopraxia localizaria um obituário na internet. Lá, ao lado dele, está uma foto enviada por alguém que o amava. Ele é alto e está em forma, sorrindo. Fico pensando quando foi a última vez que a família o viu, se o acompanharam definhar em vida. Não consigo imaginar como seria conhecer o homem da foto e vê-lo como estava no necrotério, quando o conheci. Ele era uma pessoa diferente: um corpo, destruído de dentro para fora. Embalsamado, tinha um aspecto mais bonito, isso era inegável. Entretanto, eu ainda não tinha certeza se engolia a parte psicológica de se injetar produtos químicos em um cadáver para fins cosméticos: claro, ver a evidência do que ele enfrentara ao fim da vida não é apenas parte de sua história, mas de um processo alheio de compreensão e luto?

Fora da minha cabeça e de volta à sala de tanatopraxia, Sophie faz uma pequena incisão no abdômen antes de pegar uma haste de metal com cerca de 50 centímetros que ela chama de trocarte, com uma extremidade afiada, vários orifícios perto da ponta e tubos transparentes que vão do suporte até uma máquina atrás dela. Ela o insere e o guia às cegas, por memória muscular, até o átrio direito do coração dele. Um ruído de sucção preenche a sala conforme o recipiente de plástico da máquina coleta uma mistura de sangue com fluido embalsamador. "Quanto mais sangue conseguimos remover, melhor é o processo", explica Kevin. O sangue contém bactérias, e bactérias significam decomposição. O zunido do aspirador de sangue fica mais alto, e Kevin precisa gritar por cima do som. "EMBORA A GENTE NÃO VÁ TIRAR TANTO SANGUE QUANTO VOCÊ PENSA! PORQUE ELE ESTÁ MORTO HÁ MUITO TEMPO, ENTÃO O SANGUE COMEÇA A SE SEPARAR EM SEUS COMPONENTES!"

Sophie tira o trocarte do coração e o reposiciona para perfurar a traqueia, inclinando a cabeça do homem para trás, a fim de endireitar o órgão tubular. Ele libera um som parecido com um arquejo, mas isso, tenho certeza, vem da máquina, não do homem. Ela preenche a traqueia com algo parecido com algodão, enfiando-o pelas narinas com o auxílio de pinças, criando um vácuo para que nada vaze. Conforme observo, meu fôlego fica preso na garganta enquanto imagino a secura daquele algodão. Kevin me diz que é o mesmo material que tem dentro das fraldas dos bebês.

Ainda estou maravilhada com o rosado na ponta dos dedos, o quanto as mãos antes enrugadas agora parecem macias, quando Sophie pega o trocarte e muda o foco para a cavidade abdominal; ela perfura órgãos internos para que não haja acúmulo de gás dentro deles e suga mais fluido. Essa é a parte que parece — não se pode negar — violenta; parece um esfaqueamento, embora Kevin, ao descrever o processo para as famílias, o compararia a uma lipoaspiração. Eles não fazem isso no embalsamamento da escola de anatomia, pois destrói os órgãos a serem estudados pelos alunos. Sophie derrama o sangue na pia, e coágulos estão grudados no fundo de plástico do jarro de medição. Noto que há quatro litros lá (*é menos do que eu esperava? Não faço ideia*) e que isso não me deixou nem um pouco nauseada. Estou perfeitamente bem. Creio que seja um daqueles truques do cérebro em que sangue fresco de um corte superficial em uma pessoa viva me faz sentir pior que um jarro de sangue coagulado de alguém morto em uma sala estéril. Isso é sangue, claro, mas não como o conheço.

Por fim, Sophie injeta um fluido cavitário verde no abdômen. É uma versão mais concentrada dos químicos que ela tem usado até então e vai firmar a barriga do homem, deixando-a tão sólida quanto o banco em que Kevin bate as juntas dos dedos para demonstrar. "A família vai segurar as mãos dele, tocar o rosto", diz ele. "Essas partes estarão mais macias." Sophie fecha a incisão com cola cirúrgica e ergue os olhos, tímida; a tarefa está encerrada. Ela vai repetir o mesmo processo outras seis vezes nesse mesmo dia.

Nas próximas 24 horas, o homem irá descansar no refrigerador e seu corpo assumirá uma cor uniforme. Ele não terá mais a aparência de alguém que acabou de sair de um banho quente demais. Os tecidos vão se tornar rígidos e plastificados. Vai ter o aspecto de alguém vivo, apenas dormindo. E, apesar de tudo pelo que acabou de passar, parecerá mais consigo mesmo do que quando cheguei.

A onipresente caixa de lenços de papel está sobre a mesa entre nós, na sala da família, enquanto Kevin explica como a tecnologia mudou para os embalsamadores ao longo das décadas em que ele está na função: a ventilação da sala de tanatopraxia é uma delas, mas também há a segurança dos fluidos utilizados e o equipamento. Por se tratar de um processo quase cirúrgico, à medida que os instrumentos médicos melhoram, o mesmo acontece com os de embalsamamento. E, mais recentemente, na parte cosmética, quando participantes de programas de TV têm sua maquiagem de alta definição à base de silicone retocadas com aerógrafo, o mesmo acontece com os cadáveres; o que impede cantores de terem a maquiagem derretida sob as luzes brilhantes leva a cor de volta aos mortos. Entretanto, de fato, se for removido o que não é essencial, um embalsamador pode trabalhar em qualquer lugar. É possível embalsamar em uma cabana na floresta sem eletricidade alguma, usando um kit portátil com bombas manuais enquanto o resto da equipe de resposta a desastres leva as vítimas para a costa — no armazém da Kenyon, Mo me mostrou o kit deles. Eles são capazes de embalsamar logo depois de um tsunami, em um quarto de hotel, em uma zona de guerra, usando as mesmas mesas que vi empilhadas no alto daquelas prateleiras. Conseguem fazer tudo o que acabei de testemunhar nessa funerária em Croydon em meio aos eventos mais catastróficos do planeta. Não é uma produção elaborada; apenas eles e o cadáver.

Em uma barraca mosquiteira em uma ilha distante, Kevin embalsamou os passageiros afogados de um avião que caiu no mar, pessoas que teriam sobrevivido se não tivessem inflado seus coletes salva-vidas dentro da aeronave e ficado presas dentro dela, coladas ao teto quando o oceano invadiu. Ele tirou a camisa de um homem que percebeu que o avião cairia, mas teve a perspicácia e a mão firme para escrever uma carta para a esposa no tecido, sabendo que o papel se desintegraria ou acabaria perdido, mas a camisa tinha chance de ser recuperada com ele. Kevin cuidou do corpo de soldados britânicos no Afeganistão, realinhando ossos quebrados e partes carbonizadas, reconstruindo membros por inteiro dentro de um uniforme e os enviando de volta para as mães.

"É a última coisa que podemos fazer por eles", afirma Kevin. "Dar um pouco de dignidade. É um privilégio fazer coisas assim. O que fazemos, para o mundo lá fora, parece muito agressivo. Apesar disso, o reconhecimento faz parte do processo do luto. Queremos que o falecido esteja em seu melhor estado para a família, assim as pessoas poderão seguir em frente. Elas já passaram pela negação, a raiva, as lágrimas. Isso as ajuda na jornada."

Faço a ele a mesma pergunta que fiz ao dr. Gore, se seria prejudicial para alguém ver o cadáver com a aparência de um. Ele diz que, às vezes, pode ser um choque que em nada ajuda. As pessoas não querem pensar em um acidente de carro, ou no suicídio, ou no câncer; querem pensar na vida antes disso: as partidas de futebol, o chá da tarde. Kevin afirma que seu trabalho é desencadear lembranças para que o foco esteja na perda, não no jeito que alguém faleceu.

"O que queremos fazer é causar impacto nos sentidos dessas pessoas, tanto na aparência quanto no cheiro: loções de barbear, perfumes", explica. "Talvez alguém use uma essência específica, e mesmo antes de ver a pessoa dê para saber que ela está por perto, porque você sente o cheiro dela. São todas lembranças desencadeadas." É verdade que aromas podem nos fazer viajar no tempo. Já passei por homens na rua que cheiram a terebintina, e de repente estou aos pés do meu pai, há trinta anos, observando-o pintar com tinta a óleo barata que mais tarde ele reclamaria que nunca secava.

Lembranças também se escondem nas dobras das roupas. Kevin embalsamou e vestiu um Papai Noel. Com muita gentileza, trajou o corpo de uma senhora bastante idosa com o vestido que ela havia usado no casamento: costurado por ela mesma com a seda de paraquedas alemães abandonados, guardando-o para quando seu prometido voltasse da guerra.

Nos Estados Unidos, a parte cosmética é a mais importante no processo de embalsamamento — vi um anúncio na contracapa de uma das revistas na Kenyon que apresentava uma paleta de cores para "elevar visualmente olhos encovados" e, por um instante, pensei em comprá-la, antes de me lembrar para o que estava olhando — mas, tradicionalmente, isso não tem a mesma importância no Reino Unido. Se alguém quiser que seja feito, Kevin pede para trazerem a maquiagem do falecido, e então ele banca o detetive na sala de tanatopraxia. "A gente não chega a perguntar, mas abre tudo e dá uma olhada. Haverá quatro ou cinco batons e um que é só um toquinho. *Aquele* é o favorito da pessoa. Vai ter um lápis de sobrancelha *desse* tamanho." Ele une os dedos e os aperta como se estivesse matando uma formiga. "*Esse* é o preferido. Para a sombra de olho, há vários tons, mas haverá uma que vai estar usada até aparecer o metal do fundo do estojo. É essa a certa."

Há uma pausa. Não consigo me segurar, e preciso dizer. "Acho que você é um homem muito corajoso por desenhar as sobrancelhas de uma mulher."

Ele balança a cabeça, rindo do absurdo das sobrancelhas. "É tão difícil! Por que vocês as tiram com pinça e depois colocam tudo de novo no lugar? Não entendo." Afirmo a ele que algumas de nós aprenderam a lição no início dos anos 2000.

Penso em Ron Troyer e em Phil Gore embalsamando os próprios pais, em como duas pessoas que estavam cientes dos artifícios do embalsamamento ainda passaram pelo processo com seus próprios mortos. Nenhum deles disse que teria feito algo diferente. Mas me pergunto agora se é tecnicamente mais difícil embalsamar alguém que você conhece, quando sabe em detalhes como era o rosto dessas pessoas em vida.

"*É* mais difícil quando você conhece a pessoa", confirma Kevin. "Não por causa do processo, mas porque você consegue visualizar como as pessoas eram, e elas nunca ficam iguais. Preparo muitas celebridades para uma empresa para a qual trabalho, e fico megacrítico com o que faço porque tenho uma fotografia de como eles eram no palco. Ficam diferentes porque o tônus muscular se foi, estão com outra expressão. Levo mais tempo para conseguir concretizar aquela imagem na minha cabeça. Nunca fico satisfeito."

Pergunto se ele pensa na própria morte, e Kevin me responde com uma piada sobre funerais: um caixão ostentando de cada lado fotos dele em tamanho real, tiradas de vários ângulos — ele nu, exceto pela cuequinha. "Só quero fazer as pessoas rirem. Já vi tristeza demais", confessa. Tento de novo e pergunto se ele pensa na morte. Ele responde que na verdade não, mas que, se alguém que conhece anuncia um diagnóstico de câncer, ele logo imagina o pior cenário possível, porque é tudo o que vê. Não se ouvem histórias de pessoas que sobreviveram ao câncer em uma sala de tanatopraxia: você simplesmente testemunha, como Kevin chama, "o inevitável desfecho".

Os mortos rodearam Kevin por toda a sua vida. Os pais eram donos de uma funerária, e a família morava no apartamento no andar de cima. Ele se lembra de ser mandado lá para baixo aos domingos, o dia em que a casa era limpa, para buscar o aspirador em um armário debaixo da escada. Precisava passar pelos defuntos deitados nos caixões na Capela Mortuária. Não se lembra de sentir medo dos cadáveres, mas sabia, por instinto, que não deveria tocar no assunto quando estivesse fora de casa. "As crianças não entendiam o que meus pais faziam, então eu era um prato cheio para ser ridicularizado", conta ele. Mesmo agora, não fala do que faz — só está falando comigo porque eu pedi, ou melhor, o dr.

Gore pediu — e, em vez de "embalsamador", quando alguém pergunta, ele diz que é professor. "A Inglaterra renega a morte", comenta. "Não querem saber que existimos a menos que algo aconteça, então somos seus melhores amigos pelas próximas duas semanas. Depois disso, voltamos a não existir."

Não foi logo de cara que ele seguiu os passos dos pais no serviço funerário, mas Kevin nunca chegou a estar longe da função. Quando ficou alto o bastante para carregar um caixão, ganhava 15 libras como carregador *freelancer* e gastava tudo em vinis na loja de discos HMV. Quando concluiu os estudos, tornou-se escultor, talhando anjos nas lápides que permanecerão erguidas em cemitérios por muito mais tempo do que qualquer um de nós viverá. Ele criava o monumento para o qual a gente olha, o lugar para o qual você retorna, o objeto para o qual você direciona seu monólogo no cemitério quando seu ente querido está debaixo da terra. Agora, o trabalho que faz é algo que vemos por um minuto, e logo se vai.

"Como um artista, você não fica triste quando seu melhor trabalho é enterrado ou cremado?"

"Não", responde ele, abrupto. "Porque eu já..."

Kevin faz uma pausa, pensa um pouco mais.

"Isso aconteceu já faz alguns anos", relata ele. Um homem havia sofrido um acidente em uma fábrica, a cabeça e o torso foram esmagados quando tentou desobstruir um travamento. A esposa teve que identificá-lo conforme estava, depois de ele ter sido tirado da máquina. "Foi... um horror. Ela me perguntou: 'Há algo que você possa fazer?'. Respondi que faria o melhor que pudesse."

Tempos depois, recebeu uma carta.

"*Obrigada. Não estava perfeito. Mas você o trouxe de volta para mim.*"

(mor.te) *sf.*
Amor e Terror

No processo de mumificação egípcio, todos os órgãos eram removidos e colocados em jarras, exceto o coração. O coração — considerado a essência da pessoa, todo o seu ser, a inteligência, a alma — era deixado em um lugar a ser decidido pelos deuses. No mundo dos mortos, uma pena era usada como contrapeso para verificar se a pessoa tinha levado uma vida virtuosa. Se o coração não fizesse a balança se inclinar, a pessoa seria admitida no além-mundo; porém, se ele se provasse mais pesado que a pena, a deusa Ammit — parte leão, parte hipopótamo, com cabeça e dentes de crocodilo — o comeria.

No necrotério, no piso mais baixo do St. Thomas' Hospital, na margem sul do Tâmisa, um coração é colocado em balanças e o resultado é divulgado aos berros através da sala para ser registrado em uma lousa por um marcador quase sem tinta. O peso é declarado saudável ou não — ali, você é julgado apenas pelo que é conhecido e visto a olho nu ou em um microscópio. Não cabe a essas pessoas dizerem como você viveu, mas como morreu, tendo a probabilidade como balança.

É onde o cadáver conta sua história para alguém que esteja ouvindo, seja assassinato, suicídio ou infarto. É em lugares como esse que Mo, quando era detetive, ouviria a história traduzida da carne muda para algo com o que conseguiria trabalhar, algumas evidências para ajudar a desvendar um crime. A causa da morte pode permanecer um mistério para a maioria dos trabalhadores da morte que já conheci, mas, ali, a função deles é descobrir.

Se alguém morre em um dos andares acima, o maqueiro o transfere em um carrinho discreto, coberto por um lençol, até um refrigerador lá embaixo. Se a morte ocorrer em certos bairros próximos ao hospital, é a ambulância que coleta o corpo do chão, da cama ou da rua e o leva para lá. Se o legista exigir, uma autópsia ou exame *post mortem* (ambos são a mesma coisa, só que um termo vem do grego, e o outro, do latim) será feita nesta sala para determinar oficialmente como a pessoa encontrou o seu fim. Se o médico consultou o paciente pouco antes da morte e tem certeza do que a causou, a certidão de óbito pode ser preenchida sem que o corpo seja aberto. Alguns corpos estão ali, intocados pelo bisturi, esperando que a funerária vá pegá-los. Outros não estão identificados e esperam por um nome.

Mais números são listados em voz alta ao fundo, resultados da vida de uma mulher em seu processo de crescer, encolher, existir. Fígado. Rins. Cérebro. A patologista está cortando amostras de órgãos sob a luz branca de um holofote e fazendo anotações em sua prancheta. Estou espiando dentro da cavidade abdominal de um homem grande que se suspeita ter morrido em virtude de um derrame. Seus órgãos internos estão entre os pés, dentro de um saco laranja para resíduos tóxicos, para serem pesados e examinados pela patologista em seguida.

Quando um coração para de bater, o sangue deixa de circular pelo corpo à velocidade da vida, mas ainda se move. A gravidade o puxa para baixo — para as costas, caso a pessoa tenha morrido assim —, e lá ele se acumula, fazendo a pele escurecer aos poucos, como se fosse o hematoma de uma contusão. Quando é aberto espaço ao se remover os órgãos, o sangue escorre de vasos cortados nos braços e nas pernas para preenchê-lo. No recuo ao lado da coluna, onde ficavam os pulmões, onde os rins costumavam estar, o sangue empoça, espesso. Lora-Rose Iredale ajuda durante o processo, ordenhando com cuidado a artéria femoral para tirar uma amostra e enviar para a toxicologia. Massageando a perna do homem, ela lembra uma fisioterapeuta na lateral de um campo de futebol.

Sabia que seria Lara que me mostraria o que eles fazem aqui. Eu a conheço há anos, primeiro como o conhecido rosto com sobrancelhas perfeitas que sempre aparecia em palestras que abordavam a morte por todo o Reino Unido, alguém que se podia contar que apareceria em um museu de patologia caso algo estivesse acontecendo, mesmo que fosse apenas vinho de graça. Senti curiosidade pelo trabalho dela quando a vi em uma cerimônia de premiação da indústria fúnebre sobre a qual eu faria uma matéria, e Lara havia sido indicada na categoria tecnólogo de anatomia patológica (TAP) do ano. Sua amiga, Lucy, estava sentada ao meu lado e mencionou o quanto Lara é discreta. Ela me contou que Lara havia trabalhado nas vítimas do atentado na London Bridge em 2017 — quando uma van atropelou pedestres intencionalmente antes de os três criminosos saírem correndo pela região de Borough Market, esfaqueando clientes, transeuntes e policiais, munidos com facas de cozinha de 30 centímetros —, mas ela nunca tocava no assunto. Outros podem falar do próprio trabalho na internet, para conseguir engajamento, postar nas redes sociais fotos de si mesmos em uniforme cirúrgico, brandindo ferramentas de aço inoxidável. O Instagram de Lara é cheio de selfies na noite, fotos dela pendurada de ponta-cabeça em uma lira acrobática e, às vezes, raros vislumbres do sorriso largo e fácil que comecei a associar com ela. Ela tem uma carta de tarô tatuada em cada coxa — MORTE e JULGAMENTO — e, na época do Dia das Bruxas, desenha um morceguinho com delineador em cada bochecha. Quanto ao trabalho, raramente é mencionado, embora seja óbvio que ame o que faz. "Serva de cadáver" é como o descreve na curta biografia ao lado da foto do rosto perfeitamente maquiado. Eu queria saber o que, exatamente, aquilo implicava.

A ocupação de um TAP consiste no trabalho físico de desmontar um corpo para auxiliar o patologista na investigação: eles evisceram e reconstroem o paciente, depois limpam o corpo e todos os equipamentos usados no processo. São as pessoas a postos quando alguém vai identificar um corpo no necrotério, que lidam com familiares e funerárias e lutam com a montanha de documentos que chegam com cada morte e com o translado de corpos de um lugar para outro. O Reino Unido, como todo mundo não para de me dizer, é um lugar em que a morte exige uma senhora papelada. Lara relata que ela tem pesadelos em que o morto se senta em sua gaveta de aço e tenta sair do necrotério; ela acorda suando, não por causa do horror do morto-vivo, mas por conta da documentação que seria gerada caso o corpo desaparecesse.

Ela começou seu treinamento em 2014, acompanhando um TAP, e se qualificou três anos depois, aprendendo com o trabalho, aprendendo com os mortos. É raro um estagiário ser contratado; é difícil de achar um, e para Lara levou anos de espera e esperança. Agora, além do trabalho administrativo do dia a dia e das necropsias, ela orienta e ensina os novos estagiários, conduzindo-os pela anatomia humana e a forma como tudo se encaixa, o que acontece quando algo dá errado e o que isso pode significar. Os estagiários de TAP não são os únicos de olho no que ela faz; residentes de medicina também estão. Conforme Terry explicou na Mayo Clinic, o papel do cadáver médico é dar ao estudante um mapa de um corpo em funcionamento. Aqui, eles podem ver a aparência de uma anormalidade, e Lara pode lhes mostrar a realidade de um diagnóstico: o que realmente significa dizer a uma pessoa que ela tem câncer, como é a cirrose hepática, o que a obesidade causa nos órgãos contraídos e a chocante confirmação ocular de que a caixa torácica permanece do mesmo tamanho, não importa o quanto a pessoa engorde. Hoje, ela está me mostrando isso.

Estou aqui há algum tempo. Mais cedo, observei Lara manusear o elevador hidráulico para tirar três corpos da geladeira e colocá-los perto das pias enfileiradas no meio da sala. Mesmo que o elevador mecânico mova as gavetas para cima e para baixo, ainda há o esforço físico de puxá-las do refrigerador com força o bastante para que deslizem. Ela conta que a primeira coisa a aprender a usar neste trabalho são as costas: você não está simplesmente puxando, está *se inclinando* além de tudo, e lidando com formas que não são totalmente previsíveis e cujo peso é distribuído de forma desigual. A equipe do necrotério recebe um treinamento próprio de segurança e saúde: ninguém mais no hospital precisa se mover como essas mulheres. E *todas* aqui são mulheres, pelo menos todas as TAPs, e cada uma delas, exceto Tina, a substituta que está na função há trinta anos, são cobertas de tatuagens do pescoço para baixo, usam piercing e cabelos em várias cores, cortados bem rente. São todas jovens; todas têm ingressos para o show do Rammstein.

Depois de os corpos estarem todos nos devidos lugares, as três TAPs começam a avaliação visual do cadáver a que foram designadas, o que é uma parte constante da necropsia: a cada passo, elas vão parar e buscar indícios de que algo deu errado. Enquanto a patologista circulava o homem, parando para fazer anotações na prancheta, Lara procurava por cicatrizes, buscando pistas de alguma cirurgia prévia ou ferimento que pudesse ter algo a ver com a morte. Mesmo manchas de nicotina nos dedos oferecem pistas quanto à forma como a pessoa pode ter morrido. Ela vira o homem em uma verificação de rotina para garantir que não haja uma faca em suas costas ("Até então, não encontramos nenhuma, mas nunca se sabe") e enfia uma agulha em ambos os olhos para tirar uma amostra do fluido intraocular; este passará por exames, assim como o sangue e a urina. Em seguida, ela o abre em formato de Y, começando a cerca de 5 centímetros da clavícula, seguindo até o umbigo, mas evitando-o, porque, segundo ela, vai causar problemas mais tarde quando tiver que fazer a sutura. Ela puxa a pele e, segurando-a entre os dedos, corta o músculo abdominal com bastante cuidado para não danificar os órgãos vitais logo abaixo. Usando uma ferramenta parecida com uma tesoura — específica para corte de caixa torácica, conforme vi na Mayo Clinic —, ela prende através da cartilagem que separa o esterno da caixa torácica e a ergue como um escudo para revelar pulmões rosados e brilhantes.

    Ainda não estou ciente disso, mas depois desse dia vou parar de comer costela; ao contrário da chefe de Lara, que vi toda feliz comendo costelinha com molho barbecue na sala de descanso do outro lado do corredor. Não foi só a aparência que me pegou de jeito, mas o som. Se alguma vez você assistiu ao filme *Rocky*, deve ter ouvido o som dessa ferramenta partindo uma placa de costela, atravessando a cartilagem: é o estalo que se segue a um golpe no peito. Dali a uma semana, eu assistiria à *Creed II* e o som que acompanha o soco em câmera lenta nas costelas de Donnie Creed é quase igual ao que ouço na sala de necropsia. Eu passaria os próximos vinte minutos do filme imaginando se teriam levado um microfone para o necrotério.

    Em seguida, ela amarra um fio ao duodeno, o começo do intestino delgado, cortando-o na parte mais baixa do nó, então retira o intestino do homem pelo abdômen, puxando todos os 6 metros de tripas, intercalando as mãos ao fazê-lo, como se fosse um marinheiro manejando uma corda. Depois, larga tudo isso no saco de resíduos tóxicos. "Nessa direção aqui fica o coração." Lara aponta um dedo enluvado antes de se inclinar sobre o peito do homem e começar a liberar as estruturas do pescoço.

    Leva cerca de uma hora para fazer uma necropsia padrão, mas é mais tempo para alguém que ficou muito tempo na UTI, cheio de tubos e acessos cuja localização também precisa ser verificada. É mais rápido fazer a autópsia em uma pessoa magra do que em uma obesa, simplesmente porque é mais fácil encontrar seus órgãos. Mas há algumas partes que são mais difíceis, não importa o corpo, empregando processos que requerem tanto habilidade quanto experiência. Lara amarra a base do esôfago e então usa uma ferramenta sem corte para soltar o tecido conjuntivo ao redor do órgão, e depois mais acima, separando a pele do pescoço da musculatura. Ela deixa a ferramenta de lado, então desliza a mão para cima, por sob a pele, e a junta de seus dedos fica visível enquanto tenta encontrar uma cavidade na parte de trás da língua. "Não há ferramenta que facilite esse processo", ela me assegura, com o braço a meio caminho do pescoço do homem, como se fosse uma titereira, o olhar vago direcionado para algum canto da sala enquanto navega apenas pelo tato em meio àquela escuridão viscosa. "Consegui." Ela puxa a língua usando a cavidade como gancho, e a língua e o esôfago, junto das cordas vocais, saem inteiros, de uma vez. Parece um longo filé suíno. Ela aponta para uma construção cartilaginosa em formato de ferradura que fica perto da garganta. Parte de uma autópsia é verificar se essa estrutura está rompida: se estiver, seria indício de estrangulamento. Minha mão enluvada toca minha garganta para ver se consigo senti-la se mover.

    Em seguida, ela corta o diafragma e ergue coração e pulmões para longe da coluna, conectados como um único bloco. Depois o estômago, com esôfago e língua ainda ligados — fígado, vesícula biliar, baço e pâncreas formando outro bloco. Esses órgãos se juntam aos demais, todos molengos, no saco aos pés do dono. Por fim, rins, as suprarrenais, bexiga e próstata, todos conectados, e cada um deles também vai para dentro do saco.

    O cheiro de uma cavidade abdominal fresca e aberta ao mundo pela primeira vez é difícil de esquecer nos dias seguintes: é uma mistura de carne refrigerada, merda humana e junto a isso o aroma penetrante do sangue. Adicione também o odor de pele suja, genitais e boca seca e aberta que abriga dentes apodrecidos e não escovados, e então terá um corpo humano inteiro em seu nível mais básico. Vendo tudo saindo desse jeito, é difícil acreditar que esse conjunto completo faça uma pessoa viver e que isso possa existir sem nada dar fatalmente errado por muitos anos. Encaro o espaço vazio, enquanto a mulher na mesa ao nosso lado já pesou os órgãos e registrou na lousa. Nosso cara é o próximo.

"Olho para isso e me pergunto como simplesmente não cai tudo de mim." Lara faz uma pausa na massagem na coxa por um momento e aponta para o saco de órgãos. Ela tira pedaços soltos de fezes da região do reto, dentro da cavidade, e os coloca na mesa ao lado da perna dele para descartar depois. Um pedaço cai pela borda e fica precariamente perto da minha bota pelas próximas três horas, até ser lavado com uma mangueira, assim como todo o resto. A certa altura, Lara está falando e gesticulando e uma lasca de gordura visceral sai voando da luva dela e vai parar no chão também. Este, obviamente, não é um trabalho glamoroso, embora ela o tenha descoberto na televisão: Lara queria ser a Dana Scully, de *Arquivo X*, especificamente a Scully no episódio "Bad Blood", no qual a personagem banca uma patologista forense, fazendo a autópsia das vítimas de um assassinato com pizza drogada. "Foi um dos mais divertidos", relata ela, que cresceu nos anos 1990 assistindo à TV até tarde da noite, assim como eu, e abandonou a ideia de se tornar patologista forense quando descobriu que precisava se formar em medicina primeiro. Depois, mesmo com treinamento em tempo integral, leva cinco anos e meio para concluir a formação. Ela queria ir direto para o necrotério e saltar toda a parte dos vivos.

O homem tem histórico de epilepsia, então Lara supôs que ele fosse "um caso neurológico, provavelmente" e disse que, se houvesse algo a ser encontrado, deveria estar na cabeça. "No Reino Unido, as pessoas morrem ou da cabeça ou do coração", afirma, traçando uma risca horizontal no cabelo dele, indo de orelha a orelha, para abrir caminho para a lâmina do bisturi. Ela corta a pele, depois dobra o rosto para baixo até o queixo, mas isso parece mais difícil de fazer do que ela esperava: a pele não está tão fácil de separar do osso como de costume. Então, ela usa uma serra para necropsia e descobre que o crânio também é mais grosso. A patologista vem e aponta para o rosto dobrado do homem, para a marca de nascença vermelho-escura. Diz que uma mancha como essa surge na formação do feto, quando há pouca coisa separando o cérebro do rosto: o que acontece do lado de fora será visto no lado de dentro, e, nesse caso, tudo está ligeiramente fundido, a trama da marca de nascença corre por todas as camadas de carne e osso como uma bala tubete. Quando Lara remove o topo do crânio e puxa para trás a membrana espessa que protege o cérebro (chamada dura-máter, que significa "mãe resistente"), há uma mancha escura onde a marca de nascença tocou. Ela faz uma foto para os registros da patologista e remove o cérebro. Por fim, ela me pergunta se eu gostaria de segurá-lo.

Uno as mãos e sinto o peso dele. Essa é a coisa que o fazia ser quem era, e lá dentro se encontrava o coágulo que provavelmente o matou. É cor de carne e branco, salpicado com linhas sinuosas de vermelho e preto — não o rosa dos cérebros dos desenhos animados, nem a massa cinzenta dos livros de biologia do ensino médio, nem mesmo os cérebros em jarras no museu de patologia, branqueados, sólidos, rígidos. Nas minhas mãos, os lóbulos se achatam e relaxam, tomando mais espaço que a cúpula do crânio permitiria. Mais tarde, Lara encherá a cavidade craniana com algodão, porque o cérebro jamais retomará à forma perfeita que tinha quando estava lá dentro, uma caixa apertada para manter o órgão compactado e a salvo. O volume nas minhas mãos é frio e pesado; denso, porém frágil — e se move feito gelatina. Eu não me atreveria a apertá-lo nem de leve por medo de danificá-lo; ainda assim, parei para assistir a lutas de boxe e vi golpes contundentes na cabeça nocautearem um lutador, deixando-o inconsciente no chão. Penso nas esposas que afirmam que os maridos jogadores de futebol americano nunca mais foram os mesmos depois de anos se lançando de cabeça nos outros jogadores, contando como ficaram violentos e confusos, e ninguém além delas enxergava isso. Segure um cérebro em suas mãos e perceberá o tanto de perigo ao qual ele é exposto para marcar pontos enquanto outros assistem ao jogo e comem cachorro--quente. Imagino o que uma bala faria. Eu me lembro de Neal Smither, o faxineiro de cenas de crime, lavando o cérebro espirrado na parede externa da casa dos avós, em como ele endurece como cimento e se torna impossível de limpar.

    Deslizo o cérebro das minhas luvas para a tigela plástica azul de Lara. Ela passa um barbante sob a artéria basilar, que se projeta o suficiente para agir como uma alça superficial, e o mergulha, de cabeça para baixo, dentro do balde, atando as pontas do barbante ao redor das alças para suspendê-lo em formol. Daqui a duas semanas, estará firme o bastante para ser aberto pela patologista — "fatiado como pão", de acordo com Terry — em busca da causa da morte. "RAC" (retornar ao corpo) já está escrito na lateral do balde vermelho e branco, e Lara o coloca em uma prateleira onde desaparece em uma profusão de mais baldes de cérebros. Tudo com o que uma pessoa entra aqui volta com ela: os órgãos são depositados de volta no saco de resíduos tóxicos depois que a patologista os pesou e procurou por tumores e outras anomalias. E, depois que os fluidos da cavidade abdominal são despejados como sopa de uma panela, o saco é colocado no espaço vazio que uma vez os órgãos ocuparam, com algodão enfiado nas lacunas ao redor dele. A frente da caixa torácica é encaixada de volta, e a pele é costurada. Daqui a semanas, quando a patologista terminar com o cérebro, uma TAP abrirá alguns pontos para conseguir guardá-lo no saco junto do resto do morto, e o corpo estará pronto para ser recolhido pela funerária.

    Meses antes disso, me sentei a uma mesa de piquenique no inverno enquanto Anil Seth, um neurocientista, explicava a consciência para mim. Ele me contou que a realidade é o melhor palpite do cérebro sobre o que está acontecendo do lado de fora de seu próprio quarto escuro, onde fica cego e sem acesso a janelas, sendo alimentado com informações por meio de outras ferramentas: olhos, orelhas, dedos. Todos os sentidos são espiões do cérebro. Ele une as peças que consegue a partir das informações escassas que lhe são fornecidas, desfoca tudo com memória e experiência, chamando tudo isso de vida. Agora, toda essa magia, todos os melhores tiros no escuro do cérebro, estão inacessíveis. São pura matéria orgânica em um balde, firmando-se para que alguém possa fatiar suas bilhões de conexões forjadas que criam realidade e sabedoria, o universo inteiro de uma pessoa, e descobrir a razão para tudo ter parado.

Do outro lado da sala, um órgão minúsculo está sendo suspenso, preso em uma pinça. Uma patologista e duas policiais estão avaliando o peso do coração de um bebê.

No dia anterior à minha visita para observar Lara trabalhar, ela me enviou por e-mail o documento padrão que manda para todo mundo que vem observar uma necropsia. Era um aviso, com a sugestão de tomar um café da manhã reforçado e usar meias grossas com as galochas. Disse que sabia que eu tinha visto a morte antes, mas, mesmo assim, precisava ser informada de que aquele era um departamento especializado em patologia pediátrica, bem como um simples necrotério hospitalar. Bebês e crianças eram enviados para lá vindos de várias partes, e a autópsia deles era feita no mesmo lugar que a dos adultos. Era possível, embora ela ainda não soubesse a agenda do dia, que eu visse crianças mortas. Respondi que tudo bem, havia visto cadáveres antes. Eu já tinha visto, àquela altura, centenas deles, inteiros e aos pedaços.

Olhando em retrospecto, percebo que fui um pouco petulante.

Depois de ter suturado o homem, de forma metódica e com destreza, Lara lavou o cabelo dele com xampu (Alberto Balsam de morango, que, pela minha experiência, é o xampu escolhido por todos os necrotérios — um aroma adocicado e surreal para ser misturado com a cavidade abdominal e o formol nos baldes de cérebros), espirrou solução antibacteriana nele e o molhou com a mangueira. Ela o ensaboou, erguendo braços e pernas, tentando limpar o máximo possível. Explicou que não são todos os necrotérios que fazem isso, mas aqui consideravam isso o correto, algo *bom* a se fazer. "Você acabou de ter suas vísceras tiradas do seu corpo", explica ela, prática, acrescentando que, pela decomposição ser um processo bacteriano, elas acreditam que qualquer coisa que ajude a detê-la seria algo bom para as funerárias e para as famílias (nem todo mundo pensa na cadeia de trabalhadores da morte como Lara; embalsamadores como Kevin e Sophie frequentemente precisam esconder os efeitos de necropsias ou armazenamento descuidados). Havia respingos da solução antibacteriana voando do corpo do homem, um jato de água ricocheteando ruidosamente no aço, e eu estava no caminho, então me afastei da mesa. Recuei tanto que fui parar ao lado de um bebê. Tinha duas semanas de idade.

Estive observando esse bebê, de canto de olho, durante as últimas duas horas, tentando manter o foco no que Lara estava fazendo enquanto ela buscava a cavidade dentro do pescoço, desatava órgãos e fotografava o cérebro. A sala era grande, mas não era enorme; Lara e eu devíamos estar a uns três metros de distância. O tempo todo, consegui ver aquele corpinho. Descobri que o crânio de um bebê não precisa ser serrado como o de um adulto; nada está fundido, então a patologista corta as finas fibras conectoras com uma tesoura e abre as cinco partes do crânio como se fossem as pétalas de uma flor. Usando apenas o polegar, ele as ergue da fontanela, ou moleira, aquele lugar macio proibido na cabeça do bebê que eu, aos 4 anos, me lembro de prometer não tocar quando me deixaram pegar minha irmã no colo. Ouvi uma das policiais dizer que a mãe tinha um histórico de psicose e percebi que buscavam por evidências de que ela havia matado a criança. Observei a patologista abrir a caixa torácica como se fosse uma folha de palmeira, separando cada costela, deslizando o dedo ao longo da curva, buscando fraturas em cada osso minúsculo. Assisti enquanto esse bebê era completamente desmontado, as costas descansando em um bloco, assim o peito aberto era projetado para frente e o crânio aberto jogado para trás enquanto discutiam as descobertas acima dele. Eu não conseguia discernir o rosto das policiais, pois estavam educadamente apoiadas nas banquetas, fazendo anotações, e saíam da sala com frequência.

Agora estou perto do bebê, uma jovem TAP de cabelo verde está passando por um aperto para juntar as partes. Ela já suturou o corpo, mas está tendo dificuldade com o rosto. Durante a autópsia, ele foi cortado debaixo do pescoço de um jeito que alterou a forma como o rosto se assenta no crânio: o lábio inferior pende frouxo do queixo e o peso da inclinação faz um olho se manter aberto. A TAP precisa fazê-lo parecer normal de novo, pressionada por saber que os pais notarão qualquer mudança; que pais enlutados, em sua última visita, tentam gravar na mente cada detalhe que podem antes de o bebê ser levado. Ela continua fechando o olho, empurrando o lábio rosado e pequeno, suspirando, tentando ajeitar a expressão — a serenidade absoluta de um bebê adormecido —, e a pele continua escapando do osso. Lara pausa a limpeza para ir até lá e, com suas instruções calmas e pacientes combinadas com um tubo de creme adesivo para dentaduras, a jovem TAP consegue realizar a tarefa. Não deveria importar, mas o bebê é excepcionalmente bonito. Estou fascinada pelo seu rosto ajustado com cola.

Assim como os adultos, os bebês são lavados, não com uma mangueira, mas em uma pequena banheira de plástico azul na pia, com a mesma naturalidade da minha mãe banhando meus irmãos rosados na cozinha. Ele fica apoiado no canto, sentadinho, com as bolhas quase alcançando os ombros. A TAP o deixa ali por um instante para ir pegar algo em uma prateleira, e fico assistindo enquanto ele começa a afundar, devagar, seu rosto deslizando abaixo das bolhas. É esperado que eu apenas observe, sem tocar — especialmente quando estou longe de Lara, em uma parte da sala onde não fui convidada e minha presença não é prevista —, e fico ali, paralisada, sem saber o que fazer. Tento reprimir o impulso de impedir que ele se afogue, dizendo a mim mesma que o menino está morto, *me dando conta* desse fato, que nada que eu faça vai importar ou mudar esse desenlace: ele se foi. O bebê desliza para debaixo da superfície da água enquanto fico ali, rígida e inútil, em frangalhos.

A TAP retorna, tira-o das bolhas e o seca. Ela o deita em uma toalha enquanto junta as coisas de que vai precisar para a próxima parte do processo: uma fralda, sapatinhos e um macacão. Depois de vesti-lo, desliza três braçadeiras plásticas do hospital sobre a sua mão, segurando os dedinhos conforme as empurra mais para cima do braço. É tão cuidadosa com ele quanto alguém seria com um bebê vivo, apoiando a cabeça, já que bebês dessa idade não conseguem fazer isso, mas ainda mais: a patologista havia cortado as vértebras do pescoço.

Com bebês, normalmente o cérebro é colocado de volta no crânio; uma vez que ele ainda não endureceu e se fundiu, o espaço é mais tolerante que o de um adulto. Mas principalmente porque o peso da cabeça de um bebê é algo que vem biologicamente programado na mente humana: pais, embalando o filho na sala de observação, notarão se a cabeça estiver leve demais. Mas, nesse caso, um bebê forense, o cérebro precisa ser mantido para testes. Lara o suspende em um balde, tal qual fez com o do adulto, pequeno e de aparência perdida ali, tal qual um planeta no espaço profundo. Enquanto isso, uma touquinha de lã é escolhida em um imenso pote transparente com chapéus de bebês que fica a um canto: amarelo-limão, rosa, azul, há centenas deles; e logo é colocada em sua cabeça para cobrir a incisão que atravessa o escalpo de orelha a orelha. Ajudo a TAP a estabilizar o corpo minúsculo, o pescoço frouxo.

Pensei que a cabeça, agora vazia, estaria relativamente leve — de onde eu estava horas antes, os ossos do crânio eram tão finos sob a luz florescente que pareciam quase translúcidos. Mas não estava. Ainda havia carne macia em seu rosto, as bochechas roliças. A cabeça de um bebê, sem o cérebro, parece terrivelmente leve e incompreensivelmente pesada.

Nunca descobri se a mãe de fato matou o bebê, se algum problema de saúde mental a havia feito sacudi-lo. O que sei é que o único bem que ele tinha no mundo era o leite materno em uma mamadeira minúscula pela metade que estava enfiada ao lado dele em seu caixão de papelão antes de ele ter sido devolvido à geladeira designada para os bebês, com seu nome na porta, pouco antes de eu sair. Tirei as luvas, o avental impermeável, o uniforme cirúrgico e as galochas, devolvi os óculos de proteção, e Lara me parabenizou por não ter saído de lá em nenhum momento. Eu consegui suportar. Suportei. Não contei a ela que tudo que era capaz de sentir era o cheiro de carne fria e bosta da cavidade abdominal e que só conseguia pensar no bebê.

Refaço nossos passos naquela manhã, no sentido inverso, de volta pelos corredores de linóleo verde, passando pela maca descartada com um bilhete em cima dela; subo as escadas, atravesso a porta e a multidão de famílias esperando, empurrando carrinhos de bebê, comendo sanduíches pré-embalados enquanto aguardam na recepção do hospital. Saio para a luz lá fora e é como se estivesse debaixo d'água. Dá para ver o Big Ben lá da porta do hospital, através do denso nevoeiro de outono. Ele se ergue do outro lado do Tâmisa, envolto em andaimes, silenciado pelo punhado de anos que levará para ser restaurado. Esse sino, em particular, atualmente não soa por ninguém, mas o número de mortos cresce a cada dia. Alguns deles estão aqui.

Parece óbvio agora, mas não faço ideia de quantos deles são bebês. Eu não sabia que a taxa de mortalidade infantil no Reino Unido, embora em queda, ainda é mais alta do que em outros países de características semelhantes. Não sabia que uma estrela inglesa de novelas fazia campanha para que os fetos nascidos mortos antes de certa idade pudessem tirar certidões de nascimento, assim como de óbito — algo que provava a existência deles, se os pais quisessem uma. Eu não fazia ideia de que, quando um bebê morria de SMSI (Síndrome da Morte Súbita Infantil), a causa só é descoberta porque foi feita uma necropsia e todas as outras possibilidades foram eliminadas. Nunca cheguei a pensar sobre bebês mortos, ou em mães que os perdem repetidas vezes; quando lia sobre abortos espontâneos, só pensava em sangue e coágulos, não em organismos reconhecíveis, com membros e olhos e unhas, que vão para o necrotério e têm uma geladeira especial. Lara me contou que vê o nome de algumas mães aparecer várias vezes — outra tentativa, outra morte, outra tempestade no coração da mãe que ela vai calar porque não é algo de que as pessoas falam, porque não sabemos como abordar o assunto, porque a maior parte das pessoas é, tal como eu, indiferente para com a realidade. Não tinha conhecimento de que fetos pequenos podiam ser abertos para descobrir se há alguma coisa, qualquer coisa, que os profissionais possam fazer pelas próximas gravidezes da mãe para que não terminem como aquela. A esperança de que talvez o problema seja genético, evitável, ou que possa ter ocorrido por algum motivo diagnosticável. É claro que tudo isso acontece. *É óbvio que sim.*

Volto para casa de trem e encaro o assento vazio diante de mim, evitando olhar para a criança no carrinho perto da porta e a mulher grávida que o empurra. Engravidar por vontade própria parece ser a coisa mais esperançosa e imprudente que você pode fazer com o seu coração. A parentalidade, pelo que posso ver, deve ser uma bagunça de amor e terror. Pensar nisso me deixa tonta.

Peço a Clint para vir me ver porque preciso me lembrar de que os corpos são quentes. Conto a ele sobre o bebê e os outros; uma fileira de pequenas caixas de papelão brancas com documentos sobre as tampas, prontos para as autópsias da tarde. Conto a ele sobre o feto tão pequeno que estava apoiado sobre uma espoja de cozinha com as pernas penduradas pela beirada. Era roxo, translúcido, de aparência molhada; um rosto meio formado de alienígena. No mercado, comprando o jantar que não vou comer, eu me debulho em lágrimas ao ver um tubo de creme adesivo. Naquela noite, sonho com bebês mortos embrulhados em mantas, jazendo em fileiras no cascalho do lado de fora da janela do meu quarto. De manhã, Clint fala que passei a noite murmurando para o travesseiro: "Preciso me lembrar de que eles não são reais". Algo no meu subconsciente estava em modo de autopreservação, sendo racional ao descartar pesadelos, mas acordo para me lembrar de que alguns pesadelos *são* reais. Eu os vi.

Passo as três semanas seguintes na cama, me arrastando de lá só quando o trabalho me obriga. Tento processar por que estou reagindo assim a algo que claramente é parte da vida, de *tantas* vidas que não são a minha. Não tenho filhos e, até ver aquele bebê na banheira azul, não sentira nenhum desejo de tê-los. Jamais senti algum desejo maternal até ver um bebê morto, afundando. Ondas de pensamento e possibilidade rebentaram na minha cabeça e no meu coração quando fiquei parada lá naquele dia, observando-o escorregar. Eu me senti mareada.

Precisava descobrir por que o bebê na banheira havia me afetado emocionalmente de forma mais intensa do que ver a necropsia ser feita nele. Comentei com meus amigos, em termos vagos, para não transmitir a imagem como um vírus, e eles disseram: "É claro que você está abalada, você viu um *bebê morto*". Mas não fiquei abalada quando ele estava sendo aberto pela patologista, uma cena muito mais horrenda. Já tinha visto um homem sem cabeça, cabeças sem corpos, mãos sem os braços. Tinha acabado de segurar um cérebro. A reação emocional que tive quando estava vestindo aquele homem morto que iria para um caixão fazia total sentido para mim, e a honra de estar lá pareceu uma conclusão para muitos dos meus pensamentos. Era a confirmação de que aquela era a coisa certa a se fazer por alguém que você ama e que também é uma boa maneira de ensinar a si mesmo o fato de que um cadáver não é algo a ser temido. Por que um bebê em uma banheira cheia de espuma era o que havia me nocauteado? A sensação era de que eu estava sendo absurda. Parei de tentar explicar, pois só estava fazendo as pessoas se sentirem mal.

Em 1980, Julia Kristeva, a filósofa búlgaro-francesa, publicou o *Powers of Horror: An Essay on Abjection* [Poderes do horror: um ensaio sobre a abjeção], que fala sobre como uma ameaça de colapso na ordem causa uma perda da distinção entre sujeito e objeto, entre o eu e o outro. Algo não está onde deveria, e os termos da nossa realidade corporal mudam; ficamos horrorizados. Ela escreve que "um cadáver, visto sem Deus e fora da ciência, é a mais extrema das abjeções. É a morte infectando a vida." Quando o bebê estava aos pedaços, para mim ele era pura biologia e ciência; a patologista estava fazendo o trabalho dela e tudo estava em ordem dentro do contexto daquela sala. Mas, quando ele estava na banheira, era só um bebê; uma cena da vida, infectada pela morte. As placas tectônicas da minha realidade se moveram enquanto eu estava parada lá. Kristeva tinha vivido algo similar ao visitar o museu que outrora tinha sido Auschwitz. Todos aprendemos o que aconteceu ali, foram passados a nós números altíssimos de morte e injustiça, mas é difícil assimilar a enormidade daquilo até nos ser entregue algo menor e familiar, tipo uma pilha de sapatos infantis.

A vida não deveria vir à tona no necrotério. Todo mundo tem os seus limites: alguns TAPS não leem as cartas de suicídio no relatório do legista, mas *todos* odeiam quando os corpos estão quentes, quando os pacientes foram transportados de um leito do hospital lá em cima para o necrotério lá embaixo e não passaram tempo o bastante na geladeira para esfriar os órgãos. É fisicamente desconfortável para eles trabalhar em corpos gelados — cada um mantém uma tigela de água morna na pia para descongelar as mãos de tempos em tempos —, mas preferem assim, emocionalmente. "Não seria melhor e mais fácil se estivessem menos frios por dentro?", perguntei, enquanto Lara estava lá, imergindo os dedos congelados. Sua repulsa ao pensar nisso foi visível. "Não. Corpos mortos, frios. Corpos vivos, quentes." Aaron havia me dito a mesma coisa na funerária, com Adam. Havia conforto no desconforto deles; era o que solidificava a diferença entre vivos e mortos.

Para mim, o horror que mais me aflige não é o homem louco banhado em sangue com uma serra elétrica, mas o cenário doméstico tranquilo que deu errado, a nota menor nas teclas do piano: é o suicídio na casa da família, os corpos debaixo do pátio, o bebê se afogando na banheira. Ele não era mais um espécime biológico que eu poderia observar com objetividade em um contexto médico, mentalmente protegida e separada por um avental impermeável e óculos de proteção. Ele se tornara um cenário familiar, não apenas porque deu errado, mas por ser profunda e infinitamente triste.

É início de noite, e estamos sentados a uma mesa externa, em dezembro, ao lado de aquecedores vermelhos resplandecentes e funcionários de escritório bêbados usando gorros de Papai Noel, a vila de Natal temporária armada à margem do rio brilhando, iluminada, ao nosso redor. Estamos bebendo sidra quente, Lara está escondida sob um casaco preto com capuz e, de vez em quando, bebe de um frasco de xarope para tosse para prevenir um resfriado de inverno. Já estamos aqui há um tempo. Conversamos sobre nossa criação católica semelhante, o fato de que para os católicos a morte é um evento — aquilo para o que a vida se encaminha — e a estranheza de como uma religião que é tão focada na morte a ponto de manter mãos cortadas como relíquias sagradas possa produzir pessoas como nós. Conversamos sobre não acreditarmos em Deus, como provavelmente não há nada além disso aqui e como o cérebro humano luta para contemplar a não existência. E falamos sobre o bebê. Ao longo do último mês, troquei e-mails com ela, falando sobre ele. Eu tinha mais perguntas sobre seu trabalho, mas, acima de tudo, só queria falar com alguém que estava lá e tinha visto o que vi. Quero saber como ela aguenta algo assim, como consegue voltar para lá todos os dias e manter a sanidade, e por que faria algo desse tipo. Ela me assegura que essa reação não é incomum — nunca se sabe como alguém vai reagir antes de chegar lá, tenha a pessoa experiência com a morte ou não. "É um pensamento bastante tortuoso", comenta ela. "Você não vai trabalhar com isso se não conseguir lidar com tudo, mas, ao mesmo tempo, não sabe se vai conseguir lidar com o trabalho a menos que o faça." O próprio ato de realizar o trabalho é um obstáculo mental para muitas pessoas no início. Mesmo para ela.

"Você precisa manipular e mover fisicamente pessoas de um jeito que, se fizesse com uma pessoa viva, a machucaria", conta ela. Lara não está falando apenas de tesouras para caixas torácicas e serras de ossos: está se referindo a desfazer o *rigor mortis* na perna de alguém ao erguê--la acima da cabeça, assim como Sophie fez na sala de embalsamamento, quebrando-as à força para que dobrassem. "Eu *sei* que essas pessoas estão mortas, que não conseguem *sentir*, mas parece errado fazer isso", relata. "É o mesmo com os bebês."

Lara se lembra de um bebê que ela precisou recompor logo que começou na profissão. Relata que é possível um ângulo melhor para suturar a cabeça se isso for feito pela parte de trás, mas isso significa colocar o bebê de bruços na maca. Ela explica que há uma forma mais gentil de fazer o procedimento: criar algo parecido com uma mesa de massagem em miniatura ao deitar o bebê sobre uma esponja, mas, até assim, nas primeiras vezes que fez isso, ainda pareceu errado. "Você não ia querer que os pais da criança a vissem fazendo isso. E, quando os lava, não coloca a cabeça da criança de propósito debaixo d'água, mas..."

Lara está falando mais rápido agora, tentando juntar as contradições inerentes a um trabalho que requer tanto empatia quanto brutalidade. Na sala de necropsia, antes do bebê, eu a tinha visto de pé diante do corpo de um viciado de uns 60 anos. Mesmo com a quebra do *rigor mortis,* ele permaneceu curvado em posição fetal, a barriga verde resplandecente mantendo a curvatura da coluna, com o braço a cobrindo de forma protetora. Era tão magro que havia feridas onde os ossos se afundaram no colchão em que morreu, em um quarto cheio de cachimbos de crack e parafernália para heroína. Tinha anéis nos dedos, pulseiras trançadas e puídas nos pulsos, um único brinco e longos cabelos grisalhos desgrenhados. Quando o abriram, do melhor jeito que a TAP conseguiu com uma incisão de lado, os pulmões dele estavam pretos como alcatrão, aderidos às costelas. O pescoço estava apoiado no suporte, o crânio vazio inclinado para trás, a boca aberta revelando dentes escurecidos. Lara tinha parado ao lado dele e dito que um caso assim a faz pensar como seria ser aquela pessoa, como seria habitar aquele corpo. Como ele respirava? Qual era a sensação? As mãos e os pés estavam pretos de sujeira. Ele era o resultado de anos de negligência e má alimentação. Quando tinha sido a última vez que lavara o cabelo? Naquele dia, seu cabelo foi lavado e penteado. Apesar da relativa brutalidade da autópsia, ele foi tratado com mais cuidado por essas mulheres do que por si mesmo.

"... com o bebê", prossegue ela, "você o coloca na banheira, dá banho e vai pegar uma toalha enquanto o deixa parado na pia cheia de água, ou com a cabeça imersa, e pensa, *isso é estranho*. Não é que não importe tanto, mas é necessário. É *necessário* limpar a criança, e por poder fazer coisas que não faria com um vivo, acaba sendo mais fácil agir assim. A forma como você faz o seu trabalho é completamente desconhecida a todo mundo. Vai contra tudo o que alguém foi ensinado sobre o que se deveria fazer com outras pessoas."

Houve uma época em que Lara considerou trabalhar com os vivos, até que alguém próximo a ela morreu. Ela estava estudando psicologia forense na faculdade, acreditando que queria trabalhar com menores infratores, quando um amigo foi morto; um grupo de meninos deu uma surra nele em uma noitada, e ele morreu por causa de um lento sangramento no cérebro. Depois disso, ela não acreditava mais possuir capacidade emocional para ajudar menores infratores daquela idade, que teria paciência para desfazer o que quer que fosse que os fizesse agir com violência. Mas por que alguém como Lara, que sempre quis trabalhar em algo em que pudesse ajudar as pessoas, agora trabalha em um lugar em que sente que as está machucando?

Ela fala de outro caso, em que afirma chegar ao cerne da razão para amar o que faz. Era uma mulher de uns 40 anos, outra usuária de drogas, que tivera uma recaída pouco tempo antes. A família disse que ela estava limpa havia muito tempo. "Mas as pessoas mentem, famílias mentem, nunca dá para saber." Todo mundo concluiu que a mulher teve uma overdose, e a necropsia era apenas uma formalidade. Porém, quando Lara a abriu, não havia um único órgão que não tivesse sido tocado pelo câncer. "Ninguém sabia", conta ela. "Ninguém mesmo. Talvez ela estivesse com dor, o que explicaria a razão para ter voltado a usar drogas." Lara seguiu o caminho do tumor e o encontrou enraizado perto do útero. "Cânceres ginecológicos têm um forte componente genético, e essa mulher tinha filhos. Então, tivemos que fazer um monte de exames e sugerimos que a família passasse por um aconselhamento genético." Penso em Terry em seu refrigerador lá na Mayo Clinic, preparando o laboratório para os médicos fazerem testes de cirurgia em tumores espinhais intrincados. Nem ele nem Lara conseguem explicar por que não ficam nauseados, ou por que conseguem fazer isso todos os dias — Lara nem sequer se importa de trabalhar com corpos em decomposição; ela fica fascinada pelo quanto as pessoas conseguem mudar, com quanta vida continua depois da morte; mas ambos têm seu holofote voltado para o bem que fazem aos vivos. "Alguém está fazendo exames para ver se tem câncer", afirma ela. "E foi por minha causa." Ela parece, pela primeira vez, orgulhosa.

Depois de falar com ela por horas e de vê-la trabalhar, fica claro para mim o que faz Lara ser capaz de desempenhar seu papel e por que isso seria fruto do desejo abandonado de trabalhar com serviço social: ela ainda está dando voz para aqueles que não a têm, e seus olhos ainda estão voltados para os desamparados. Como eu, que fiquei impressionada demais com o bebê e ficava acordada até tarde lendo sobre mortalidade infantil, o que atingiu Lara no início de seu treinamento no necrotério foi o número de mães mortas que davam entrada lá; ela não tinha ideia de quantas mães mortas existiam. Há poucas discussões públicas sobre o que acontece, fisicamente, a uma mulher depois que um bebê nasce; ela vai de ser um receptáculo protegido a uma espécie de acessório de leite, um ser humano tão alterado em sua fisiologia que sua necropsia é uma especialidade em si. O que chocava Lara era como fatores sociais, como raça e classe econômica, desempenhavam um papel tão significativo na vida ou na morte da mulher; Maggie Rae, presidente da Faculdade de Saúde Pública, foi citada no *British Medical Journal* dizendo que fatores sociais complexos subjacentes a esses riscos aumentados precisam de ações que vão além da saúde e se estendem até muito antes da gravidez, a fim de que possam fazer alguma diferença. Dias depois de conversarmos, Lara me envia pilhas de informações sobre mortalidade materna que tem guardado ao longo dos anos. Não é porque ela mesma queira ser mãe, pois não tem interesse em ter filhos; segundo ela, é alimentada puramente pela fúria feminista.

Também a chateia que a função de TAP passe completamente despercebida. É algo que quase nunca é visto na televisão; a gente vê alguém de uniforme cirúrgico ao fundo, atrás da menina morta bonita sobre a mesa, mas a TV resume o papel ao patologista. Lara não sabia que a função existia até que uma pesquisa ao acaso no Google, tarde da noite, a levou a um blog escrito por um TAP. É bastante comum e esperado — muito sobre a morte é escondido do público, e a TV reduz informações devido ao tempo e ao orçamento —, mas o que incomoda é que a profissão também é esquecida dentro dos hospitais. Em um evento interno realizado após o atentado na London Bridge, para reconhecer e agradecer aos funcionários por seu trabalho durante a crise, Lara se lembra de um discurso feito para agradecer a toda a equipe que não é vista. "É claro que há médicos e enfermeiras, a linha de frente que cuida de tudo isso, mas também há a equipe de comunicação que precisa atender uma tonelada de ligações, os maqueiros que têm que circular por todo o hospital, o pessoal da limpeza, da alimentação, todas essas pessoas cumprindo outros papéis que são importantes, mas invisíveis", comenta, listando todo mundo que foi agradecido pelo cargo que ocupa. Mas só aqueles que cuidavam dos vivos foram elogiados lá do pódio.

"Não fomos citados", conta ela e faz uma pausa; as sobrancelhas perfeitas se erguem até um lugar próximo à linha do cabelo. Ainda está obviamente magoada. "Ninguém quer ser elogiado, ninguém faz isso pela fama, mas a gente meio que quer algum reconhecimento de que o que faz importa. Importa para as famílias."

Nos dias seguintes ao discurso, Lara diz que e-mails internos anunciaram que todos os pacientes da London Bridge haviam deixado o prédio (tal qual Terry na Mayo Clinic, ela chama todos os mortos de "pacientes", mesmo que nunca tenha havido um momento em que estivessem vivos durante seu tempo ali dentro ou que tivessem sido atendidos por médicos; eles estavam sendo cuidados por ela), junto de notas de agradecimento a toda a equipe pelo trabalho realizado. Ela encarou a tela, estupefata, sabendo que oito deles ainda estavam sob seus cuidados, esperando serem coletados. E se ressentiu por ser esquecida, mas também pelos falecidos não terem sido lembrados.

"No Antigo Egito, trabalhar com os mortos era uma profissão muito, muito especial, ao passo que agora a gente é insultado. Você não quer dizer 'amo meu trabalho' porque isso faz parecer que está dizendo 'estou feliz porque seu ente querido morreu!'." O sorriso de Lara, geralmente tão caloroso, ganha um ar sarcástico e macabro. "Mas a gente se sente protetora dos mortos. Meio que, tipo, *vou cuidar de você porque ninguém mais vai*. Como se celebra um trabalho que vem essencialmente da dor de outra pessoa?"

O fardo emocional desse trabalho não reside na desconstrução da anatomia humana, e sim no conhecimento do que ocorreu — a extensão, a realidade, a pura perda humana daquilo. Esses profissionais veem o número de bebês que jazem nos refrigeradores, e, por serem eles os que testemunham a totalidade disso, as TAPs aqui apoiam uma petição formal ao governo para ampliar a jurisdição dos legistas para incluir o parto de natimortos, a fim de descobrirem a razão para tantos fetos estarem morrendo (os legistas atualmente só têm jurisdição sobre a morte daqueles que respiraram fora da mãe). Os TAPs estão entre os primeiros a descobrir a identidade das pessoas em acidentes em massa e entre os últimos a encarar os olhos das pessoas que todo mundo vê nos cartazes de "desaparecidos". Lara descreve como foi caminhar da estação London Bridge do metrô até o trabalho nos dias subsequentes ao atentado, vendo rostos nas primeiras páginas dos jornais e sabendo que eles estavam no necrotério. "Não achei que deveria ser eu a primeira a saber disso", conta. "Não necessariamente como eles morreram, mas que *estão mortos*. Todo mundo sabe que essas pessoas estão desaparecidas ou que provavelmente estão mortas, mas existe uma família que pode nutrir alguma esperança." Ela fala sobre os suicidas não identificados que permanecem nas geladeiras por dias durante o Natal, enquanto os familiares não são notificados porque ninguém sabe o nome deles. "Parece intrusivo sabermos essas coisas antes da família."

A realidade da morte não pode ser negada sob a luz fria e cruel do necrotério do hospital, mas algumas tentativas são feitas para mitigá-la. Há uma sala de exibição em que um vidro separa a família do corpo, caso seja necessário — geralmente devido à decomposição avançada, mas também em investigações policiais em andamento —, embora alguns insistam em dar a volta no vidro para beijar o falecido, enquanto outros escrevem cartas que nunca serão lidas e ficam de vigília do lado de fora do hospital, apenas para se manterem por perto. Porém, sem o vidro entre ela e os corpos, Lara não consegue evitar a verdade e sabe, assim como as cartas de tarô tatuadas na sua pele, que os fins são intrinsecamente tecidos nos começos. Esse trabalho solidificou o que ela quer para a própria morte, mas também como deseja viver a vida. Seu trabalho é perceber coisas: cicatrizes, tumores, o nome recorrente da mãe de outro bebê abortado. Ela nota quantas mortes são solitárias e, em essência, só não quer morrer esquecida. "Não quero ser uma dessas pessoas que ficam mortas dentro de um apartamento por meses. Quero que sintam falta de mim", diz Lara. "Quero que alguém perceba."

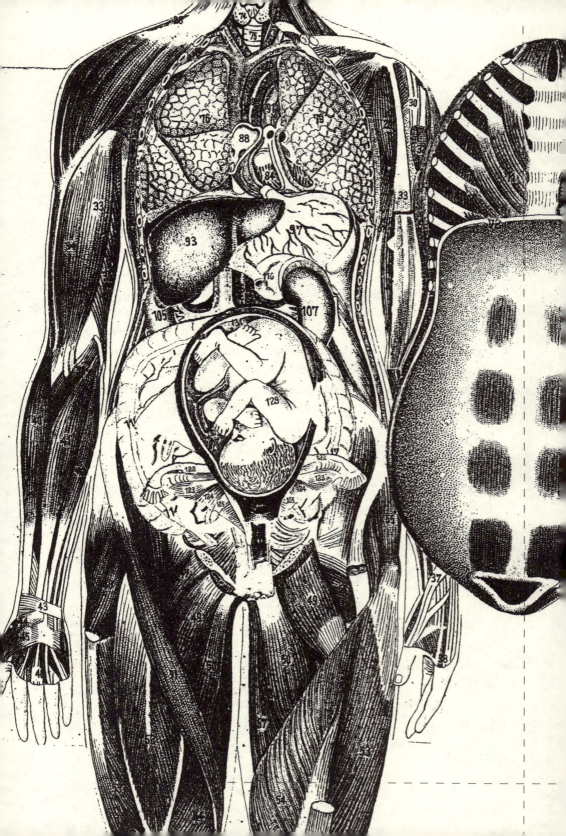

(mor.te) *sf.*
Mãe
Firme

Passaram-se seis meses. Ainda não consigo parar de pensar no bebê na banheira. Conversar com Lara sobre o que vi na sala de necropsia ajudou, mas ainda há algo nessa questão que não desaparece. Continuo enviando e-mails para ela; leio tudo o que ela me envia sobre mortes maternas, bebês natimortos e abortos espontâneos. Os algoritmos na internet começam a presumir que isso aconteceu comigo — eu sou, no fim das contas, uma mulher na casa dos 30 e poucos anos — e passam a me enviar propaganda sobre luto parental, recomendando-me projetos de caridade e grupos de apoio. Mas essa ainda não é a resposta que estou procurando. Não estou de luto; não sei o que é isso. Estou traumatizada? Talvez sim, mas não exatamente. Parece maior que a minha própria reação interna. Preciso conversar com alguém que entenda o que vi, que não sofreu as consequências da perda pessoal e para quem os grupos de apoio não são uma possibilidade, que apenas está enfrentando as consequências do que quer que isso seja.

Eu me lembro de Ron Troyer, o agente funerário aposentado de Wisconsin, me contando há mais de um ano lá no café sobre ajudar os pais a vestirem os filhos mortos. Foi apenas outra história em uma longa carreira de histórias interessantes quando a ouvi, mas agora ela continua sendo repassada na minha cabeça: o fato de os pais sempre chamarem a incisão da autópsia de cicatriz, como Ron se sentava com eles enquanto seguravam no colo seus bebês frios. Ele havia enfatizado comigo a importância de ver e estar com aquele bebê, tenha ele vivido por meses ou nascido morto, e eu havia assentido porque tinha vestido uma pessoa morta e concordado que era algo importante a se fazer. Mas agora parecia que os bebês estavam em uma categoria completamente diferente e que havia outro tipo de trabalhador da morte que eu não tinha sequer considerado até aquele ponto: as parteiras[*].

O papel de uma parteira, antes de ser regulamentado que a profissão exigiria treinamento médico para ser exercida, era restrito a uma comunidade menor, como acontece em muitas culturas: elas se autodenominavam cuidadoras durante a gravidez e o parto. Essas mulheres também estavam presentes antes da comercialização da indústria fúnebre, a fim de vestir o morto. O início e o fim da vida eram considerados domínio das mulheres. Porém, apesar de o papel delas ter se alterado, há vezes em que o início e o fim acontecem ao mesmo tempo, quando bebês morrem antes de respirar. Parteiras existem no centro do poder e da fragilidade humana; são, ao mesmo tempo, trabalhadoras da vida e da morte.

Envio um e-mail para a Sands, instituição de caridade do Reino Unido para natimortos e óbitos neonatais, que havia encontrado nas minhas pesquisas tarde da noite na internet, e perguntei se poderiam

---

[*] É válido destacar a diferença entre as "parteiras" na tradição brasileira e as parteiras ("*midwives*") britânicas contemporâneas, apresentadas neste capítulo. No Brasil, no passado, a figura da parteira era o da mulher mais velha, experiente em nascimentos — sem treinamento formal —, que facilitava o parto normal da mulher em casa. Hoje em dia, o parto hospitalar assistido por médicos(as) e obstetrizes se tornou o mais comum e, nesse contexto, as parteiras modernas passaram a integrar um movimento alternativo, em prol do parto humanizado — basicamente domiciliar, às vezes em hospitais. No Reino Unido, por outro lado, a figura da parteira sempre foi a regra, tanto no contexto tradicional quanto depois do advento do Serviço Nacional de Saúde (National Health Service, ou NHS, na sigla em inglês). As *midwives* faziam todo o acompanhamento pré-natal e o parto da mulher em casa, e um(a) médico(a) só era acionado(a) quando havia risco para a mãe ou para a criança. Depois, mesmo quando o parto hospitalar assistido se tornou o preponderante, o papel da *midwife* em partos normais de baixo risco se manteve, apenas se tornou mais especializado, sendo necessário agora ter formação de nível superior para exercer a profissão (os partos cirúrgicos no Reino Unido, ainda ao encargo de médicos(as), são a exceção, diferentemente do que ocorre na rede particular dos grandes centros urbanos brasileiros). Assim, cada vez que o termo "parteira" surgir aqui, em contexto britânico, entenda-se a figura moderna da "obstetriz" ou da "enfermeira obstetra" — profissionais especializadas que assistem o parto hospitalar —, não a parteira tradicional.

me colocar em contato com uma parteira. Expliquei o que estava fazendo — escrevendo um livro sobre pessoas que trabalham com a morte — e que acreditava que as parteiras eram uma parte negligenciada dessa comunidade. Eles responderam em questão de horas, me apresentando a uma mulher cujo trabalho eu não sabia que existia: uma parteira de luto, alguém que apenas faz partos de bebês mortos ou que morrerão em breve.

Por que uma pessoa estudaria para fazer um trabalho tão alegre, pelo menos visto de fora, apenas para se especializar nos momentos mais desoladores? Será que alguma vez ela sentiu o que eu senti?

No Heartlands Hospital, em Birmingham, eu me perco a caminho da ala de luto. Entro no prédio pela porta da maternidade e peço as direções para a recepcionista. "Ah, querida", diz ela. "Deus te abençoe." Com gentileza, ela me passa as orientações, com a calma de uma canção de ninar, a mão nas minhas costas, longe das mulheres que estão apoiando revistas velhas sobre as barrigas volumosas. Nunca tive filhos, sou apenas uma pessoa que atravessou a porta errada, mas é provável que se possa dar um bom palpite sobre qual seja o problema com uma mulher que já chega perguntando por uma parteira de luto.

Quando enfim a encontro, Clare Beesley está com o uniforme azul das enfermeiras com "PARTEIRA" bordado nele, calça legging preta e sapatos engraxados da mesma cor nos pés pequenos. Com o cabelo loiro puxado em um coque colmeia muito bem-feito, seus olhos imensos e bondosos e o sotaque suave de Birmingham, perguntando se aceito uma xícara de chá, ela é quase uma caricatura de uma enfermeira atenciosa. Estou agitada e atrasada, mas sua presença logo me acalma. Sinto como se pudesse contar qualquer coisa a ela, como fosse acabar a chamando de mãe sem querer. Eu a conheço há vinte segundos.

A ala ao nosso redor tem tons de bege e roxo; fizeram o melhor possível com o que as instalações do NHS tinham a oferecer, e a haviam pintado e mobiliado com as cores mais calmantes que puderam encontrar, embora eu consiga imaginar esse tom de lilás sendo eternamente associado na mente de alguém à morte. É chamada Ala Éden, e há flores outonais na porta de cada uma das três salas que existem ali. Clare vai calmamente na direção de uma delas, e eu a sigo. Ela me conta que há uma família na terceira, mas não os vejo nem ouço.

Está calmo aqui nesta ala. Não há pânico nem correria; é diferente de qualquer experiência que já vivi em um hospital e de cada vislumbre da ala neonatal que já tive pela televisão. Clare me diz que eles têm sorte; em outros hospitais, mulheres carregando bebês mortos têm que entrar na enfermaria através da ala da maternidade, com toda a gritaria de vida e esperança que acompanha um nascimento. Aqui, elas podem vir por uma porta lateral, esquivando-se das mães cuja gravidez foi concluída conforme o esperado. Neste lugar, quando bebês nascem, há um silêncio penetrante.

Nós nos sentamos em cadeiras roxas ao lado de uma cama grande: de casal, com todas as tomadas e acessos de oxigênio que um leito comum de hospital teria. No canto, uma pia. Um relógio, uma janela. Há uma mesinha de centro diante de nós com uma mala de viagem cheia de produtos de higiene pessoal, algumas meias dobradas e um tubinho de pastilhas de hortelã. Um bilhete digitado diz que são cortesia da Sands (a mesma organização de caridade que nos colocou em contato) e que são para os pais enlutados. São essas pequenas gentilezas que contam muito em tempos estranhos e horríveis. Há também um pote com biscoitos e bolos embrulhados. Isso parece uma mistura de clínica de bem-estar e quarto de hospital, como se o hospital estivesse usando as roupas da clínica de bem-estar. Todo o equipamento técnico está aqui — é um ambiente hospitalar, afinal de contas, e dar à luz é fisicamente igual para a mãe, quer o bebê viva ou não —, mas eles estão tentando aliviar o golpe do *motivo* para alguém estar nesse quarto: dar à luz um bebê morto ou quase morto, por menor que ele seja.

Por que alguém estaria aqui por escolha?

Quando era uma jovem parteira — tal qual muitas jovens parteiras —, Clare era pouco familiarizada com a morte e insegura sobre como lidar com ela. Seus avós ainda eram vivos. Ninguém na sua família havia morrido, a não ser um animal de estimação. Quando via uma anotação no quadro de recados na sala de parto informando que uma família havia perdido o bebê, ela temia ser mandada até eles. "Eu ficava muito aflita, porque sabia que não poderia ajudá-los", relata. "Era um fardo e tanto para uma recém-formada." (Mesmo agora, duas décadas depois, apenas 12% das unidades neonatais têm treinamento obrigatório para lidar com o luto.)

Fazia cerca de um ano que Clare trabalhava como parteira quando uma mulher entrou em trabalho de parto muito antes do tempo previsto, então era sabido que o bebê não sobreviveria. Ele estava sendo gestado há apenas vinte semanas, o que nos gráficos de crescimento de bebês equivale ao tamanho de uma banana, maior que uma ameixa-amarela, menor que uma beringela. A família estava preparada e chegou com pleno conhecimento do que estava prestes a acontecer: que não haveria reanimação, que um bebê com vinte semanas era prematuro demais para sobreviver, que os casos mais notáveis de sobrevivência fetal estimavam uma data mínima de ao menos 22 semanas. A mãe passou pelo parto sabendo que não haveria um bebê vivo no final, e, embora ele fosse prematuro demais para que a intervenção médica o salvasse, quando nasceu, estava respirando.

"Ver o bebê se movendo e lutando para respirar foi angustiante para ela", relata Clare. "Eu só me lembro dessa parte, e jamais me esquecerei disto: ela estava gritando o meu nome. *Clare, você precisa fazer alguma coisa. Por favor, me ajude. Podemos fazer alguma coisa?*" O bebê viveu por apenas alguns minutos.

Quando o turno acabou, Clare entrou no carro, fechou a porta e chorou. "Ainda consigo sentir a emoção que vivenciei na ocasião. Ver o sofrimento profundo de alguém e saber que não há nada que você possa fazer para aliviá-lo, e sendo alguém que foi trabalhar em algo que todo mundo vê como uma função feliz, não os extremos de uma devastação e tristeza dessas..." Ela para de falar. Agora, na enfermaria silenciosa, Clare passa a impressão de que é como se aquilo tivesse acabado de acontecer. Seus olhos enormes brilham. "Mas é parte do trabalho de parteira", complementa, endurecendo-se visivelmente. "É nossa responsabilidade." De acordo com a Tommy's — a maior instituição de caridade que realiza pesquisas sobre abortos espontâneos e partos prematuros no Reino Unido —, estima-se que uma em cada quatro gestações termine em perda durante a gravidez ou no parto. Uma em cada 250 termina em um parto de natimorto; por dia, oito bebês nascem mortos no Reino Unido.

Alguns anos depois, outra parteira formou um time de luto e perguntou a Clare se ela gostaria de fazer parte dele. Ela frequentou o treinamento e, quanto mais aprendia sobre a situação, mais percebia que havia algo que *podia* fazer. Clare não era capaz de soprar vida para dentro de um bebê, mas poderia cuidar da família. Não conseguiria resolver a situação, mas poderia moldá-la de uma forma que parecesse menos ruim. "Jamais pensei que lideraria o serviço nessa função", confessa. "Virei parteira para fazer um trabalho feliz e acabei me tornando parteira de luto pela maior parte da minha carreira. Mas, quando você vê a diferença que pode fazer para os pais e o tempo deles com a criança e como isso pode afetar a vida deles para sempre, é uma parte muito importante da função. Não podemos controlar os eventos da vida, a *vida* não aceita ser controlada, mas podemos controlar os cuidados a uma família quando ela estiver passando pelo momento mais devastador de sua vida."

Faz quinze anos que Clare lida com esse momento na vida de estranhos. Mulheres vêm aqui para dar à luz fetos inviáveis que cabem na palma da mão. Elas vêm para dar à luz bebês formados cujos corações pararam de bater ou que não vão sobreviver por muito tempo fora do útero. Clare vê gestações que foram mantidas em segredo, as que foram desejadas e as condenadas, as últimas tentativas de mães ou pais que sofrem de doenças terminais. Ela testemunha o alívio nas mulheres que não queriam engravidar e acompanha pais e mães despedaçarem a si e um ao outro discutindo se devem ou não continuar tentando apesar do grave problema congênito que apenas adiaria uma morte prematura. Presencia mães e bebês morrerem ao mesmo tempo. Ela entra no carro no fim de cada turno, não liga o rádio, não ouve música, e passa os 45 minutos do trajeto até em casa onde os quatro filhos a aguardam, aliviando o estresse, em silêncio.

Clare me mostra o armário de gorros tricotados e roupinhas de bebê; quase todos brancos, de tamanhos diferentes, desde minúsculos feitos à mão até os de nove meses completos. Os gorros têm propósito cosmético em vez do de prover calor, bem parecido com o que acontece no necrotério onde Lara trabalha: quando um bebê passa pelo canal de parto, os ossos do crânio se sobrepõem para caber, mas, se há excesso de fluido no corpo do bebê como resultado da morte, os ossos do crânio podem se afundar no cérebro, deformando a cabeça. Clare diz que veste o gorrinho lá e que ninguém consegue apontar a diferença. Ao lado dos chapeuzinhos, há o que parecem ser caixinhas de joias feitas de madeira, com dobradiças metálicas, ou assim penso eu até Clare ficar na ponta dos pés para pegar uma, abri-la e mostrar que está vazia exceto por uma toalhinha branca rendada. "Esses são os caixões dos muito pequenos", explica ela, estendendo-a para que eu possa ver por dentro.

Eu não fazia ideia de que uma enfermaria do luto existia, que dirá caixões para bebês que são do tamanho da chave do meu carro. Na minha cabeça, penso nas caixas de papelão de diversos tamanhos no carrinho do necrotério do St. Thomas's com Lara, muitas caixas bem menores que a folha A4 equilibrada em cima delas para a patologista. Clare relata que há mulheres que vêm aqui, tendo perdido o bebê com cinco semanas, e que ficam mais devastadas com a perda do que uma mulher que acontece o mesmo ao fim dos nove meses. Ela comenta que não há um peso emocional padrão atrelado às semanas no útero. Se o bebê é desejado, é a perda do potencial — uma vida inteira vivida, dos pais e do bebê; um universo paralelo em que isso não ocorre e que outros eventos acontecerão em seu lugar; uma vida para a qual se comprou coisas, se fez planos: roupas, sapatinhos, um carrinho de bebê. Não tem absolutamente nada a ver com o tamanho da criança.

"Todos temos nossa própria vida por trás do que acontece. Não dá para dizer que alguém que sofreu um aborto espontâneo na décima semana não seja tão importante quanto alguém cujo bebê nasceu morto aos nove meses ou que viveu por dois dias", explica ela, ao guardar de novo a caixa de madeira no armário, junto das outras. "Há muitas questões incompreendidas na perda durante a gestação. A percepção de que se pode simplesmente tentar de novo faz aquela vidinha parecer menos importante." Penso na regra dos três meses, durante os quais se espera que as grávidas não contem sobre suas gravidezes, por medo de trazer má sorte e de ter que dizer que não estão mais grávidas — como essa perda é vivida em isolamento, como se espera que seja suportada dessa forma; como, para muitas, não há simbolismo, nenhum caixão; e como menos da metade das mulheres que sofrem um aborto espontâneo descobre por que isso aconteceu. Você era um ecossistema, um mundo com pelo menos um habitante, e de repente não é mais.

Estamos na Sala Silenciosa agora. É onde as famílias esperam por notícias enquanto rodeiam a estação de chá e café. Aqui, os biscoitos permanecem intocados nas bandejas enquanto um bebê chega silenciosamente no quarto ao lado. No canto, há uma árvore de plástico de onde pendem borboletas de papel, marcadas com os nomes dos bebês que nasceram ali, com bilhetes de pais e mães e as tentativas rabiscadas de comunicação de jovens irmãos.

Ela abre outro armário e me mostra o estoque de caixas de memória. São brancas, cor-de-rosa e azuis. Lá dentro há um álbum de fotos vazio, com espaço para marcas de pés e mãos. É oferecida às famílias uma joia de prata feita com essas marcas. Há também uma caixa para os avós, talvez para registrar o momento em que se tornaram avós. Clare comenta que estão pensando em algo que possam dar aos irmãos para ajudá-los a entender o que acabou de acontecer, para colocar o bebê em um lugar que faça sentido na vida deles.

As caixas de memória servem para registrar o bebê para aqueles que querem algo que possam guardar, mas também são uma rede de segurança para aqueles que não têm certeza: famílias que estão muito perturbadas, temerosas demais para olhar para o bebê por causa do que imaginam que possam ver, a imagem que corre o risco de ficar gravada na mente deles por toda a vida. As parteiras conseguem pegar o bebê, tirar fotos, colher a marca das mãos e dos pés e guardar esses registros na caixa que pode ficar fechada, escondida no fundo de um armário até o dia, depois de anos, em que os pais talvez estejam prontos para olhá-la. Uma foto para provar que aconteceu. Uma marca de pé para mostrar que o bebê era real. Que você foi a mãe de alguém.

Em um artigo da *New Yorker* de 2013, Ariel Levy fala sobre o aborto espontâneo que sofreu aos cinco meses de gestação, no chão do banheiro de um hotel na Mongólia. Ela segurou o bebê e o observou respirar; um serzinho que existiu apenas por um instante. Levy ligou para pedir uma ambulância e lhe disseram que o bebê não sobreviveria. "Antes de eu desligar, tirei uma foto do meu filho", escreve ela. "Tive medo de que, se não fizesse isso, jamais acreditaria que ele havia existido (...). Na clínica, havia luzes muito brilhantes e mais agulhas e soros, e eu soltei o bebê; foi a última vez que o vi." Ela olhava para a foto o tempo todo, então todos os dias, e foram meses até reduzir a uma vez por semana. Tentava mostrar a foto para outras pessoas, erguia o celular e provava que ele fora real. Provava a si mesma, e aos outros, que a existência do bebê era essencial para ela seguir com a vida.

Os impulsos humanos são os mesmos através dos séculos; os vitorianos também precisavam dessas fotos, só levavam mais tempo para tirá-las. A necessidade de Levy de fazer o registro também existia nos pais de pé ao lado do caixão do bebê, à espera de que o fotógrafo sinalizasse que havia acabado.

Caixas de memórias e fotos como as de Levy também podem ser, apesar de sua benevolência, motivo para brigas de família. Rachaduras em relacionamentos podem se expandir para estilhaços sob um estresse desses — nessa ala do hospital, pessoas estão em seu estado mais vulnerável e irritadiço — e, por vezes, há um cabo de guerra em que essa caixa branca acaba no meio do conflito. Todo mundo sente o luto à sua maneira, mas familiares podem julgar uns aos outros quanto à forma como fazem isso, podem se preocupar se alguém está fazendo do jeito certo, intrometer-se e tentar assumir o comando de tudo caso acreditem que algo está sendo feito da maneira errada. O problema com as caixas de memória gira em torno do fato de que essas pessoas, às vezes, não conseguem entrar em um acordo quanto ao tempo que devem passar com o corpo, se é certo registrá-lo, se deveriam ao menos vê-lo — o ponto-chave é a ideia de que o luto possa ser diminuído se você tentar esquecer, ou se literalmente o enterrar, assim como o Pacto do Esquecimento dos espanhóis. Porém buracos negros históricos formam túmulos nada satisfatórios para enterrar qualquer coisa. Como seguir adiante com o luto se, sem o momento conclusivo de ver, você continua preso à descrença?

Ron Troyer também me contou, quando falou sobre ajudar os pais a vestir o filho morto, que não era incomum no passado o pai fazer os arranjos para um breve funeral ou uma cremação rápida enquanto a mãe estava no hospital se recuperando do parto — ele faria o corpo desaparecer para que ela não tivesse que vê-lo e, assim, não se chatearia ainda mais com a presença da criança. Fiquei irada ao ouvir aquilo; se algo assim acontecesse comigo, sentiria como se meu filho tivesse sido roubado de mim duas vezes, e a segunda seria por alguém que eu poderia culpar. Fiquei pensando em quantos casamentos teriam sobrevivido a isso e, se sim, por quanto tempo. Onde essas mulheres depositavam o pesar indescritível e quantas delas se afogaram nele?

Clare diz que a atitude continua não sendo incomum — em um esforço para fazer o bem, algumas pessoas, sem querer, acabam causando danos. Ela sente, como sempre, empatia por ambos os lados. "Seu instinto natural é proteger os outros, não é? As pessoas não querem ver alguém que amam sentindo a dor que estão sentindo e pensam que, ao levar embora a fonte, levarão a dor junto. Mas não é o que acontece."

Em alguns dos casos de Clare, tenho dificuldade de imaginar a razão por trás das atitudes que essas pessoas tomam. Ela se lembra de uma família em que o pai, um homem muito dominador, foi categórico ao dizer que não queria uma caixa de memória, mas a mãe, dócil, ao se dirigir com discrição às parteiras, revelou que a queria muito. As parteiras fizeram uma para ela em segredo, registraram o corpo do bebê em fotografias, tiraram as marcas dos pés e a esconderam na bolsa da mãe quando ela deixava o lugar. Três meses depois, ela ligou para o hospital aos prantos: o pai havia encontrado a caixa e a destruído.

"Talvez fosse o resultado de ele não ser capaz de lidar com aquilo", aponta Clare. "Talvez ele achasse perturbador a esposa ficar triste ao ver a caixa. Mas nós não guardamos fotos, porque a lei não permite. Não tínhamos nada que pudéssemos devolver a ela. Foi-se para sempre."

Pergunto a ela se a reserva de se envolver com o corpo do bebê está presente na hora do nascimento. As pessoas sempre querem ver a criança? Ou alguns colocam um bloqueio entre eles, mentalmente considerando aquilo como um mau funcionamento biológico que deve ser removido e esquecido? Consigo ouvir Poppy, a agente funerária, dizendo: "O primeiro cadáver que você vê não deveria ser de alguém que você ama". Imagino os eventos de ver um corpo pela primeira vez e ter a morte de seu bebê entrelaçada a ele, e fico enjoada. Eu me pergunto quanto do medo do desconhecido, um ato desesperado de autopreservação, rouba dos pais a única chance de conhecerem o filho.

"Na maioria dos casos, boa parte das pessoas quer ver o bebê", conta ela. "De início, nem sempre, mas, quando a criança nasce, eles querem. É uma questão de preparação. Ver um bebê que nasceu com vinte semanas é diferente de ver um que nasceu a termo. Eles são bem brilhantes. São diferentes, tanto em termos de cor de pele quanto de transparência. E acho que todo mundo pesquisa no Google depois de uma consulta médica, não é? Não conseguem evitar."

Bebês morrem por muitas razões, e algumas delas são visíveis: aqui são realizados partos de bebês com anomalias severas, desde um caso mais grave de espinha bífida, no qual a medula espinhal não se fechou para dentro da pele, até anencefalia, uma malformação no cérebro e no crânio, em que o topo da cabeça simplesmente não está lá. E há os bebês cujos corações pararam de bater, mas a indução foi lenta (porque o corpo da mãe não está respondendo à medicação ou por alguma outra razão), e a criança fica na mesma condição por dias, até mesmo semanas. Dentro ou fora do útero, os cadáveres se alteram: as cores se transformam, a pele descama. Clare diz que a pele pode parecer uma bolha, vermelho-brilhante por baixo. "É perturbador para a família porque a primeira reação deles é perguntar: *isso dói?*" Os pais não sabem se aquilo aconteceu enquanto o filho ainda estava vivo. "Não dói", explica ela. "É só porque o fluido não está mais circulando pelo corpo, então ele se infiltra sob a pele, e ela fica muito frágil."

Para todas as minhas perguntas sobre a reação dos pais, Clare continua dizendo que cada uma é diferente, que não há um jeito correto de reagir ao filho morto e não há uma única forma de as pessoas fazerem isso. Somos suscetíveis, como sociedade, no que diz respeito a cadáveres; fomos condicionados a ficar longe deles. Nós os inventamos na nossa imaginação, elevando-os a níveis de horror que nossa mente é capaz. Ter um que saiu de você, e depois segurá-lo, é uma experiência completamente diferente. Clare tenta descobrir qual a melhor abordagem para cada família. Se a família está muito insegura, ela oferecerá o bebê em etapas e preparará os familiares aos poucos para isso. Vai levar o bebê, passar um tempo com ele, depois voltar e contar a eles como é a criança. Ela pode sugerir que olhem as fotos primeiro. Talvez embrulhe o bebê todo em uma manta ou deixe os pezinhos de fora para que o segurem. A maioria das famílias, tratadas com carinho e com o tempo necessário, acaba mudando de ideia.

"Creio que as pessoas ficam quase aliviadas, de certa forma, de que não seja o que criaram na cabeça. É quase como: *ai, meu Deus, ela parece um bebê*. É claro que sim. É o seu bebê. A única coisa em que passei a acreditar ainda mais é que você tem que ser gentil, sempre, mas também sincera", afirma ela, "e muito sensível com o que diz e como diz. Se os pais não ficam chocados com o que veem é porque você fez o seu trabalho. Você os preparou. É difícil para uma mãe ou pai dizer: 'Na verdade, estou com medo de ver meu filho'. É uma questão de normalizar parte do que eles sentem nessas circunstâncias. Nada disso parece normal e, para o mundo lá fora, nada disso *é* normal."

A vantagem da ala de luto é que ninguém ali está escondendo a morte, então é possível conhecer toda a extensão do que lhe é permitido; ou seja, em essência, qualquer coisa que sinta ser necessário. Não é assim em todos os lugares: em uma pesquisa da Universidade de Michigan, publicada em 2016, foram entrevistadas 377 mulheres cujos bebês nasceram mortos ou morreram logo após o nascimento. A dezessete delas, médicos e enfermeiras disseram que não poderiam ver o bebê de nenhuma forma; a 34, recusaram o pedido delas para segurar o bebê. A pesquisa tinha o objetivo de investigar o nível de transtorno do estresse pós-traumático (TEPT) e depressão em mães de luto; porém não foi possível chegar a conclusões sobre se segurar ou não o bebê tinha impacto sobre a probabilidade quatro vezes maior de depressão ou sete vezes maior de TEPT, já que tantas relataram que sequer tiveram essa chance. No entanto, foi descoberto que a afirmação de Clare era verdadeira: não importa se o bebê nasceu morto ou se viveu por poucos dias; o impacto emocional e psicológico da perda não tem nada a ver com a idade dele.

Nessa ala do hospital, ver faz parte do processo de luto. Mães que se concentraram exclusivamente em passar pela parte física do processo vão descobrir que, se quiserem segurar o filho nos braços, poderão. Se a mulher sabe que o bebê não será ressuscitado, pode segurá-lo junto ao coração conforme o menor batimento se esvai. O que quer que queiram fazer, Clare estará com elas para oferecer assistência e facilitar o momento.

"Você jamais terá ciência dessas opções se alguém não as tiver discutido com você", esclarece Clare. "Se você nem ao menos imagina que pode ver seu bebê morto, que dirá pensar: *será que quero mesmo as marcas dos pés e das mãos, ou fotos, ou segurá-lo no colo enquanto morre?* Como alguém pode sequer pensar em todas essas coisas? O pior para as famílias é se arrepender mais adiante. Passados anos, pensar: *tive a oportunidade de segurar o meu filho e não o fiz.*"

No verão antes de eu chegar atrasada à ala de luto, o noticiário estava cheio de fotos de uma baleia: uma orca carregando a cria morta junto dela, dez dias depois da morte do filhote, empurrando-o com a cabeça conforme nadava pelas águas da Colúmbia Britânica. Depois de dezessete meses de gestação, ela havia sido a mãe dele por trinta minutos. Por fim, a baleia se desapegou, e aquilo foi parar no noticiário também. Ela havia se exaurido no mar frio ao empurrar o peso do próprio luto.

Olhamos para baleias como representações das emoções humanas. Não conseguimos evitar; são tão desconhecidas, misteriosas e vastas que podemos projetar qualquer coisa que quisermos nelas como se fossem a lateral de um prédio, um teste de Rorschach emocional. A orca chegou aos jornais porque não queria renunciar ao bebê morto; estávamos coletivamente arrasados por ela, embora fosse estranho, alguns pensaram, que tivesse empurrado o cadáver com ela pelo oceano quando poderia nadar e esquecer. Lá estava ela, erguendo-se das profundezas, arrastando algo do nosso subconsciente e nos mostrando isso através das notícias, revelando que fingir que não aconteceu não é a mesma coisa que ficar de luto. Embora não seja possível medir nem prever o luto de alguém quando uma pessoa de qualquer idade morre — as pessoas significam algo para nós que só nós sabemos como sentir —, a perda de um bebê pertence a um reino próprio. É a perda de alguém que se pensava ter, que ninguém vai conhecer, então não é algo compartilhável, exceto com aqueles poucos que estiveram presentes. Baleia ou humano, alguns não conseguem renunciar ao corpo porque é tudo o que lhes resta.

O necrotério aqui na Ala Éden é apenas deles: nenhum bebê jaz nas bandejas abaixo das dos adultos, não há geladeiras separadas na vasta parede de refrigeradores no porão do hospital. Aqui, há apenas uma, em uma sala pintada de azul-céu, com um mural de florezinhas cor-de-rosa e lilás. Longe da forte fluorescência do necrotério de outros hospitais, neste é possível se sentar e passar um tempo. Alguns pais e mães voltam todos os dias até o dia do funeral para ler histórias para o bebê. Há os que ligam para o hospital no meio da noite, incapazes de dormir, e pedem para alguém ir dar uma olhada na criança. Outros levam o bebê para casa em um pequeno berço equipado com uma unidade de resfriamento e tentam acumular uma vida inteira nas duas semanas que têm antes do funeral, antes que a terra ou o crematório levem o corpinho embora — fazem piqueniques com a cesta ao lado deles, com os irmãos mais velhos do bebê brincando por perto. Alguns empurram o bebê em carrinhos novos em folha até o jardim atrás do hospital. Também há uma árvore — uma de verdade, dessa vez — decorada com os nomes esvoaçantes dos muitos bebês que passaram por ali.

A morte de bebês é algo que não sabemos como falar: abortos espontâneos não são mencionados, notícias sobre um natimorto geralmente ecoam em um silêncio aturdido. Ninguém quer dizer algo errado, então ninguém fala nada. Novos pais, sem o bebê, se tornam parte de um clube do qual nunca quiseram ser membros, exilados de maneira invisível na multidão. Vidas jamais voltam ao que eram antes. E é por isso que, em um papel sênior que facilmente poderia ser transformado em administrativo, Clare insiste em continuar na prática clínica. Ela quer ser a pessoa que esteve lá na sala, uma das poucas que conheceram aquele bebê, alguém a quem a família pode procurar anos depois se estiver emocionalmente perdida ou se engravidar de novo e quiser conversar com alguém que entende a fragilidade do próprio corpo e da mente, alguém que compreende esse medo muito real de as coisas darem errado de novo. Clare viu o medo e o sente na pele: na sua quarta e última gestação, algo estava errado; o bebê havia parado de crescer, e ela sabia a realidade de tudo o que poderia estar por vir. O marido, que ela descreve como um homem nada emotivo, havia visto seu temor, sua aflição muda, e chorou quando o bebê chegou a salvo após uma cesariana de emergência. Ela admite ser uma mãe superprotetora ao extremo e teme a morte só porque os filhos ficariam sem ela. Ela viu isso acontecer muitas vezes na sua ala do hospital.

Enquanto saio, um tanto quanto atordoada, Clare me direciona ao pequeno jardim. Caminho pelas trilhas de pedrinhas e olho para trás, para o prédio de tijolos desse oásis autoconsciente, esculpido no meio do bloco de cimento do hospital, cuidado por voluntários. Leio os nomes nas borboletas de plástico conforme elas captam a luz. Eu me pergunto como o bebê da banheira se chamava, se ajudaria, caso eu soubesse, escrever o nome dele aqui. "Faça alguma coisa", a mulher havia rogado a Clare, segurando seu minúsculo bebê ofegante, há alguns anos. "*Faça alguma coisa.*" Penso em Clare chorando no carro, e também no bebê na banheira, em como fiquei lá e o observei afundar, em como não poderia revivê-lo nem melhorar nada, e me lembro do quanto desejei, com mais desespero do que já quis qualquer coisa, fazer algo. Os cata-ventos nos canteiros giram com a brisa. Ao olhar para cima, é possível ver as janelas dos quartos onde os bebês chegam aos braços expectantes de Clare.

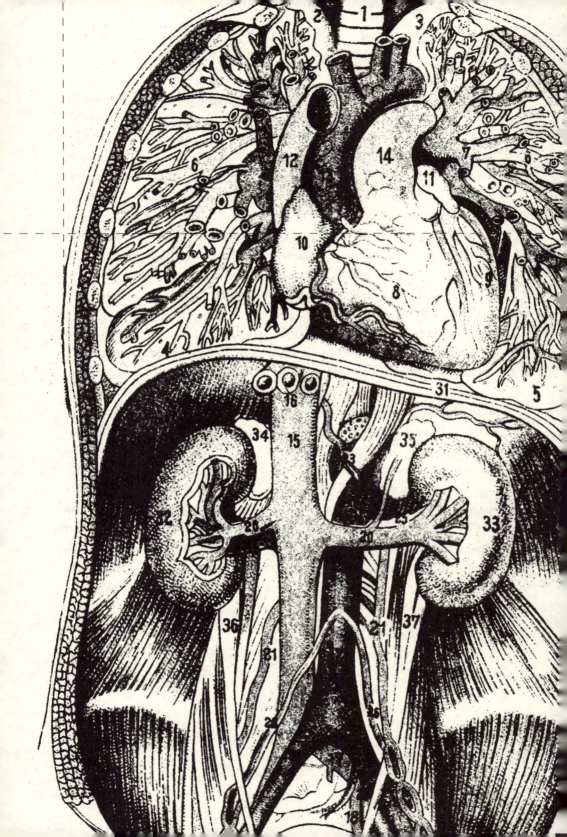

(mor.te) *sf.*
Da Terra à Terra

É início de primavera. As árvores ainda estão praticamente nuas; as nuvens, pesadas e escuras. Pequenos grupos de prímulas amarelas brotam entre os túmulos desordenados. Arnos Vale, um cemitério construído em Bristol em 1837, atualmente é um lugar cheio de lápides engolidas pela era, onde raízes grossas as levantam e as tombam para o lado, de modo que elas se inclinam sobre as vizinhas. Gosto disso nos velhos cemitérios vitorianos: eles não são as paisagens obsessivamente organizadas dos cemitérios de Los Angeles, com gramados aparados com a perfeição de campos de golfe e lápides de mármore, brancas e resplandecentes. Esses são a exibição da constante batalha contra a invasão da natureza, enquanto cemitérios como este de Bristol são lugares em que a morte é sobrepujada pela força implacável da vida e do musgo. Os túmulos são engolfados por trepadeiras e folhas, como se em um abraço de propriedade. A morte é parte da vida, dizem. A morte é parte de tudo.

Estremeço ao passar por um ursinho de pelúcia que teve a cabeça arrancada, as costas caídas na cruz que havia despencado de sua base, e continuo subindo a colina íngreme. Essa vai ser uma entrevista bem mais fácil do que foram aquelas com as TAPS e a parteira de luto — assim espero. Ainda me sinto à flor da pele. Estar ao ar livre, em vez de em uma enfermaria de hospital ou em um necrotério no porão, ajuda.

No ponto mais alto do cemitério, perto da Cross of Sacrifice* e do Soldiers Corner, onde jazem quarenta marinheiros desde que perderam a vida na Segunda Guerra Mundial, tudo o que ouço são os pássaros. Lá, encontro Mike e Bob olhando através do para-brisa da van mais enlameada que já vi. Bob tem 60 anos, poucos dentes e cabelos escuros e desgrenhados que pendem de sua cabeça como se tivessem brotado de uma única área do meio. Seu rosto está desaparecendo em seus ombros e no capuz, à maneira de um ovo em um porta-ovos. Mike, 72 anos, o porta-voz de ambos, salta da van e acena para mim do topo da colina, gritando com seu forte sotaque de Bristol que eu era louca e que deveria ter vindo de carro. Seu cabelo branco bem-cuidado é raspado nas laterais, e, quanto mais me aproximo, mais visível fica a sujeira do seu jeans e da blusa de lã azul-marinho. "Quer ver o que temos feito, então?" Ele está sorrindo, amigável logo de cara. Bob acena com simpatia de seu lugar na van e faz sinal indicando que quer ficar onde está quente. Mike me acompanha pelo terreno irregular até a cova aberta.

Um tecido verde e grosso foi colocado ao redor das bordas gramadas. Duas longas tábuas de madeira se encontram nas laterais do buraco para dar estabilidade quando os carregadores ficarem de pé ali. Mais tecido verde está por cima delas, drapejando dentro do buraco, revestindo as paredes tão retas que os planos cortados das raízes se alinham com o barro como se tivessem sido feitos à máquina. Duas peças mais finas de madeira estão atravessadas no túmulo, formando um v, esperando para segurar o caixão enquanto o vigário estiver lendo as palavras de adeus antes de o esquife ser baixado ao solo, com o auxílio de correias de lona amarradas às alças. O monte de terra escavada está empilhada ao lado da cova, coberta com mais tecido verde. Não há terra solta visível, a não ser a que está lá no fundo; uma fina camada entre o marido que já está lá e a esposa cujo funeral está, no momento, ocorrendo seguindo um pouco mais a estrada. Mike explica que dá para saber quando

---

* Uma Cross of Sacrifice ("Cruz do sacrifício") é um monumento memorial em forma de cruz erigido sobre uma base octogonal, difundido nos países da Commonwealth em homenagem a soldados mortos em batalha.

se está chegando perto do caixão que já existe no jazigo da família: o solo tende a ficar mais úmido ou, se for um túmulo particularmente antigo, a tampa pode ceder.

Olho para baixo. Lá, além do casaco se agitando ao redor dos meus joelhos, com minhas botas a centímetros da borda, está o vazio. Já estive nessa posição antes, sob uma lona esticada em um cemitério australiano plano e sem árvores, segurando a mão do meu avô enquanto assistia ao caixão da minha avó ser lacrado em um túmulo de cimento acima do solo. Ela sempre deixou bem claro sobre o quanto era especificamente temerosa de apodrecer a sete palmos do chão; algo sobre minhocas a apavorarem mais que o esquecimento (ela era católica). De pé lá, na época, eu havia pensado se ela assaria no calor do verão, trancada em uma caixa de cimento.

Acontece que há uma estranha desconexão em ficar de pé sobre a cova aberta de uma pessoa que não conheço. Não estou segurando a mão de alguém, tentando processar a notícia. Meus pensamentos não estão turvos com a perda de um ente querido que fez parte da minha vida, não há memórias sendo projetadas na minha mente de eventos que não se repetirão, e não sou capaz de imaginar a aparência da pessoa agora, nem como ela ficará daqui a seis meses, porque jamais vi seu rosto. Olho dentro do túmulo e só consigo pensar em mim: como seria me deitar ali e olhar para cima, ver a mim mesma olhando para baixo lá do alto.

Acima de tudo, penso que parece ser frio lá embaixo. Eu me lembro de outra coisa que Ron Troyer me contou: que, quando se morre no Meio-Oeste dos Estados Unidos, o corpo só será enterrado na primavera, quando o solo tiver derretido o suficiente para ser cavado — até lá, o finado é posto em um mausoléu, ao lado de vizinhos temporários. Mas, de vez em quando, segundo ele, fazendeiros insistiam em fazer um enterro no inverno: eles trabalhavam nos moinhos e sabiam exatamente o quanto um prédio acima do solo poderia ficar frio e o quanto era quente a sete palmos do chão. Os coveiros, atraídos pelas promessas de Ron de lhes dar bourbon, arrastavam seu fogareiro a carvão, uma espécie de cúpula de metal do tamanho do túmulo, e o deixavam lá por 24 horas, descongelando o solo para que não quebrasse a escavadeira mecânica. Abrir um túmulo no inverno do Meio-Oeste era o equivalente a tentar cavar no cimento.

O solo aqui, debaixo de mim, é basicamente argiloso, e Mike diz que é um dos melhores lugares para cavar; o barro fornece uma integridade natural de estrutura que não se encontra em solos mais delicados, então não vai desmoronar quando você estiver na metade. Ele e Bob atendem a maior parte dos locais de sepultamento dessa área desde que terminaram os estudos. Ele conta que os moradores os chamam de Burke e Hare.*

Escondido atrás do monte de terra escavada, no canto do tecido verde, está um pequeno pote marrom, com formato de urna e com uma tampa de cortiça. Está desgastado, com marcas de uso e do tempo, coberto com digitais enlameadas que foram limpas de qualquer jeito. Mike abre a tampa e a segura para eu poder ver, explicando que é a terra para o vigário jogar quanto estiver encomendando o corpo, fazendo a parte do "das cinzas às cinzas, do pó ao pó". Noto que ele é diferente do solo dentro da sepultura ou da lateral: é mais seco, mas também mais fino. Está mais próximo da areia que do barro que saiu da cova. Pergunto se veio de lá ou se ele o pegou em outro lugar. "Terra de um buraco de toupeira", diz Mike, voltando a tampar a urna. Ele a colhe em seu jardim e guarda no pote para ter à disposição do vigário: o solo mais fino erguido pelos pés das toupeiras cai mais suave na tampa do caixão que um pedaço de barro. "A terra de um buraco de toupeira sempre é boa", conta ele, escondendo a urna atrás de uma lápide.

Algumas das obras arquitetônicas mais famosas do mundo, nossas maravilhas mais amadas, são túmulos. As pirâmides do Egito. O Taj Mahal da Índia. Monumentos construídos para abrigar os mortos. Há poucas coisas nas quais consigo pensar em que a diferença entre o básico e o luxuoso seja tão grande quanto ao que se faz com um cadáver. O que seria mais básico do que um buraco no chão? Mais grandioso que o Taj Mahal?

---

* Alusão à onda de assassinatos conhecida como "assassinatos de Burke e Hare", que ocorreu em Edimburgo, Escócia, em 1828, no contexto de roubo de corpos para dissecção por parte de anatomistas. William Burke e William Hare, em vez de desenterrarem os mortos, como os ladrões de corpos comuns, levaram a atividade um passo além: eles aceitavam incentivos lucrativos para matar os vivos.

Agora estamos na van que costumava ser branca, comendo balas de goma que Mike guarda no painel, em um saquinho plástico, para os carregadores. Ele abriu o pacote quando me falou para adivinhar quantos anos ele tinha, e chutei um número doze anos mais novo do que ele na verdade é, o que o agradou tanto que agora Mike não para de abordar o assunto, mesmo para Bob, que estava lá quando falei. Não nos movemos desde então. Ele está no banco do motorista; eu, no do carona, e Bob, espremido entre nós, ombro a ombro, formando um único monte de várias cabeças, uma hidra devoradora de balas. O assoalho está emplastrado com lama grossa que tenho certeza de que não seja um problema tão grande no verão. Estamos olhando lá para fora, mastigando, esperando pelo cortejo fúnebre. Mike e Bob fazem isso a cada funeral: a cova não está finalizada até que seja coberta, e eles têm a intenção de garantir que tudo corra bem. Não querem que a própria presença seja evidente, mas vão ficar por ali até serem necessários, o que pode ser antes do normal caso um carregador zeloso em excesso baixe o caixão feito um submarino em submersão. Mike intervirá, de forma breve, para acertar o ângulo.

Enquanto esperamos, Mike me conta como se cava uma sepultura. Bob apenas acrescenta risadinhas ininteligíveis que Mike traduz e, quando ele ri, a gente sente, de tão apertados que estamos na cabine. Mike diz que é necessário conhecer as dimensões do defunto antes de abrir o solo, mas as pessoas costumam subestimar por educação, então, no geral, eles cavam mais largo que o sugerido para que ninguém fique preso ou entalado — já aconteceu no passado, quando as alças do caixão eram mais abertas que o esperado e foi necessário que cavassem mais enquanto a família vagava por lá, usando sapatos que não eram feitos para um terreno enlameado. Um jazigo familiar para seis pessoas precisa ter 3 metros de profundidade, ao passo que um menor, para três ou menos, só precisa chegar a 2 metros, e o caixão de cima é coberto por uma laje para manter os animais longe. Se o lugar não estiver com mato demais ou cheio de lápides, eles usam uma miniescavadeira mecânica para fazer a maior parte do trabalho — algo parecido com uma scooter elétrica com um braço longo que fica no pequeno trailer atrás da van. Bob opera a escavadeira enquanto Mike coordena, indo na frente da máquina para colocar tábuas de madeira como se fossem trilhos para proteger a grama. Mas, se não conseguirem levar a escavadeira à área, fazem tudo à mão: somente homens, pás e trabalho braçal. Pode levar um dia inteiro para cavar uma sepultura à mão. Em cemitérios antigos, vez ou outra encontram ossos onde não havia marcadores, onde o caixão desapareceu ao redor do corpo. Eles os ensacam e os colocam de volta no solo. Ninguém sai do lugar em que foi enterrado.

Há um momento no processo em que é necessário descer na cova para finalizá-la. Para isso, contam com uma equipe rotativa de jovens, estudantes que passam o trabalho para outros quando encontram um emprego novo ou quando as férias de verão terminam. As paredes do túmulo que notei, tão perfeitas e com as raízes aparadas com tanto esmero, só estavam assim porque algum rapaz entrou lá e endireitou as paredes que o cercavam. São os pés desses jovens que por vezes sentem a tampa do caixão ceder.

Mike e Bob enterraram amigos, bebês, vítimas de assassinato que mais tarde precisaram ser exumadas, e ambos enterraram as respectivas mães; um ajudou o outro a cavar, como fariam com qualquer outra sepultura. Quando eles mesmos morrerem, aquelas covas serão reabertas e o caixão colocado a poucos centímetros acima da tampa do esquife da respectiva mãe. Ambos já cavaram e entraram no próprio túmulo. Quando perguntei qual foi a sensação, eles trocaram um olhar. Não pensam muito nisso. Mike diz que a morte, tal qual a sepultura, é algo prático: que somos pessoas de fora olhando lá para dentro, mesmo que estejamos de pé nela. E por que alguém mais cavaria os túmulos sendo que eles são os coveiros da cidade? Fariam o mesmo trabalho para qualquer um, fosse a própria mãe ou um estranho. Bob diz que está ansioso para se juntar à mãe de novo, com quem viveu a vida toda até a morte dela, dois anos antes. Mas ele tem medo do cemitério à noite. "Ela vai cuidar de mim", murmura ele, sorrindo com timidez.

As balas de goma passam de um para o outro de novo. Ouvimos os cavalos primeiro, o potoque das ferraduras, e então, através do para-brisa sujo, conseguimos ver as crinas ao longe.

O cocheiro com sua cartola conduz a ornamentada carruagem preta até a lateral do caminho, o caixão da esposa um tanto escurecido por causa da abundância de coroas de flores lá atrás. Mike já saltou da van para ajudar a direcionar os carregadores, o único homem que não usa um terno e que, mesmo assim, de algum modo, consegue se manter praticamente invisível. Ele fica de pé entre os túmulos, com a cabeça baixa, as mãos cruzadas diante da blusa de lã, esperando. Conta que às vezes os enlutados o notam e fazem perguntas. Quanto tempo o caixão vai durar? As minhocas vão comer o meu pai? Ele afirma que as minhocas não chegam tão longe: são fisicamente capazes, mas, em geral, ficam mais perto da superfície; é fundo demais para se darem ao trabalho. Praticamente tudo o que os enlutados querem saber está relacionado a minhocas. Penso na minha avó em seu túmulo acima do solo e acredito nele.

Fico esperando atrás do carro vermelho brilhante do vigário, longe da família. Bob permanece na van. Quatro carregadores conduzem o caixão até o pedestal de madeira aos pés da sepultura, levam um instante para se rearranjarem, em seguida o transferem até as tábuas que os suspendem acima da abertura. Mike está atrás do vigário agora, alguns túmulos ao lado, com as mãos entrelaçadas e a cabeça baixa. Seu potinho de terra de toupeira macia e seca se encontra atrás dos pés do sacerdote. Ele fica lá durante toda a cerimônia, sempre vigilante ao momento em que talvez precise sair em auxílio, e, por fim, é o que faz: em meio aos enlutados de terno, apanha uma correia, abaixa o caixão em direção ao solo bem devagar e volta a se retirar.

São 15h45, e crianças estão voltando da escola, passando pelo cemitério. Acima do tom monótono do vigário lendo as palavras de adeus, as crianças gritam umas com as outras, dizendo que alguém morreu. O cocheiro, ainda segurando as rédeas, faz uma careta desconfortável.

O cortejo fúnebre vai embora, de braços dados conforme abre caminho pelas velhas sepulturas, e os coveiros começam a trabalhar. Bob sai da van, e Ewan, o jovem ajudante de hoje, aparece do lugar em que estava aquele tempo todo. As tábuas são recolhidas, o tecido é dobrado e guardado no carrinho de mão. Bob pega a miniescavadeira no trailer enquanto Mike recoloca as tábuas sobre as marcas na grama. Ewan joga uma camada de terra com a pá; assim, quando a escavadeira chegar haverá um amortecedor entre o barro sendo jogado lá e a tampa de madeira do caixão. Bob se aproxima em sua maquininha e empurra o monte de terra de volta para o buraco enquanto os outros dois arrumam as bordas e colocam as coroas de flores em cima da sepultura. Azevinho, rosas cor-de-rosa e narcisos. As pás, deixadas de lado enquanto o trabalho está sendo feito, estão cravadas no chão e apoiadas umas nas outras para se equilibrarem.

Os coveiros se afastam e avaliam o próprio trabalho. Ficam decepcionados por não haver uma lápide para colocar na cabeceira do túmulo e finalizá-lo. Mike supõe que talvez a família esteja esperando a próxima morte para encomendar uma. O homem jazia havia anos em um túmulo sem identificação, aguardando pela esposa.

O solo cede e muda com as estações e a chuva, então qualquer terra que sobre será usada para nivelar túmulos por ali. Mike recolhe torrões de barro que rolaram para as lápides dos marinheiros ali perto e olha para os sepulcros cujas superfícies precisam de nivelamento, preenchendo buracos com o que tem em mãos. Todas as ferramentas e equipamentos foram limpos e guardados em menos de meia hora. Os coveiros estão de volta à van, acenando da janela ao se afastarem; Bob, mais uma vez, está encolhido em seu casaco com capuz.

Há muita confiança em um funeral. O falecido está entrando em um pedaço de terra que não consegue controlar. O que acontece com ela depois que alguém é enterrado depende de outras pessoas. Se a grama é aparada, se o solo acima afunda ou se deixaram que as lápides tombassem. Se meio hectare de terra é vendido ou transformado, ou se os ossos serão removidos para abrir espaço para um túnel ferroviário. Ser enterrado é um ato de fé. Ninguém faz a menor ideia. O corpo é simplesmente deixado ali, em uma caixa, sem ninguém para cuidar dele. Mas, aqui, há alguém de olho enquanto esses homens passam, nivelando partes afundadas, perguntando-se onde estarão as lápides. E, quando o vigário jogou a terra de toupeira da urna, ela de fato caiu feito uma pluma.

(mor.te) *sf.*
O Cocheiro-do-Diabo

Tony Bryant reservou um caixão para mim. Estou 45 minutos atrasada por causa de um trem cancelado e corro pelo caminho quando o vejo de pé lá na frente, esperando, a capela de tijolinhos do crematório aparecendo às suas costas. Ele tem 50 e poucos anos, está vestido com uma camiseta preta e justa enfiada para dentro da calça jeans preta e um cinto de couro com tachinhas. Tatuagens desbotadas espreitam por sob as mangas. Com seu sotaque carregado do sudoeste da Inglaterra, grita: "Combinamos a nossa roupa!". A minha está mais suada. Eu me arrasto morro acima enquanto o homem de Bristol acena para mim de longe, o que parece ser meu *modus operandi* agora.

Através de uma porta nos fundos do prédio, seguimos pelas escadas de linóleo cinza e verde, com os degraus delineados com fita listrada de amarelo e preto, até chegar ao porão. Um caixão de madeira está sobre um elevador hidráulico branco diante de quatro fornos, cada um deles com sua própria porta de metal. Uma fotografia de duas crianças loiras está enfiada debaixo da placa de metal gravada ao lado da espuma de flores que antes segurava a coroa na capela lá em cima.

Não importa que agora eu já tenha visto caixões — vazios, enfileirados em pé em um necrotério, ou outros, ocupados, em funerárias. Há um simbolismo e uma materialização em um caixão que ainda me pega de jeito. Estive parada em cruzamentos esperando o sinal abrir e então deixando-o fechar sem perceber quando um carro fúnebre passava, sendo trazida de volta por buzinas e sinais sonoros. Na minha cabeça, estou imaginando tudo: os ombros alinhados nos cantos angulosos, a tampa tão perto do nariz, as mãos segurando uma à outra no escuro. Ver um caixão em um cenário totalmente industrial como esse, despido de flores e do cerimonial religioso, é diferente do choque de ver o rabecão e depois o carro parar do lado de fora da sua casa para levar você e sua família para a igreja — mas o poder que essa caixa tem ainda está presente.

Tony contorna o caixão e faz sinal para que eu o siga, abaixando-se para passar no espaço entre as máquinas e chegar aos controles da tela sensível ao toque: uma tecnologia de ponta inesperada para algo feito de fogo e tijolos, mas ainda projetado com uma estética similar à do Windows 95 (antes da tela sensível ao toque, ele tinha um quadro de controle manual com botões que descreve como a TARDIS de *Doctor Who*). Ali perto, urnas se alinham em duas prateleiras na parede de tijolos. Tony me conta que pertencem a famílias esperando para decidir se querem estar presentes quando as cinzas forem espalhadas: as da prateleira de cima são das pessoas que já decidiram que não querem, mas ele dá a elas duas semanas para mudar de ideia. Algumas mudam. Em um pequeno escritório do lado de fora da sala de cremação, ele guarda as que estão esperando para serem levadas. Às vezes, ninguém aparece para buscá-las.

A temperatura do espaço dentro dos tijolos precisa chegar a 862°C para que os restos mortais sejam incinerados, não cozidos. Ficamos em frente à tela observando os números mudarem: 854, 855. Um gráfico de barras no meio mostra valores de várias coisas, e Tony os explica acima do rugido cada vez mais alto. Capto poucas informações, algo sobre resfriamento, aquecimento e filtragem do ar para que não haja fumaça visível fora do prédio. Ele aponta para um entroncamento confuso de canos de aço acima de nós e para os compartimentos abaixo. Explica sobre sensores de raios ultravioletas, fluxo de ar e velas de ignição. Abre a portinhola do queimador principal, o coração da máquina, o fogo que aquece os fornos. As chamas ardem, queimando o oxigênio fresco que corre para alimentá-las. Um besouro preto passa correndo pelo chão, o corpo longo e articulado erguido em uma curva atrás dele como se fosse um escorpião. Aponto. "Ele se chama cocheiro-do-diabo!", grita Tony acima do barulho, sorrindo, porque sabe que não vou acreditar nele. Pesquiso no Google mais tarde, e é verdade.

Os números continuam sua marcha: 861, 862. Tony corre de volta pela passarela, onde o caixão está esperando perto das portas dos fornos. Ele me diz para ficar no canto, onde não vou atrapalhar, e pressiona um botão azul. Uma porta desliza para revelar um forno laranja brilhante forrado de tijolos e um chão de cimento tão detonado quanto a superfície da Lua. Eu me aperto no canto e ainda consigo sentir o calor no meu rosto mesmo a uns 3 metros de distância.

"Não tem muita cerimônia nisso", comenta ele, com a mão aos pés do caixão.

Eis um fato que só se torna óbvio quando você está de pé diante de um cremador aberto: não há rodinhas na parte de baixo de um caixão. Não há polias nem alavancas que moverão esse objeto pesado do elevador hidráulico até o lugar quente onde desaparecerá; pelo menos, não há nada disso nesse crematório. O que há é isto: a falta de cerimônia de Tony, contando apenas com o impulso e a mira. Ele desliza o caixão de volta para o elevador hidráulico e depois o move, com um braço só, com todo o seu peso, para a boca do forno. Meu arquejo involuntário se perde no rugido conforme o caixão se desloca pelo cimento irregular. Fagulhas voam e reluzem, brancas, em contraste com o laranja. A foto das crianças flutua para um canto e entra em combustão. O caixão já está pegando fogo quando a porta se fecha. Dou um passo à frente e olho através da vigia da fornalha, observando-o ser engolido pelas chamas. Há um leve aroma de mariscos cozidos no vapor.

Tony ergue os braços para me mostrar: um maior que o outro, um Popeye assimétrico. "Eu deveria trocar o lado de vez em quando, acho." Ele ri. Por que mudar um hábito de trinta anos?

O crematório Canford, em Bristol, crema em média oito corpos por dia, talvez 1,7 mil por ano. Tony sai de seu alojamento no cemitério (faz parte do cargo) e todo dia liga a máquina às 7h, dando a ela algumas horas para pré-aquecer antes da primeira cremação. Já fizeram quatro esta manhã, e três estão agendadas para a tarde. Estou aqui no intervalo tranquilo entre elas. Tony não para de olhar o relógio.

O cemitério que rodeia o lugar tem cerca de cem anos, e o crematório tem metade disso. Desde a época em que foi construído, a média de cremações no Reino Unido aumentou de 35% para 78% de todos os funerais (os Estados Unidos ficam bem atrás, com 55%). O tamanho das pessoas mudou também: se a pessoa tiver mais de 2,10 metros ou pesar mais de 150 quilos, é possível que o caixão não caiba no buraco no chão da velha capela que permite que o corpo seja transportado lá para baixo. Funerárias locais estão cientes disso e levam os clientes maiores para outro lugar.

Antes de Tony assumir o cargo no porão, ele trabalhava lá fora como um dos doze jardineiros, cuidando dos trinta canteiros de rosas e cerca de 2 mil arbustos, aparando sebes e ramos, cuidando da estufa onde eram cultivadas flores frescas para os vasos da capela que agora são preenchidos com as de plástico. Mas o maquinário da cremação lhe interessava, o salário era (um pouco) melhor e, segundo ele: "Não dá para ficar ao relento enfrentando o frio e a umidade para sempre". Lá embaixo, sempre se está aquecido.

Estamos na cozinha agora, o tipo de sala dos fundos em repartições públicas que é vazia e só fica ligeiramente menos sombria por causa dos cartazes com piadas sobre largar o emprego e o tipo de canecas que são deixadas lá depois de amigos-ocultos e caça aos ovos de Páscoa. Uma tem o Homer Simpson segurando o Porco-Aranha no teto, e Tony está bebendo café instantâneo nela. Seu colega, Dave, come torrada com presunto e ovos fritos. O paletó preto de Dave está pendurado em um gancho perto da porta, a gravata preta do conjunto enfiada para dentro da blusa para que ele não a suje de ovos antes do funeral. Ele é mais novo que Tony, tem mais ou menos a minha idade, cabelos escuros e cavanhaque. Quando somos apresentados, ele está lendo um exemplar de *Drácula* que encontrou na parede do lado de fora da casa de alguém. Há muffins industrializados de gotas de chocolate em uma bandeja de plástico em cima da mesa de fórmica. Nós os comemos enquanto os corpos lá embaixo queimam nos cubículos da fornalha.

Estou aqui no crematório para acompanhar o fim industrial da morte: a parte em que toda a cerimônia e cortesia de lidar com os vivos já passou e os corpos são consumidos pelas chamas. Conheci pessoas que organizam funerais; outras que, com todo cuidado, moldam o rosto dos mortos; e alguns que são meticulosos ao arranjar as feições para o adeus final da família. Este é o lugar que está além de tudo isso, o porão, onde a interação com os vivos acaba e tudo o que temos são homens movendo caixões para os fornos e ossos para os liquidificadores. Ou pelo menos é o que acho, mas logo percebo que não é bem o caso.

Estou falando com eles há uma hora e o que mais me impressiona é a desconexão entre o que acontece na parte de cima e o que ocorre na parte de baixo, como a falta de conhecimento sobre o que acontece na morte — seja por ignorância generalizada ou por agentes funerários que não são diretos com as pessoas — faz as coisas darem errado ou serem menos bem-sucedidas lá embaixo. Tony afirma que nunca faria um trabalho que envolvesse tocar cadáveres — "São assustadores, né?", comenta ele, estremecendo — e, sobretudo, ele não precisa. Se todo mundo estivesse por dentro de como o sistema funciona, cadáveres seriam apenas o conteúdo teórico de uma caixa lacrada. No entanto, a família que está discutindo ao longo de meses sobre quem pagará pelo já muito atrasado funeral não pensa no homem do crematório quando o corpo finalmente chega. Eles nem imaginam Tony esperando, com as costas apoiadas na parede do canto mais distante do porão, ouvindo as notas finais do órgão enquanto os enlutados vão embora, já preparado para sentir o cheiro do que está por descer pelo elevador hidráulico. Não pensam de antemão na possibilidade de o corpo vazar e contaminar o carro fúnebre, a capela e, por fim, o porão, envolvendo-o no aroma fétido da decomposição em curso há dias: uma catinga tão horrível que o agente funerário o presenteou, para se desculpar, com um purificador de ar que, de acordo com Tony, fede mais que o defunto. "Cheira só", sugere ele agora, incrédulo, segurando o frasquinho marrom que pegou no escritório, já destampado. Tem cheiro de alcaçuz artificial. Concordo que seria uma guerra olfativa colocá-lo no difusor. "Há um limite de tempo para um cadáver." Ele fecha a tampa com força. "Às vezes, acho que os agentes funerários dão um jeitinho." Ele volta a guardar o frasco na prateleira, para jamais ser usado.

E ainda há os agentes funerários que vendem caixões feitos de vime ou de papelão, apresentando-os como uma alternativa sustentável para as famílias que querem o bem do meio ambiente. Quando eles chegaram ao mercado, ninguém considerou a ação física de "carregar" um caixão e o quanto disso dependia de a madeira sólida ser capaz de deslizar pelo cimento. Os primeiros protótipos entravam em combustão e sumiam antes de o caixão ter entrado por completo, fazendo o pessoal do crematório ter que empurrar o corpo para dentro do forno sem nada. Agora, depois de muitos testes e discussões, inventaram uma base de placa sólida. Mas a madeira de um caixão tradicional também serve de combustível para as chamas, então, para compensar sua ausência, Tony precisa ligar os jatos de gás, transformando os caixões em algo que não é bem a alternativa ecológica que foi vendida. Sem a combustão, o corpo apenas assa. Ao olhar pela vigia, ele vai se parecer com um homem usando um traje de mergulho. Os jatos explodem o corpo.

Pergunto se trinta anos na função o fazem pensar na própria morte ou no próprio corpo sendo queimado, e como resposta Tony tem orgulho de me mostrar as fotos de seu cachorro, Bruno: um Staffordshire bull terrier branco de pintas marrons que foi resgatado, a língua enorme pendurada para fora do rosto carnudo. Tony sorri como um homem apaixonado. "Me safei! Escapei da minha própria morte!", conta ele, até então falhando em explicar por que estou olhando para a foto de um cachorro, não que eu me importe. "Há quatro anos, fui atirado da garupa da minha moto, a 100km/h. O velho Bruno estava no sidecar." Quando a cabeça de Tony bateu no chão, Bruno derrapou ileso no sidecar da Kawasaki Drifter, por fim parando um pouco mais adiante na estrada. Tony acabou no hospital, enquanto Bruno ficou pacientemente em seu assento, esperando ser recolhido.

Tony costuma fazer visitas guiadas por ali, bem parecido com o que estou fazendo hoje, para novos vigários ou agentes funerários, para que tenham uma ideia mais precisa do que as ações lá de cima significam para os que estão embaixo — mas o que está começando a ficar claro é que o trabalho não é confinado apenas ao porão ou mesmo aos mortos. Às vezes, essas visitas são feitas para os que estão morrendo, os que estão planejando o próprio funeral e querem saber exatamente o que vai acontecer. Tony mostra a eles o catafalco na capela — o pedestal decorativo que sustenta o caixão, com o elevador industrial embutido controlado por um botão no púlpito, já gasto e desbotado devido a décadas de dedos dos celebrantes — e diz que eles podem escolher se querem ou não que ele seja abaixado no fim da cerimônia. (A maioria não quer. Em parte, pelo equívoco de que o caixão será levado direto para as chamas. Outros querem dizer adeus ao caixão em seu próprio tempo; o vigário apertar o botão significa que a pessoa só terá o tempo que o cronograma lhe permitir. "Uma vez, um vigário desmaiou e apertou o botão sem querer, tivemos que mandar o caixão de volta para cima", conta Dave, rindo. "Precisamos arranjar outro sacerdote para terminar a cerimônia. Foi intoxicação alimentar, ao que parecia. O homem simplesmente caiu duro.") Tony também mostra as opções religiosas e as que não são tanto assim, como as cortinas que podem ser puxadas diante das cruzes para ocultá-las. Às vezes, ele se senta lá em cima para ocupar um banco nas cremações financiadas pelo governo para os pobres ou esquecidos que não têm quem lamentar por eles, sempre às 9h30 da manhã, horários que são mais difíceis de vender. Tony e Dave garantem que todo mundo tenha alguém no próprio funeral, mesmo que seja apenas os dois.

Nos últimos cinco anos, mais ou menos, Dave tem sido substituto em cada função ali: ele assume o crematório lá embaixo quando Tony não está e é o atendente da capela nos outros dias; de vez em quando, cava túmulos ou leva um caixão caso um carregador pareça um pouco vacilante. Ele até espalha cinzas no cemitério, realizando pequenas cerimônias íntimas para as famílias. Dave relata que ficar de pé à porta da capela, olhando para a parte de trás da cabeça de todos os presentes, torna impossível não imaginar quem talvez, um dia, preencherá os assentos em seu próprio funeral. Mas o que mais o incomoda é ficar perto de pessoas enlutadas oito horas por dia: ele sente fadiga por compaixão ao ver pessoas tão tristes o tempo todo e saber que não pode ajudar, ou que só pode ajudar de certa forma. Vigários, quando em treinamento, aprendem a tirar algum tempo depois de um funeral para recarregar as baterias, mas Tony e Dave têm que ir para o seguinte e o seguinte. Eles se sentam nos bancos, ficam de pé à porta ou esperam pelo caixão lá embaixo. E, embora os funerais acabem depois de cerca de uma hora, os cemitérios não.

"Por eu trabalhar aqui, as pessoas me perguntam se creio em fantasmas", conta Dave. "Definitivamente não acredito, mas os *vejo* todos os dias neste lugar. São as únicas pessoas que vêm visitar os túmulos, dia após dia, vivas e gozando de boa saúde, mas tão enlutadas que tudo o que lhes resta é vir aqui, ir até a lápide e ficar lá."

Dave tenta fazer amizade com eles, esses fantasmas, quando está no cemitério, cuidando do terreno. Tem o cara com a cadeira dobrável e o jornal. A mãe e o filho que dão uma volta no cemitério todos os dias e leem o Alcorão nos fundos do jardim. Mas são com os viúvos que tem mais dificuldade: o idoso que vem de ônibus e fica lá sozinho, faça chuva ou faça sol. Ele diz que não consegue deixar de inventar histórias sobre eles, imaginando uma culpa incômoda para o homem que compra flores caras para a finada esposa três vezes por semana, flores que Dave, dias depois, vai jogar fora. Isso o consome. De repente, ele parece exausto só de tocar no assunto. "No final, você acaba evitando essas pessoas, porque sabe que vão sugar sua energia só de você dizer um oi."

A cozinha fica silenciosa, e Tony empurra os muffins pela mesa, com seu braço mais forte, na minha direção. Ele pergunta se isso não *me* deixa desanimada, passar tempo em lugares como esse, seja qual for a razão para o que estou fazendo — foi explicado a ele, vagamente, pela rede de recomendações que me trouxe até aqui, mas era difícil entrar em detalhes por cima do som da máquina. Respondo que "desanimada" não é bem como eu descreveria. Conto que algumas coisas mexem comigo de forma diferente das outras, mas me abstenho de falar sobre o bebê. Digo a ele que acho que a diferença é que sou uma visitante nesse mundo e posso ir embora a qualquer momento, então o que pega não é a tristeza — o que, como Dave afirmou, pode ser cumulativa —, mas as histórias das pessoas fazendo o bem e a coisa certa mesmo que ninguém note. Desde Terry destrocando os rostos lá na Mayo Clinic, ao agente funerário que deixava namorados excluídos entrarem escondidos depois do horário para se despedirem durante a crise da AIDS em uma cidadezinha nos Estados Unidos, até o coveiro e sua terra de toupeira, leve como uma pluma. Há carinho nesse ramo de trabalho, ao se olhar com atenção. Muitos desses serviços, como o de Tony e o de Dave, não se limitam ao texto do anúncio.

"Esse é um exemplo de uma cremação perfeita", diz Tony, em pé diante da máquina, com o dedo sobre o botão.

Ele abre a porta de metal, e espio lá dentro. Estamos do outro lado da máquina, o oposto ao qual estávamos quando ele colocou o caixão. Se o corpo ainda estivesse aqui, estaríamos perto da cabeça, olhando em direção aos pés, mas leva apenas algumas horas para um caixão e uma pessoa serem reduzidos a uma pilha fumegante de ossos e carvão. O caixão se foi agora. A parte traseira do crânio foi esmagada sob o próprio peso; todos os ossos ficam mais frágeis, como pó em 3D. Ainda estão visíveis as estruturas perfeitamente intactas das cavidades oculares, nariz e testa, rodeados por chamas ardentes de madeira, queimando até sumirem. Além do crânio, restam costelas delicadas, uma pélvis, apenas um fêmur inteiro e os ossos espalhados dentro da máquina, que se moveram das posições que antes ocupavam no corpo devido ao ar e ao fogo. Uma pessoa jovem e em forma teria um esqueleto mais forte e rígido para deixar, mas essa era uma idosa — a artrite enfraquece os ossos antes que as chamas o façam. Quando Tony os toca com um longo ancinho de metal, eles se partem. O crânio desmorona e o rosto desaparece, como se estivessem sob as ondas.

"Certo, você quer puxar esse aqui?", pergunta ele.

Tony me entrega o ancinho e me ensina a usá-lo. Tal qual jogar sinuca em um bar lotado, há uns quinze centímetros de espaço antes que o cabo bata na parede às nossas costas, algo com que Tony logo se acostumou, mas eu não paro de atingir os tijolos. Da direita para a esquerda; da esquerda para a direita. O som do metal raspando no cimento é estrondoso, o que se soma ao rugir do combustor. Ele aponta para a roldana de metal diante do forno, onde posso apoiar o cabo, e de repente tudo fica mais fácil para as minhas costas. O calor diminuiu consideravelmente desde que o caixão entrou lá, mas a sensação é que minha pele está prestes a queimar por causa da proximidade. Estou tendo dificuldade para juntar todas as partes por causa dos calombos e das fendas no piso do incinerador, efeitos do tempo e do uso — o chão do incinerador do crematório restaurado há menos tempo é liso em comparação. Tony pega um ancinho menor e mais delicado e assume, certificando-se de que cada fragmento de cinza desça pelo buraco na frente da máquina para resfriar no compartimento metálico abaixo, uma espécie de pá de lixo fechada. Ele dá seu melhor para tirar o máximo de cinzas do forno quanto possível, mas é inevitável que uma porcentagem minúscula permaneça alojada nas rachaduras da alvenaria. No compartimento metálico, o carvão está em meio aos cacos, incandescente, consumindo-se até só restarem os ossos. Uma vez resfriados, os ossos são levados para o processador de cinzas, uma espécie de liquidificador com bolas de metal que esmagam o osso até ele virar pó, e de lá para uma urna plástica com um tipo de cor que você esperaria encontrar ketchup dentro. Às vezes, é verde.

A cada etapa, um cartãozinho impresso com o nome da pessoa é levado junto, desde o incinerador até o recipiente metálico e ao processador de cinzas, e, por fim, à urna em si.

Nem tudo queima. Alguns implantes corporais são removidos antes de o corpo ser posto no caixão, do contrário, explodiriam: na funerária de Poppy, no sul de Londres, depois de vestirmos Adam, fiquei lá e observei quando uma incisão pequena e sem sangue foi feita no peito de outro morto e o marca-passo e os fios foram retirados de seu lugar perto do coração, enquanto eu, de modo inconsciente, segurava a mão do falecido para confortá-lo. Só quando a equipe da funerária tentou levá-lo foi que notei que estava, ao que parecia, segurando-o. Era um homem com cabelos brancos e livres da gravidade, parecido com um compositor excêntrico de pé em um túnel de vento; um homem generoso o bastante para doar o corpo para a ciência, cuja oferta tinha sido rejeitada por motivos que jamais saberemos. Em vez disso, ele foi queimado em um prédio como esse, um pouco mais cedo do que havia esperado.

Quando os corpos chegam para Tony, quaisquer implantes que tenham restado podem entrar na máquina. Ele os recolhe depois, quando está juntando os ossos, e os coloca no balde de pinos e articulações metálicos, que costumavam enterrar no cemitério, mas agora mandam reciclar. Outros materiais não biológicos, como mercúrio nos dentes, derretem e escapam para a atmosfera ou, no caso de próteses mamárias que os agentes funerários às vezes esqueceram de tirar, grudam feito chiclete mastigado no fundo do incinerador.

Câncer é a última coisa a queimar. Tony não compreende por completo por que isso acontece; ele acha que talvez seja por falta das células de gordura, quem sabe pela densidade da massa, mas, quando o resto do corpo se vai, o tumor pode, às vezes, permanecer, preto e imóvel, em meio aos ossos. Tony liga os jatos de gás e lança chamas direto nele. A superfície arde, dourada. "É quase como coral negro", comenta.

Mais cedo nesse mesmo dia, Tony havia aberto a porta de um forno para uma cremação que ele agora descreve como "terrível". Embora normalmente ele veja um caroço, esse tumor lhe pareceu estar em todo o corpo: desde o pescoço até a pélvis. Era o cadáver de uma jovem cuja foto presa nas coroas de flores do caixão dizia "FILHA" e "MÃE", que ficarão lá fora, debaixo da videira, até dali a uma semana, quando Dave as jogará no lixo.

"Sempre há algo aqui que vai te pegar de jeito", comenta Tony, que parece abalado com essa cremação em particular. "É por isso que tenho dificuldade com os carolas. Como podem acreditar tanto na religião quando *isso* está acontecendo, e uns filhos da mãe horrendos vivem até os 90 anos? Não sei se há um Deus olhando por nós, mas ele é um belo de um piadista, isso sim."

Ele continua balançando a cabeça, imaginando a dor que ela deve ter sentido. Tony nunca tinha visto nada assim nos trinta anos manejando aquelas máquinas. (Nem ninguém havia: perguntei a um patologista, a uma TAP, a um oncologista e a uma pessoa que trabalha em um crematório nos Estados Unidos, mas ninguém, exceto Tony, viu algo parecido. Pode ser algum capricho da máquina inglesa, que funciona em temperaturas menores que as estadunidenses. O oncologista sugeriu que talvez fosse uma calcificação do tecido. Mas, de qualquer forma, todos ficaram perplexos.)

Eu me lembro de o embalsamador dizendo que, quando os amigos lhe contavam sobre um diagnóstico de câncer, ele logo imaginava o pior cenário possível: a morte; e eu me pergunto se saber de um diagnóstico de câncer agora significará, para mim, coral negro em um crematório. Pela expressão de Tony, é uma visão difícil de esquecer. É como enterrar alguém com a arma que a matou, algo que devêssemos remover. Christopher Hitchens descreveu o tumor em seu esôfago que por fim o mataria como um "alienígena cego e sem emoção". Mais tarde, escreveu em seu livro publicado postumamente, *Últimas Palavras*, que era um erro atribuir qualidades animadas a um fenômeno inanimado. Mas acho que não há forma melhor de descrever uma massa de carne que não queimará, que durará mais tempo que o seu hospedeiro — pelo menos, sob um aspecto físico objetivo —, mesmo que apenas por um momento. Alienígena, cego, sem emoção.

Agora, há outro funeral prestes a acabar lá em cima. Tony está virado para os alto-falantes para que possamos ouvir o que está acontecendo no andar superior, cujo som é conduzido ao crematório através de tubulações — a calma do celebrante do funeral misturada com o rugido do maquinário enquanto aquece: 850, 852. Um bipe soa, e Betty Grey, em seu caixão de MDF com alças de plástico que derretem, desce pelo elevador.

(mor.te) *sf.*
Os Mortos Esperançosos

Pneus rasgados e descartados estão espalhados pelo matagal. Em meio a eles, um micro-ondas, uma TV estourada. Uma velha antena se projeta do mato perto de um alambrado caído. É janeiro, está um gelo, e as árvores parecem ossos pretos em contraste com o pano de fundo excessivamente iluminado, um efeito colateral dos novos postes de LED, que criam distração da ruína ao nosso redor ao iluminar outras coisas. Quando se apaga a luz da rua onde estão os restaurantes e as pessoas e a escuridão é quase total, é tipo cair da borda do mundo, como se o programador do jogo não tivesse chegado tão longe. O carro diminui a velocidade até parar, e olhamos para outra casa abandonada. As janelas estão inclinadas feito olhos cansados. Neve está começando a cair no parapeito do segundo andar, o telhado escancarado para o brilho elétrico do céu.

Detroit é, ou era, a depender do quanto alguém se sente otimista com o futuro do local, a cidade dos sonhos americanos mortos. Seu auge foi em 1950 — era a quarta cidade mais populosa do país, em uma época quando inúmeras pessoas eram atraídas para cá pela indústria automobilística em expansão e as promessas que vinham com isso. Desde então, a cidade tem estado em declínio, um diorama do coração apodrecido dos Estados Unidos: racismo arraigado, corrupção, a maior falência municipal já registrada na história do país, o abismo entre brancos ricos e todos os demais — um impressionante exemplo, presente na cidade toda, das consequências do capitalismo. Em 1967, só as revoltas populares — de modo algum as primeiras — deixaram 43 mortos, 7.231 pessoas presas e 412 prédios destruídos. À medida que a rica classe média abandonava a cidade, impostos não eram pagos, as ruínas continuavam em ruínas e o tempo só piorava a situação: casas eram queimadas em ataques incendiários na noite anterior a cada Halloween. As pessoas continuaram indo embora. O prefeito tentou fazer aqueles que ficaram morarem mais perto: estavam vivendo separados, nas últimas das casas solitárias em vastos quarteirões vazios.

Clint e eu dirigimos pelo escuro, em outro carro alugado ruim, procurando um restaurante, olhando para um cenário de John Carpenter. Um Dodge Challenger preto e sujo — um carro icônico dos dias em que a cidade era uma formidável fabricante de automóveis — ruge ao passar por nós, passando por cima das rachaduras do asfalto, o que faz parecer que um terremoto sacudiu apenas essa rua. Decidimos que da próxima vez que eu o convencer a atravessar os Estados Unidos só para me levar para uma entrevista, vou alugar um carro mais legal.

Em 1995, Camilo José Vergara, um fotógrafo chileno que fotografava os mesmos prédios ano após ano para catalogar seu lento declínio, sugeriu que a cidade deveria ser celebrada, que doze quarteirões no centro de Detroit deveriam ser deixados para se desintegrarem, um monumento ao que acontece se deixarmos as coisas morrerem e se decomporem, se permitirmos que outra vida assuma. A ideia foi recebida sem nenhum entusiasmo pelos moradores da área: essa era uma cidade viva que precisava de ajuda, não um monumento à morte. Agora, o alto MotorCity Casino Hotel se ergue do escuro, lançando luzes néon multicoloridas ao longo da fachada listrada em verde, vermelho, roxo e amarelo. A um quarteirão dali, moradores de rua se aquecem com o auxílio de uma lixeira em chamas. Arranha-céus, antes grandiosos, transformados em ruínas espetaculares, foram demolidos a fim de abrir caminho para estacionamentos ou terrenos baldios. Pássaros e árvores foram removidos das estruturas antigas dos velhos prédios de escritórios que foram transformados em hotéis. Embora ela possa, em certos lugares, parecer uma cidade silenciosamente resignada à própria morte, há uma notável esperança aqui que é de partir o coração.

No início dos anos 1960, havia um tipo diferente de esperança. A Motown Records estava em todas as paradas de sucesso, e a gravadora ainda não havia abandonado o lugar. Ao se diminuir um pouco o zoom do mapa, logo se nota que Neil Armstrong ainda não tinha pisado na Lua, mas estava perto. Quando o zoom aumenta, um professor de física chamado Robert Ettinger — na época, com uns 40 anos e cada vez mais ciente da própria mortalidade, assim como qualquer um na casa dos 40 — escreveu um livro explicando como seria possível viver para sempre. A obra se chamava *The Prospect of Immortality* [A perspectiva da imortalidade] e fez dele, por um tempo, um homem famoso. Ele apareceu no programa *Tonight Show*, de Johnny Carson, ao lado de Zsa Zsa Gabor.

O livro não era nem promessa nem garantia, mas exatamente o que dizia na capa: uma perspectiva. Era um livro que falava de uma ideia: a morte era uma doença, que não precisava ser necessariamente fatal; a obra começou como um panfleto autopublicado que ele acreditava que talvez fosse gerar burburinho se caísse nas mãos certas. Sua sugestão era congelar uma pessoa no momento da morte e impedi-la de entrar em processo de decomposição até que a ciência conseguisse achar uma cura para a doença que matara o sujeito, revertendo o dano a ponto do restabelecimento da vida. O livro aborda de maneira profunda a ciência do congelamento, mas é raso ao explicar como exatamente a reversão da morte aconteceria, mas é esta a esperança: que alguém vá descobrir no futuro, mentes mais brilhantes em uma versão mais tecnologicamente desenvolvida do que a que temos agora. O ritmo da descoberta científica era rápido: durante a vida de Ettinger, os seres humanos foram dos trens a vapor à viagem espacial; ele não tinha motivos para acreditar que isso não continuaria com a mesma velocidade.

Ettinger não foi sequer o primeiro a aventar a ideia de que a morte não era tão permanente quanto parecia — as religiões, claro, têm feito isso há milênios, e mesmo Benjamin Franklin sugeriu algo nessa linha em 1773, desejando que houvesse alguma forma de embalsamar um morto, talvez em um barril de vinho Madeira, para que pudesse ser ressuscitado cem anos depois e observar o estado do país. Mas Ettinger foi o primeiro a levar o assunto a sério e aplicar ciência prática além da ficção.

Foi por meio da ficção, afinal, que cunhou a ideia original, aos 12 anos, ao ler um conto de Neil R. Jones chamado "The Jameson Satellite" [O satélite Jameson], publicado em 1931. Na história, um professor solicita que, depois de morrer, seu corpo seja enviado para a órbita, onde seria preservado indefinidamente pelo vácuo frio do espaço até que fosse acordado, milhões de anos depois, por uma raça de seres mecânicos.

"Só acolhem a morte aqueles que já estão meio mortos", escreveu Ettinger, décadas depois, no livro que o tornou famoso. "Os que se rendem são os que já estão em retirada."

Ettinger é a razão para eu estar em Detroit. Seu corpo congelado está pendurado de cabeça para baixo, tal qual um morcego, em um tanque "criostato" dentro de um imenso prédio térreo bege, vinte minutos de carro ao norte do hotel sem calefação onde congelo, na horizontal, enquanto o vórtice polar fustiga Michigan com o frio ártico. Nos tanques ao lado dele estão sua primeira esposa, a segunda e o primeiro paciente do Cryonics Institute: sua mãe, Rhea.

Dennis Kowalski, presidente do Cryonics Institute, está tendo dificuldade para fazer o Skype funcionar. "Você não precisa ver minha cara feia, de qualquer forma." Ele ri. Com base no site deles, sei que o homem tem perto de 50 anos, cabelos escuros e um basto bigode preto.

"Acho engraçado que vocês se agarrem com todas as esperanças no fato de a tecnologia reviver um cadáver, mas ela não consegue fazer nem uma chamada de vídeo sem falhar", falo ao me recostar, depois de cansar de brincar com as configurações.

"Bem, sempre fui otimista", diz a voz na tela, onde a única imagem é a minha.

Estou falando com Dennis para descobrir como é acreditar que a morte não seja um fim permanente e por que alguém devotaria uma vida para tentar conseguir outra — a mim parece um desperdício da primeira. O pessoal da criogenia costuma ter má fama na imprensa: são retratados como insanos, delirantes, conteúdo para a comédia; Fry, de *Futurama*, e Austin Powers foram despertados de suas cápsulas para um futuro que não compreendem, e o personagem de Woody

Allen em *O Dorminhoco* ficou horrorizado ao descobrir que os amigos estavam mortos há duzentos anos, apesar de comerem arroz orgânico. (É também por causa dessas aparições na cultura pop que a "criogenia" é confundida com a "criônica" — a primeira é um ramo da física que lida com a produção e o efeito de temperaturas muito baixas, ao passo que apenas a última preserva cadáveres para ressuscitação posterior. A confusão irrita ambas as partes.) Ao ler o livro de Ettinger, há umas coisas bem malucas — a maioria sobre mulheres e o que fazer com suas múltiplas esposas congeladas — e, no final, ele se convenceu de forma tão sólida de que sua teoria é possível que chega a afirmar que "apenas uns poucos excêntricos insistirão em seu direito de apodrecer". Mas, no todo, parece otimista e, acima de tudo, curioso. Fiquei imaginando que tipo de pessoa se inscreve para ter o corpo congelado. Quando liguei para descobrir, o que encontrei do outro lado da linha foi alguém que parecia um nerd gentil.

O Cryonics Institute funciona desde 1976 e, na época em que Dennis não conseguiu fazer o Skype dele funcionar, tinha cerca de 2 mil integrantes, com 173 já congelados. Ele comenta que não há um "tipo" de pessoa que se inscreve para isso, nenhuma inclinação política ou religiosa, mas, se tivesse que escolher uma maioria, diria que provavelmente são homens, agnósticos e libertários. São ricos, mas, com o preço de 28 mil dólares, que pode ser coberto pelo seguro de vida (e é consideravelmente mais barato que outras empresas criônicas, como a Alcor, no Arizona, que cobra 200 mil dólares), atendem aos mais pobres também. Isso era importante para Ettinger, e no livro ele afirma que não queria que sua visão de futuro fosse tão cara a ponto de servir como uma "peneira eugênica". Conto a Dennis minha teoria de que o movimento transumanista, no qual a criônica costuma ser agrupada, parece envolver mais homens porque mulheres observam o corpo começar a falhar mais cedo, em estágios previsíveis, e devido à relação próxima delas com sangue e nascimento, talvez aceitem melhor a morte e, portanto, temem-na menos — o que pode explicar a elevação recente do número de mulheres trabalhando na indústria funerária. Ele não tem certeza, mas responde que é possível. E diz que nada disso tem a ver com temer a morte.

Jovens fãs de ficção científica, na minha experiência, tendem a começar com a crença em um futuro utópico, e só mais tarde, quando o mundo real começa a se infiltrar, é que as ideias distópicas passam a fincar raízes no cérebro deles. Empunhando foguetes de brinquedo, pensam que tudo vai ficar melhor um dia porque não têm razão para acreditar no contrário. Foi por volta do período dessa bolha utópica, em meados dos anos 1970, quando Dennis tinha 7 ou 8 anos, que ele assistiu a um episódio do *The Phil Donahue Show*. Bob Nelson, um homem que costumava consertar televisores, estava no programa falando da ciência da criônica e de como ele tinha, lá em 1967, congelado o primeiro homem. Nelson era fã do livro de Ettinger e líder de um dos punhados de grupos criônicos que se espalharam por todo o país. Os entusiastas pegaram a teoria de Ettinger e tentaram aplicá-la.

A entrevista no *Donahue* não foi o bastante para atrair Dennis para o mercado criônico; como porta-voz do movimento, Nelson não mencionou que tudo estava dando errado: que os corpos dos clientes congelados eram acondicionados em uma garagem atrás de um necrotério, que o líquido resfriador nas cápsulas defeituosas era reposto com menos frequência conforme o dinheiro acabava e seus cheques pessoais eram devolvidos, antes que os corpos, por fim, fossem abandonados; mas foi o que plantou a semente.

"Na época, quando eu tinha uns 16, 17 anos, lia a revista *Omni,* que reunia uma gama de filosofia da ficção científica muito profunda e trazia para a perspectiva do leigo", conta Dennis. "Eles fizeram um artigo sobre nanotecnologia molecular e engenharia reversa da vida. Esse foi o começo de tudo."

Dennis é membro do Cryonics Institute há vinte anos e é presidente da organização — que é sem fins lucrativos e gerida democraticamente — há seis. Não é seu trabalho em tempo integral; ele é paramédico em Milwaukee. "Brinco que no meu emprego diurno trabalho em uma ambulância salvando vidas e, no noturno, em uma ambulância para o futuro, *se esse hospital existir*", diz ele. "É a mesma coisa nas duas ambulâncias: não há garantias, ao entrar, de que o salvaremos."

Antes de falar com Dennis, havia presumido que ele me convenceria da ideia da qual agora ele mesmo é porta-voz. Ele insiste que ninguém sabe se vai dar certo, mas, decididamente, ninguém sabe se não vai. "Qualquer um que diz que a criônica vai funcionar com certeza não é cientista. E qualquer um que diz que com certeza não vai funcionar não é cientista", afirma. "A única forma de descobrir é por meio do método científico, conduzindo o experimento. Todos estamos em um experimento coletivo em criônica. Autofinanciado, sem aporte do governo nem financiamento externo. Qualquer outra pessoa que esteja sendo enterrada ou cremada faz parte do grupo de controle. Quanto a mim, prefiro estar no grupo experimental a estar no grupo de controle."

Ele diz, no entanto, que evidências fortuitas sugerem que a criônica não é a loucura que parece ser, que as chances estão se inclinando na direção de que ela realmente funcione algum dia. Ele cita a hipotermia terapêutica como algo que está seguindo a mesma linha de raciocínio da criônica: reduzir a temperatura do corpo (nesse caso, depois de um infarto) para desacelerar os processos e reduzir, temporariamente, a necessidade do cérebro por nutrientes e oxigênio, porque, se essas necessidades não forem atendidas, talvez a consciência nunca seja recuperada. Em *A Terra Inabitável: Uma História do Futuro*, David Wallace-Wells enumera organismos reanimados recentemente: em 2005, uma bactéria de 32 mil anos; em 2007, um inseto de 8 milhões de anos; e em 2018, uma minhoca que ficou congelada em *permafrost* por 42 mil anos. O jornal The New York Times informou que, em 2019, pesquisadores haviam tirado o cérebro da cabeça de 32 porcos mortos e restaurado a atividade celular de alguns deles.

"As histórias parecem estar sendo reveladas aos poucos, mas certamente estão justificando a lógica da criônica", afirma Dennis. "E, se a criônica não funcionar, ainda estamos promovendo o avanço científico ao provar o que *não* é possível. Também estamos ajudando em outras áreas: investindo na pesquisa de criopreservação de órgãos porque não apenas beneficia intrinsecamente os receptores de órgãos, como também avança mais um passo na direção da criopreservação do corpo todo."

Dennis comenta que não quer profetizar e vender a criônica como se fosse uma religião, porque é uma atitude que afasta as pessoas. Menciona que o mais difícil é convencer as pessoas sobre a ideia de serem trazidas da morte; mas já fazemos isso, só depende de qual seja a definição que cada um tenha para a morte.

"Há cem anos, se o coração parava, já era", explica. "A pessoa estava morta. Mas, hoje, 'trazemos pessoas de volta à vida' o tempo todo. Damos choques nelas com desfibriladores. Fazemos reanimação cardiorrespiratória. Ministramos medicações cardíacas. Às vezes, essas pessoas saem do hospital; às vezes, não. Eletricidade pode até remeter a *Frankenstein*, mas é uma parte importante da medicina de emergência. Onde estaríamos se nos ativéssemos à ideia de que não se pode trazer alguém de volta à vida?"

Sempre achei visões distópicas do futuro mais convincentes na ficção científica. Talvez esteja tudo emaranhado naquele único momento em que questionei a história do padre sobre Deus e a lâmpada; quem sabe minha suspeita sobre uma entidade habitando máquinas tenha se estendido à desconfiança geral em relação a robôs (e padres). Para mim, parece que as paisagens estéreis de *A Estrada*, de Cormac McCarthy, estão mais próximas de ser uma realidade potencial no futuro, ou as fachadas utópicas e resplandecentes que apodreceram sob a superfície, tipo ceifar vidas à avançada idade de 30 anos em *Fuga no Século 23* (no livro era pior; a vida acabava aos 21). Qualquer obra de Philip K. Dick. Ler as notícias e não se desesperar com o gráfico projetado de morte e ardente destruição planetária parece uma ideia legal e estranha para mim. Mas Dennis nunca chegou à fase distópica; ele ainda está plantado, de olhos arregalados e esperançosos, na crença de uma possível utopia, que haverá algo para o qual valerá a pena voltar; que não apenas é possível que possamos viver para sempre, mas que a opção é desejável.

"Talvez soe como se eu fosse uma dessas pessoas que não conseguem aceitar a morte, que preciso conjurar uma forma de escapar dela", diz a voz sem face transmitida pelos alto-falantes. "Mas, trabalhando como paramédico, já vi pessoas com ordens de não ressuscitação, e os familiares gritando com a gente para fazermos alguma coisa, para trazê-las de volta a uma vida de dor e sofrimento sendo que elas não queriam ser trazidas de volta. *Esse* é o nível mais extremo de negação da morte. É preciso entendê-la."

O cérebro que elaborou esse plano de reanimação de cadáveres continua dentro do crânio de Robert Ettinger, perto da base de um tanque de isolamento. Os corpos estão de cabeça para baixo porque, se ocorrer vazamento de nitrogênio líquido, eles querem que a parte mais importante da pessoa seja a última a descongelar. É provável que possam fazer outro dedo crescer na pessoa no futuro, mas não um cérebro; não a essência de quem você é.

Fora do prédio, os vizinhos de Ettinger incluem uma loja de sistema de segurança para portas, a central de uma empresa de energia, uma oficina mecânica e um serviço de aquecimento por indução, todos rodeados por gramados aparados com esmero e uma ou outra árvore melancólica por conta do inverno. Uma caminhonete solitária está parada no estacionamento, e na lateral está gravada a promessa "GREAT TIME PARTY RENTAL, TEMOS TUDO DE QUE SUA FESTA PRECISA". Para chegar ao Cryonics Institute, é necessário entrar nessa rua sem saída, passar pela caminhonete de festa e seguir a placa até chegar ao final da rua.

Chego às 10h; está nevando. Clint havia dirigido através dos vapores de bueiro de Detroit para me deixar no prédio com menos cara de era espacial da cidade. Quando paramos no estacionamento, um homem usando um casaco acolchoado gigante acena com a luva para nós através da porta de vidro.

Antes de se mudar para cá, o Cryonics Institute ficava mais próximo da cidade, até que ficou sem espaço. Ninguém pretende sair desse lugar; todo mundo que está aqui vai ficar, e os prédios ao redor serão comprados conforme a população aumentar. Os mortos congelados, lentamente anexando a empresa de luz, a sede da empresa de sistema de segurança domiciliar, empurrando a caminhonete de aluguel de festas para fora do estacionamento. O prédio está quase cheio, mas há um mais abaixo que já foi adquirido, à espera de preparos para receber futuros crionautas.

Hillary, 27 anos, de casaco roxo de capuz, jeans e botas para neve, vai me levar para conhecer as instalações. É frio aqui, mas não congelante; só parece mesmo que eles não dão muita importância para aquecimento. Dennis trabalha de forma remota, mas garante que estou em boas mãos: é aqui que os três funcionários cuidam da parte prática de armazenar os mortos. Além de Hillary, há Mike, o homem da luva. Ele é pai de Hillary, que arranjou o trabalho para ele aqui, cuidando de todo o serviço de manutenção. Também há Andy, de cabeça raspada e óculos, usando moletom verde, que, apressado, aperta minha mão antes de voltar para o trabalho no escritório na parte da frente do prédio, com a janela que dá para o gramado bem-cuidado. A maioria dos trabalhos de rotina aqui, como inscrições de pacientes e registro no banco de dados, é um cara ou coroa entre Hillary e Andy; antes de ela vir trabalhar aqui, era somente Andy.

Hillary tem cabelo castanho na altura dos ombros e um rosto delicado; é *minúscula*, mas, durante os últimos três anos, é ela que tem cuidado do recebimento e armazenamento de corpos. Deixo minha bolsa no escritório, e ela me leva a uma sala que não é muito diferente da de tanatopraxia que vi em Londres; só é mais vazia, mais organizada. A própria Hillary é embalsamadora formada e faz as "perfusões" ali antes de os corpos serem suspensos nos tanques. (Perfusão não é um termo da criônica: refere-se de forma mais ampla à passagem de sangue, ou a um substituto dele, através dos vasos ou outros canais naturais em um órgão ou tecido. A medicação da quimioterapia pode ser introduzida no corpo através da perfusão. Embalsamamento é perfusão; só não chamam o que fazem aqui dessa forma porque o que injetam é algo diferente.)

Há uma mesa branca de porcelana no meio com um rebordo em toda a sua volta para impedir que os fluidos caiam no chão, espaço ao redor dela para manobrar os corpos e as macas e uma infinidade de armários de suprimentos, todos guardados com cuidado. Ela vai até o canto e coloca a mão na lateral de uma banheira de lona plástica apoiada em uma maca com meio manequim de RCP imerso; Hillary explica que é assim que o corpo da pessoa que morreu recentemente é estabilizado e transportado para as dependências: submerso em uma banheira portátil de gelo, com o sangue circulando e a respiração artificialmente restaurada via uma máquina coração-pulmão. O equipamento mantém o sangue circulando enquanto o corpo está imerso na água com gelo, fazendo-o esfriar mais rápido ao usar o maquinário do próprio corpo: sua própria bomba, seu próprio serviço de distribuição. Eles chamam de "tambor", igual ao coelho de *Bambi*. Parece um desentupidor sanitário suspenso sobre um peito humano. "Também tem a máscara, que provê o oxigênio; assim, o sangue é mantido oxigenado." Ela aponta para o manequim. "Tentamos manter vivas o máximo possível de células."

Se você morrer nos Estados Unidos, precisa entrar em contato com o Cryonics Institute no prazo de 72 horas, caso deseje uma perfusão — mais que isso, as chances de uma "boa" perfusão são menores —, e muitos pacientes gravados no site, onde é informada publicamente a condição de cada corpo, nem sequer fizeram uma perfusão. Para maximizar as chances de fazê-la a tempo, uma empresa chamada Suspended Animation virá (por uma taxa que fica entre 60 mil e 102 mil dólares, a depender dos serviços que foram selecionados entre as opções oferecidas) e esperará no leito de morte. Qualquer tempo desperdiçado entre a morte e o resfriamento afetará a forma como a parte seguinte do processo funcionará, uma vez que qualquer degeneração do corpo reduzirá a habilidade do sistema vascular de distribuir a solução. Tão logo a morte é confirmada, a pessoa será colocada nessa banheira, o bombeamento começará, e ela será trazida aqui. Por menos de 10 mil dólares, pode-se pular essa etapa e deixar o transporte do corpo até Hillary por conta do agente funerário.

A perfusão das pessoas que morrem no Reino Unido é feita por embalsamadores licenciados pelo Cryonics Institute, antes que elas sejam enviadas para os Estados Unidos para serem armazenadas. (Kevin Sinclair, da sala de tanatopraxia em Londres, é uma delas. Ele disse que é incrível pensar que em centenas de anos essas pessoas estarão por aí, caminhando de novo. Quando perguntei se ele acreditava que era verdade, Kevin ergueu uma sobrancelha e respondeu: "Nada a declarar".)

Animais de estimação também são congelados pelo Cryonics Institute, caso o dono assim queira: cães, gatos, pássaros, iguanas, seja o que for que se deseje levar junto para o futuro; geralmente é feita uma perfusão melhor neles porque o cirurgião veterinário fica bem na esquina da rua. Os bichinhos vêm direto da eutanásia para cá, chegando enquanto ainda estão quentes, quando o sangue não teve a chance de parar ou coagular. É por essa razão que tanto Hillary quanto Dennis pensam que a eutanásia deveria ser legalizada para humanos, mas o instituto se abstém de se envolver publicamente no assunto e, no momento, não aceita suicidas, seja qual for o método empregado; não querem que a possibilidade de outra vida melhor seja a razão para alguém acabar com essa.

Perto da pia, estão dezesseis garrafas com um líquido claro. Parte do trabalho de Hillary é misturar esse líquido, que assume o lugar do fluido embalsamador rosa-salmão. "Previne danos causados pelo congelamento", explica ao pegar a garrafa meio que se desculpando, como se desejasse que fosse algo mais interessante para se olhar. A forma como Dennis descreveu o fluido, chamado CI-VM-1 (CI Mistura de Vitrificação Um), para mim no Skype, semanas atrás, foi que originalmente eles apenas "congelavam direto" a pessoa com as temperaturas do nitrogênio líquido e pronto; e ainda fazem assim, para quem não teve tempo ou que, por alguma razão, não quer que essa parte do processo ocorra. Mas descobriram que água congelada nas células faz com que se rompam, e a parte externa do corpo ser congelada mais rápido que a interna causa danos intersticiais — cristais de gelo se formam no espaço entre órgãos e tecidos. Então, contrataram um criobiólogo, que idealizou o fluido que permitiria que congelassem o corpo, mas que deixaria as células intactas: um anticongelante biológico inspirado no reino animal, nos sapos do Ártico, que congelam no inverno e voltam à vida na primavera, com o coração batendo e os pulmões respirando. No caso dos sapos, quando a temperatura cai, proteínas especiais no sangue deles sugam a água para fora das células, ao passo que o fígado bombeia grandes quantidades de glicose para sustentar as paredes celulares. Humanos não têm essa proteína: quando congelamos, sofremos ulcerações causadas pelo frio e nossas células entram em colapso. É isso que o líquido tenta evitar. (Para os pacientes diretamente congelados, o instituto espera que esse seja um problema que as pessoas no futuro terão resolvido. Essa costuma ser a resposta para muitas das perguntas.)

Para injetar o fluido no corpo, empregam uma máquina utilizada em cirurgias de peito aberto, mecanicamente reanimando o músculo para que desempenhe sua função como bomba e mova os produtos químicos pelo sistema vascular. Hillary alega que é um método mais preciso que a tradicional máquina de embalsamar que vi em Londres, porque é mais fácil de controlar a pressão; eles mantêm o coração batendo em torno de 120 bpm, um nível de exercício moderado em um adulto saudável, assim o líquido não se espalha rápido demais nem danifica os vasos que deveriam carregá-lo. Embora o princípio seja bem parecido com o do embalsamamento, a função do fluido aqui não é dilatar o corpo, nem reidratar a carne ou mudar a cor para fazer a pessoa parecer viva, tampouco os incha como acontece nas escolas de anatomia para preservá-los. Aqui, o fluido suga a água das células, desidratando o corpo todo. Hillary relata que eles ficam bronzeados, meio que mumificados. Enrugados. Aqui, eles pegam a uva e produzem passas.

O corpo perfundido é então levado pelo corredor até a sala resfriada controlada por computador, onde jaz em um catre no fundo do que parece um imenso refrigerador horizontal, envolto em uma mortalha de material isolante similar a um saco de dormir e preso a uma maca branca, identificados com crachás; são três por pessoa. Ao longo de cinco dias e meio, será congelado aos poucos, em incrementos, até atingir a temperatura de nitrogênio líquido, –196 °C, com o refrigerador borrifando o corpo com nitrogênio líquido sempre que o computador der o comando. Há um laptop conectado a ele, monitorando o processo, e um gerador de emergência caso o prédio fique sem luz. Nada do que acontece fora daqui afetará a pessoa congelando lá dentro. De lá, são tirados pela maca e postos no tanque de resfriamento com o auxílio de um sistema de cordas e correntes presas a corrediças de aço no teto e abaixados de cabeça em um dos 28 criostatos, os imensos cilindros brancos que se elevam acima de nós conforme saímos da sala de perfusão.

Hillary vai para perto de um contêiner retangular: uma estrutura de aparência artesanal de quase 1,80 metro com reentrâncias nas paredes externas como se tivesse sido moldado em uma máquina de waffle. Tinta branca secou em gotas grossas na superfície. Ela me informa que esses foram os primeiros criostatos, feitos à mão com fibra de vidro e resina por Andy, o homem que conheci brevemente no escritório, que trabalha aqui desde 1985 e que estava presente quando o primeiro paciente foi congelado. "Como você pode imaginar, levou bastante tempo para fazer, e são caros, então trocaram para esses cilindros", explica ela ao olhar para o que descreve como garrafas térmicas gigantes. Não precisam de eletricidade para manter o resfriamento, vem tudo de dentro. No interior, com capacidade para seis pacientes, há um cilindro menor, com isolamento de perlita e uma rolha gigante feita de espuma com 60 centímetros de espessura. Uma vez por semana, Hillary sobe a escada preta de aço e passa quatro horas caminhando ao longo da passarela de metal com uma mangueira atada aos canos no teto, completando o nível do nitrogênio líquido em evaporação por meio de um pequeno buraco na tampa de cada tanque.

Caminhamos ao longo deles, todos idênticos, sem nomes em lugar algum. Hillary aponta para um dos criostatos onde cinco pedrinhas estão alinhadas ao redor da base. "O cachorro de uma família judia está aí dentro", informa ela. "Ele se chamava Winston e era o animal de serviço deles. A família mora aqui perto e vem visitar a cada poucos meses." É uma tradição judaica colocar uma pedra pequena perto do túmulo toda vez que visitam. Um rabino me disse que é porque, ao contrário das flores, as pedras não morrem. Tem a ver com permanência da memória, de coisas que duram além de seu tempo na terra."

Não acontece com frequência, mas pessoas tratam esse lugar como um cemitério. Alguns trazem pedras; outros, cartões de aniversário. É permitido visitar quantas vezes alguém quiser. A diferença é que a pessoa vai olhar para um tanque branco com um logo em vez de uma lápide com um nome. "Na funerária, você lida com uma pessoa e segue em frente. Mas, com essa gente, estamos aqui todos os dias", explica ela. "Temos contato com os mesmos familiares que visitam todos os anos. Tomamos conta deles o tempo todo."

Perto de alguns tanques à esquerda, mais abaixo na fileira, Hillary para e olha para cima, para outro cilindro branco, tão anônimo e uniforme quanto os demais. "Há uma menina do Reino Unido nesse." Essa menina foi notícia: tinha apenas 14 anos quando morreu, jovem demais para deixar um testamento, e havia mandado uma carta para o Supremo Tribunal da Inglaterra pedindo que seu corpo fosse congelado após a morte; ela sabia que morreria de câncer, havia descoberto a criônica na internet e queria ter uma chance de cura no futuro. Repórteres saltaram cercas para tentar tirar fotos das instalações, ficaram ligando e apertando a campainha para tentar falar com Hillary. Ela se escondeu lá dentro até eles irem para casa.

Robert Ettinger, que morreu em 2011 aos 92 anos, está no tanque perto da porta da sala do conselho. Ele foi o 106º paciente do instituto, e seu corpo foi posto no gelo no minuto seguinte ao último suspiro. Foi Andy quem fez a perfusão. Apesar do fato de ser o livro do homem que deu início a tudo isso, não há nada que indique que ele esteja aqui, e nenhuma menção a ele em lugar nenhum das paredes, exceto por uma imagem. A cerca de três metros de onde seu corpo está, uma foto em preto e branco impressa em uma tela está pendurada à cabeceira da longa mesa do conselho. Ele está usando terno e gravata, um professor sorrindo diante de um quadro negro onde equações algébricas foram escritas a giz. "Com um pouco de sorte", diz a frase na foto, "provaremos o vinho de séculos que ainda não nasceram."

Há matemática e ciência aqui, mas não é motivo para se deslumbrar, e nada disso é certo; tudo é um dar de ombros e um talvez. Não há luzes néon nem promessas de vida eterna nas paredes; essa sala de reuniões não parece mais tecnologicamente avançada que qualquer outra, somente tem mais frases inspiracionais de Arthur C. Clarke. "*Qualquer avanço suficientemente tecnológico é indistinguível da magia.*" As luzes aqui são um pouco mais brilhantes, as plantas um pouco menos fúnebres. Não há caixas de lenços sobre as mesas nem nos braços dos sofás. Tentam fazer daqui um lugar esperançoso.

Essa é a sala em que as pessoas entram para fazer perguntas sobre o processo antes de se inscreverem para ter o corpo congelado. É Hillary quem responde a maioria delas. Nós nos sentamos e assistimos ao vídeo memorial, as fotos de alguns dos 155 animais de estimação que estão passando na TV de tela plana na outra ponta da mesa. Lá está Winston, o animal de serviço, um poodle preto fofinho com orelhas enroladas feito cachinhos. Angel, Thor, Misty, Shadow, Bunny, Rutgar. Um labrador preto fica na tela tempo o bastante para que eu note suas unhas pintadas de vermelho. E há as pessoas: idosas, jovens, Edgar W. Swank — presidente e último fundador ainda vivo da American Cryonics Society, a mais antiga organização criônica ainda existente — usando o tipo de óculos que só costumamos ver em fotos de autores de ficção científica. Há jovens mulheres muito sorridentes que morreram de cânceres incuráveis, uma senhora de Hong Kong. Hillary se lembra dos que chegaram quando já estava aqui e aponta enquanto passam. "Ela era jovem, acho que morreu em um acidente. Linda, era jovem também; câncer. Ele foi há pouco tempo: infarto."

O ano mais agitado no Cryonics Institute foi 2018, com dezesseis pacientes entrando no criostato. Muitos deles foram inscritos pela família depois que morreram, o que Hillary credita ao fato de que o boca a boca esteja funcionando. A maioria dos novos membros são jovens, na casa dos 20, 30 anos. "Creio que nosso grupo etário veja bastante potencial para a tecnologia", explica ela. Pergunto se tem mesmo a ver com confiança na tecnologia ou se tem mais a ver com medo da morte.

"Talvez um pouco dos dois", sugere ela. "Mas, na maior parte do tempo, sinto que é mais para estenderem a vida, e enxergam essa possibilidade na tecnologia. As pessoas não costumam dizer que têm medo da morte e que é por isso que estão fazendo isso, mas acho que faz parte. Creio que ninguém queira morrer."

Presumo que alguém que trabalha aqui todo dia congelando mortos teria se inscrito para ser um deles. Mas, até o momento, Hillary não fez isso. "Não por eu não ver a tecnologia ou por não acreditar nela, porque acredito. É só uma escolha pessoal... não sei se quero voltar", comenta; não parece triste, mas pragmática. "Assim, a vida é difícil. É uma batalha." A família não está interessada na criônica, e ela não vê razão para voltar sem eles. Conheceu o marido na faculdade de ciências mortuárias, e a família dele é dona de seis funerárias na região; ela trabalhou para eles por um tempo, antes de vir para cá. A morte sempre foi algo certo para ele, que não vê razão para mudar isso. Mas eu me pergunto quando isso se tornou uma certeza para ela.

"Minha mãe adoeceu quando eu tinha 14 anos", conta. "Foi um abrir de olhos, porque ela estava com câncer no cérebro e a gente sabia que ela ia morrer. Cresci bem rápido." Dois anos depois, a mãe morreu, e por ter sido um último pedido, seu caixão estava fechado no funeral; ela não queria que as pessoas vissem que partes do crânio haviam sido removidas em cirurgias, que os remédios a tinham feito ganhar peso, não desejava que a vissem tão diferente de si mesma. "Entendo os motivos dela. Mas fiquei incomodada", diz Hillary. "Fiquei lá olhando o caixão e pensando: *'Eles a colocaram mesmo lá dentro? O que fizeram com ela?'*" É a história de Hillary, mas parece que eu poderia tê-la contado. Na minha versão, eu tinha 12 anos, e era minha amiga no caixão, mas a cena foi a mesma. Quantas pessoas, especialmente crianças tentando entender, não se sentaram, como nós, na igreja, encarando uma tampa fechada, pensando nessas mesmas coisas?

Algo de que agora ela sente falta no embalsamamento é fazer a pessoa voltar a parecer normal para a família; sente falta de encher a casca murcha dos pacientes oncológicos, fazer a cor voltar às bochechas descoradas. Porque, ultimamente, tudo isso, para Hillary, tem a ver com cuidar das pessoas. Ela foi a família do doente, conhece a tensão e a angústia e aprendeu, por experiência própria, o que poderia ser feito de um modo melhor. Tentou estudar enfermagem, mas descobriu que pessoas doentes podem ser malvadas. Trocou para ciências mortuárias, trabalhou em uma funerária e gostava de tudo, menos a parte de falar diante dos vivos; é quieta e tímida, e prefere ficar nos fundos, sozinha, com o corpo. E é exatamente o que faz aqui.

Mais uma vez, ela parece estar pedindo desculpas, como se devesse estar mais otimista com a possibilidade de viver mais. "Estou feliz por estar envolvida nisso", relata, com as fotos dos rostos ainda aparecendo na tela no fim da mesa. "Sinto que estou fazendo algo bom. Não sabemos se vai funcionar, mas minha sensação é a de que estou ajudando as pessoas a terem uma oportunidade."

Vou ser sincera, pensei que fosse chegar ali e encontrar gente doida. Passei tanto tempo com aqueles que trabalham com a morte que nunca cheguei a questionar a finalidade da coisa, quem trabalhava dentro dos limites da natureza para fazer a experiência ser menos aflitiva do que parece ou mostrar que tem seu valor. Pensei que fosse conhecer pessoas que estavam certas quanto à possibilidade de serem ressuscitadas, confiantes em sua crença de que fosse uma boa ideia. Pensei que teria que fazer cara de paisagem, me abster de revirar os olhos à ideia de que a morte fosse algo que poderia ser obliterado, que o luto talvez fosse algo que pudesse ser evitado, já que a pessoa não estaria morta de verdade. Mas as pessoas que visitam essas instalações, que tratam esses criostatos como se fossem túmulos, conhecem o luto muito bem. Para alguns, tenho certeza, a criônica é uma negação subconsciente da morte, tornada consciente e ridícula. Mas, para outros, não é a negação da morte tanto quanto significa os humanos se permitindo ter um raio de esperança em uma noite de desespero. Hillary tem pensado na morte a ponto de se concentrar na solidão da vida eterna; de que adianta voltar se todo mundo que você ama já se foi? E então há o otimismo qualificado de Dennis, fazendo apostas calculadas, preferindo ser um paciente experimental e não alguém no grupo de controle, ao mesmo tempo que entende que nada disso possa funcionar. Há mais deliberação aqui, mais empatia do que eu esperava encontrar em um instituto fundado sobre a crença de que um dia poderiam passar a perna no fato mais fundamental da vida. Vim aqui para descobrir como é viver acreditando que não vai morrer, que não vai encontrar o tipo de trabalhadores da morte que conheci, mas a resposta simplesmente não está aqui.

Em última análise, penso que a eficácia da criônica possa ser um ponto irrelevante. Com as mudanças climáticas e a perspectiva da nossa perpetuação neste planeta parecer desanimadora, talvez nunca tenhamos a chance de descobrir. Por mim, não creio que será eficaz, nem que seria desejável caso fosse: Toni Morrison escreveu que qualquer coisa que volte à vida dói, e acredito nela. A vida tem significado porque termina; somos pontos efêmeros no radar em uma longa linha da vida, colidindo com outras pessoas, outras coleções improváveis de átomos e energia que de alguma forma existiram ao mesmo tempo que nós. Mesmo nas melhores circunstâncias, ser reanimado poderia resultar em uma saudade permanente de uma época e de um lugar para o qual não se poderia voltar, que não existiriam mais. Mas, se nada disso machuca ninguém, se ajuda essas pessoas a viver e a morrer, não vejo razão para privá-las de seu experimento ou de fazer graça com o assunto. Gosto do otimismo, mas não compartilho dele. Fazemos o possível para sobreviver. É uma canção de ninar em um leito de morte.

No dia seguinte, enquanto meu voo deixa o aeroporto Detroit Metro, o mesmo que recebe os corpos que vão para os criostatos, olho para baixo, para a neve e o gelo. Lá, em algum lugar, está o Cryonics Institute, onde alguém está disponível a qualquer hora do dia, a qualquer dia do ano, pronto para receber um morto esperançoso. Talvez Hillary esteja caminhando pela passarela, preenchendo os tanques de pessoas que depositaram suas esperanças em um conselho de membros sempre reabastecido e que as defenderá enquanto dormem, se um dia acordarem. Daqui de cima, a neve traz à tona as pegadas das casas há muito mortas de Detroit, como se fossem restos de árvores. As casas que sobraram permanecem congeladas e sozinhas em meio aos fantasmas.

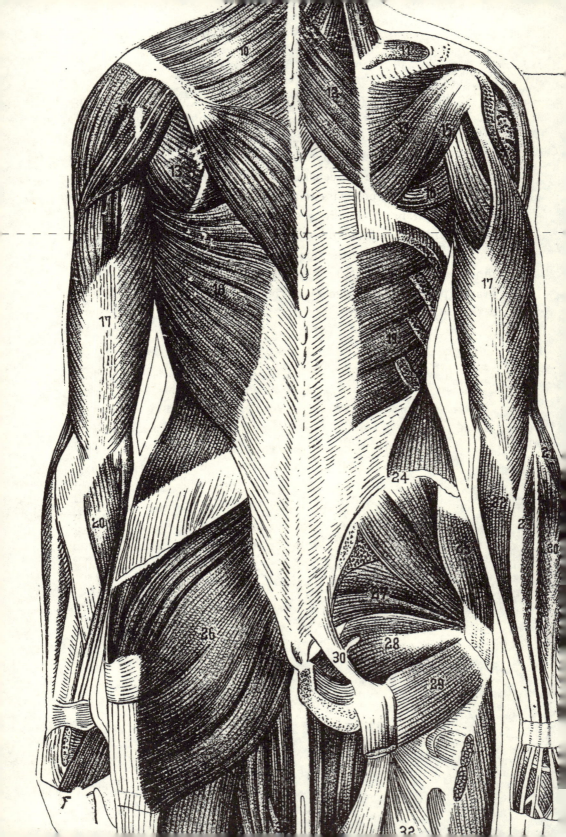

(mor.te) *sf.*
Posfácio

É final de maio de 2019. Já estourei um prazo para entregar este livro e estou prestes a estourar outro. Continuo encontrando gente com quem falar, mais questões em que não tinha pensado. Sigo pensando no bebê; tenho dificuldade de pensar em qualquer outra coisa. Mas, no momento, estou em um bar com vista para a baía de Saundersfoot em Gales do Sul, entrevistando um ex-sargento detetive, Anthony Mattick, fazendo perguntas sobre seu trabalho com homicídios. Já bebemos duas cervejas. Estou mais cansada do que já estive na vida, o tipo de exaustão pelo qual o sono não faz nada. Eu me lembro de uma frase de *Homicide*, de David Simon: "O burnout é mais que um risco ocupacional no departamento de homicídios, é uma certeza psicológica". Creio que Mattick esteja mais cansado que eu, mas ele não passa essa impressão.

O homem está com os óculos de sol no alto da cabeça, enfiados entre os cabelos grisalhos curtos, mas não chega a colocá-los. Esteve na Espanha há pouco tempo, em uma comemoração conjunta de um aniversário de 50 anos, e está tão queimado de sol que não pareceria deslocado se fosse colocado nos aquários de lagostas do Red Lobster. Apesar da vista do pôr do sol sobre o mar resplandecente, ele está conseguindo esvaziar a varanda ao me contar com voz alta, em seu tom barítono galês entre arroubos de riso, o que ele costumava fazer para ganhar a vida, antes de um caminhão de 18,5 toneladas o atropelar na bicicleta e lançá-lo a quase cinquenta metros pela estrada. Ele foi levado de helicóptero para um hospital em Cardiff e morreu duas vezes na mesa de cirurgia. "Virei uma panqueca. Esmagado aos pedacinhos!", retumba ele. "Fratura exposta na pélvis." Está aposentado há sete anos, já andando há boa parte desse tempo. "Estive em um episódio de *Ambulance*", adiciona, se mijando de rir. Cada frase é composta de 75% de palavras, 25% de explosão facial de desenho animado, esteja ele falando da própria experiência de quase morte ou da resolução de um caso de homicídio.

Saímos do bar e seu deque agora vazio e caminhamos pela cidade, tentando encontrar algum lugar que ainda esteja servindo comida às 21h. É um pequeno vilarejo na costa; não há lugar nenhum. Mattick acena para umas adolescentes; elas devolvem o cumprimento. Ele grita algo animado e ininteligível para um homem saindo de um pub; o homem retribui o sorriso. Um taxista o cumprimenta com um "Auto!" (auto-Mattick, *sacou*?), e entramos no carro. Pergunto como é isso de ele conhecer a cidade inteira. As adolescentes? Ele dá aula na escola agora, mentoria, essas coisas. O cara saindo do pub? Preso há vinte anos por roubo e invasão. "É só fazer o trabalho direito que não tem ressentimento", completa, acenando para alguém pela janela.

Antes de se aposentar, Mattick trabalhou em uma gama de casos ao longo de trinta anos, todos crimes graves. Fazia parte da equipe que havia desvendado o caso arquivado de assassinato em série de Pembrokeshire, condenando John William Cooper, em 2011, por duplo homicídio, cometido nos anos 1980. Mattick amava a profissão, amava estar no meio da ação, tanto que se voluntariou para fazer parte da equipe de resposta a desastres da Kenyon, tendo trabalhado anteriormente com Mo no resgate de vítimas de acidentes aéreos, catando pés e cabeças nas montanhas. "Não amo a experiência por causa do... *aspecto macabro*", conta ele, franzindo a testa. "Tinha um cara, um chefe, um sujeito simpático com um sotaque carregado de Carmarthen, com uma sala cheia de detetives, e ele costumava dizer algo que aprendeu com alguém na polícia metropolitana: *não há maior privilégio na vida do que ter a permissão de investigar a morte de outro ser humano*. É uma declaração enorme. Imensa. Você cumprirá um papel menor ao fazer isso. E alguém está confiando em *você* para fazer algo assim."

Encontramos o único restaurante de comida chinesa ainda aberto em uma cidade próxima, no fim de uma ruazinha secundária, e pedimos a maior parte do que havia no cardápio, além de batata frita, e ele me conta sobre os casos que ficaram gravados na sua cabeça. Está mais quieto do que estava na varanda, escavando histórias enquanto espera pelos rolinhos-primavera. Mas elas não estão enterradas nas profundezas.

Dia de Natal, um bebê morto. Três meses de nascido. Mattick saiu da própria casa, na manhã de Natal, para ir ao local: uma pequena propriedade na lateral de uma estrada no meio do nada. "Era um casal simpático, passaram anos e anos tentando ter um filho", relata, parecendo entristecido. "E você tem que interrogar os pais, pegar o depoimento deles. Precisa fazer com que se sintam confortáveis, mas ainda está fazendo perguntas como se eles fossem culpados." Esse é o lado da história que não vi no necrotério, a policial sentada na banqueta lá perto enquanto Lara explicava que a Síndrome da Morte Súbita Infantil só é declarada quando todo o resto é descartado. Para Mattick, o aroma do Natal — o peru, a árvore, o plástico barato e o leve aroma da pólvora das bombinhas — ainda lhe traz de volta a lembrança: o lamento e o choro enquanto removia o bebê e o berço.

Outra história: pai e filho afogados, catorze dias depois de terem desaparecido, após os corpos enfim terem sido revelados pela maré baixa. A mão rígida do pai ainda agarrava a rocha na baía, a outra segurava o menino que tentara salvar. "Anos depois, penso: ele morreu com o filho. Na cabeça dele, estava pensando: *não vou largar meu filho*. Como poderia, com duas marés por dia e a força da correnteza, ainda se agarrar a uma rocha e segurar o garoto dele?" Assinto, lembrando-me de Kevin, o embalsamador, explicando que a manifestação física do medo, como a tensão em uma montanha-russa, pode congelar instantaneamente os músculos na forma como estavam quando a pessoa morreu. É chamado de espasmo cadavérico. Por um momento, me pergunto se Mattick espera que eu esboce mais reações; estou ouvindo a história de pai e filho mortos e pensando na causa prática do aperto, nas reações químicas do corpo. Como eu teria reagido antes de começar este livro? Acho que teria perguntado sobre a mãe. Mas não faço isso.

Ele serve na minha taça o resto da garrafa de vinho e faz sinal pedindo outra, encontrando um lugar para ela no último pedaço de mesa que não está coberto por pratos e arroz tailandês derramado. Então prossegue, lembrando-se de ver um homem pegando fogo pelo sistema de vigilância. "A maioria das pessoas que vejo está morta, mas dessa vez foi alguém *morrendo*", conta ele. "Vi facas, armas, cabeças e bocas estouradas. Um idoso que era só uma casca, o resto dele havia pingado do teto porque ele havia partido há tempo demais. Afogamentos na praia. Um em que o trem fatiou um cara no meio — fiquei com as pernas; meu parceiro, com a outra metade. Vi uma menina que foi ejetada de um carro, e toda a parte de trás do crânio havia desaparecido. A enfermeira fazia boca a boca às três da manhã, na estrada, e, conforme ela soprava, espalhava viscosidade nos meus pés. A menina não tinha cérebro, nada restava, tinha saído tudo. A enfermeira não sabia, não conseguia ver a profundidade do trauma; não tinha iluminação. Ela soprava, mas não fazia som. Estava saindo direto pela parte de trás da cabeça. Eu falei: 'Sinto muito'. Ela olhou para cima e havia sangue em seu rosto."

Ele serve mais comida no prato enquanto fico com a imagem de uma enfermeira de joelhos, em um ato de desespero no escuro. Ele já saltou para a história seguinte, rindo. "Teve um cara, ele era enorme. Morreu no andar de cima, a gente não conseguia levá-lo para baixo ao passar pela bela escadaria de madeira. O agente funerário precisou tossir para mascarar o som da gente partindo o sujeito ao meio para que ele passasse pela parte curva." Mattick estava rindo no guardanapo.

"O som do estalo do *rigor mortis* é bem memorável", afirmo, porque o que mais poderia dizer depois de uma lista dessas, embora, mais tarde, ao ouvir a gravação, um "Ai, meu Deus" ou um "Cacete" talvez tivesse sido mais normal.

"Você já ouviu?", pergunta Mattick, com as sobrancelhas elevadas por trás do guardanapo. Ele o coloca de volta no colo e olha para mim como se não soubesse mais por que estamos aqui. Era para ser eu a pessoa que nunca tinha visto nada, a que perguntava como era. Então digo a ele o que andei fazendo. Falo sobre os corpos nos necrotérios, o crânio em cinzas, o caixão na colina. Conto a ele sobre segurar um cérebro e o bebê na banheira. Noto que estou listando tudo do mesmo jeito que ele fez.

"Você está me perguntando sobre coisas pelas quais já passou", pontua. "Não estou tirando sarro. Você está me perguntando o que me marcou, e você mesma já viveu tudo isso. Não quero virar o foco para você, mas é o que é. Estou surpreso por você mesma não ter tomado umas seis garrafas! E vem perguntar para *mim*? Você já chegou lá, parceira. Você já, hã, *foi com tudo*."

Dou de ombros, desconfortável, minha expressão dizendo o que espero que saia como: *não foi minha intenção, não a esse ponto*. No início, o plano era simples: eu entrevistaria trabalhadores da morte e faria perguntas sobre a profissão e sobre como lidavam com tudo; talvez eles me mostrassem, se eu não atrapalhasse. Seguiria o corpo desde o necrotério até o enterro e contaria o que vi. Já entrevistei centenas de pessoas antes, falando sobre temas diferentes: cinema, boxe, tipografia, histórias tristes e felizes. Sou uma turista em vários mundos, e imaginei que seria uma neste aqui, guardando o bloquinho e o gravador e indo embora quando terminasse; não acho que você possa ver algo uma vez só e se chamar de morador local, não importa o quanto preste atenção. Ainda assim, vi mais do que havia esperado. Senti mais do que havia esperado. "Francamente, fiquei tranquila com tudo, exceto pelo bebê", conto a ele, porque é verdade. Eu estava ocupada olhando a avalanche e essa foi a pedrinha que me atingiu bem entre os olhos.

Talvez Mattick esteja certo. Talvez eu tenha visto o suficiente; "ido com tudo". Talvez esta seja a minha última entrevista; ele só está me dando o sinal verde para parar.

Nenhum de nós fala nada. Mattick parou de comer. Está me olhando, atualizando na cabeça onde acha que me encaixo. Mais cedo, no bar, foi necessário um pouco de encorajamento para fazê-lo falar abertamente sobre o trabalho — ele ficava enumerando para mim as manchetes (em voz alta), anunciando os temas impróprios para menores que iriam ao ar depois do horário nobre. Havia assumido que eu não tinha visto nada disso, e que *na verdade* não queria ouvir detalhes porque a experiência havia lhe ensinado que ninguém nunca queria, não de verdade, e a multidão se dispersando no bar não o convenceu do contrário. Fazia horas que havia me contado sobre a enfermeira ajoelhada e o senhor pingando do teto. Não fiz nenhuma suposição com você, leitor, sobre aquilo com o que você pode lidar — seria antiético em relação ao que eu estava tentando fazer; ceder às barreiras culturais que estava tentando ultrapassar — e agora você está aqui comigo. O som do restaurante preenche o silêncio entre mim e Mattick.

"Acontece que, agora..." Ele se recosta e encara o canto da sala, passando reto pelo gato amarelo acenando com a patinha, decidindo se deve ou não dizer o que está prestes a falar. "Não, vou desembuchar logo porque você está escrevendo o livro, não me entenda mal." Ele se inclina para a frente, sério. *Você nunca vai se livrar das imagens.* Não digo isso para ser desagradável. Haverá gatilhos que vão trazer essas coisas de volta para você. Você vai estar em algum lugar, e não vai saber a razão, mas do nada tudo isso vai aflorar. E você não vai ser capaz de impedir. Porque o que viu não é normal. As coisas sobre o que está me perguntando... você se envolveu com elas."

Ele afirma que depende de como e onde arquivo as imagens: que, no momento, elas estão em primeiro plano, mas logo não estarão. "Fiz isso por trinta anos", declara. "As enfermeiras fazem. Bombeiros também. Você vai ter que ser capaz de se desconectar dessas coisas, ou vai se perguntar que droga estava fazendo."

Faz perfeito sentido para mim agora, todas as vezes que as pessoas disseram que conversavam com os colegas, em vez de com o terapeuta, quando algo as pegava de jeito — alguém que estivera presente, que tinha visto o que elas viram —, fosse Clare e suas colegas parteiras na sala de descanso, ou Mo no churrasco anual. Agentes funerários, embalsamadores e TAPS trocam histórias em conferências, sabendo que ninguém ali nem sequer vai titubear. Muitos deles me lembram do que li sobre soldados que sentem que só conseguem falar com outros soldados porque suas referências são fora do comum, com o contexto afastado da vida cotidiana. Eles querem alguém com uma experiência similar, não só com compreensão clínica. Não tenho colegas que entendam. Então, me sinto ao computador e digito. Conto a Mattick que o bebê está tão arraigado na minha cabeça que fico perto de pessoas em cafés, pessoas que estão com seus bebês no carrinho, e os imagino mortos. Ou quando meus amigos mencionam, despreocupados, que o bebê dormiu entre eles, e as estatísticas de mortes por sufocamento piscam na minha cabeça. Conto que não sou divertida nas festas porque vou encurralar alguém e falar sobre o bebê. Não precisa muito. As pessoas só precisam perguntar como estou.

"Mas eu ficaria impressionado se você dissesse que isso não te deixou mais grata", diz ele. "Isso provocou alguma mudança, de um jeito bom. Em boa parte do tempo, a experiência te deixa muito humilde. Você olha para os bebês e, mesmo que sua mente se desvie por um caminho, se sente mais grata por isso, já que viu o outro lado. Para mim, a expressão é que faz de você uma pessoa *melhor*. Não quero dizer que você seja melhor que as outras pessoas; quero dizer que te faz melhor consigo mesma. Você vai ser capaz de ver as coisas de um jeito melhor. De fazer melhor o que faz. Porque esteve exposta a situações das quais as pessoas geralmente nem chegam perto. E estão certas."

Assinto. No mínimo, meu tempo perto dos mortos me deixou mais paciente com as pessoas, o que pode explicar por que tantos trabalhadores da morte foram tão pacientes comigo, tão abertos com alguém que tinham acabado de conhecer. Discuto menos. Ainda sinto raiva, mas parece mais branda. Como uma profissional em guardar rancores, agora esqueci boa parte deles.

"Você sente algum arrependimento de ter se colocado nessa posição com o seu trabalho?"

"Essa é a única palavra que não me ocorre", responde ele, resoluto. "Eu nunca, jamais me arrependi. Posso correr o risco de ser cafona agora e dizer que estamos todos em uma jornada; você escolheu a sua. Você tomou uma decisão, vá em frente. A pior coisa que pode acontecer é não terminar. Aí, sim, você vai se arrepender."

No livro do psiquiatra Bessel van der Kolk, *O Corpo Guarda as Marcas*, que trata dos impactos clínicos do trauma na mente e no corpo, ele escreve que o corpo responde a experiências extremas secretando

Posfácio 259

hormônios do estresse, que são frequentemente culpados por doenças e enfermidades subsequentes. "No entanto, os hormônios do estresse destinam-se a nos dar força e resistência para respondermos a condições extraordinárias. Pessoas que são ativas ao *fazer* algo em uma situação de desastre — resgatar estranhos ou entes queridos, levar alguém para o hospital, ser parte de uma equipe médica, armar tendas ou cozinhar — utilizam os hormônios do estresse por seu propósito e, por isso, o risco de ficarem traumatizadas é bastante reduzido." Esses trabalhadores da morte, esses "ajudadores", como diria Fred Rogers, conseguem lidar mentalmente com a situação porque lidam com ela fisicamente; estão *fazendo* alguma coisa, enquanto nós (enquanto eu) olhamos à margem. "Não obstante", prossegue Van der Kolk, "as pessoas têm um limite, e mesmo a mais bem preparada delas pode ficar sobrepujada pela magnitude do desafio."

O que descobri repetidas vezes ao falar com pessoas que trabalham com a morte é que ninguém suporta tudo de uma só vez. Ninguém vê a morte por inteiro, mesmo ela sendo seu trabalho. A máquina da morte funciona porque cada dente da engrenagem se fixa no seu próprio furo, no seu canto, no seu compasso, igual ao operário da fábrica de bonecas que pinta o rosto e a envia para outra parte para que cuidem do cabelo. Ninguém recolhe o cadáver na beira da estrada, faz a autópsia, embalsama, veste e empurra para o fogo. É uma rede de pessoas, conectada na indústria, desconectada em seus próprios papéis. Não há um antídoto para o medo da morte, mas a habilidade de funcionar dentro de seu reino depende de para onde se olha e, de forma crucial, para onde não se olha. Conheci agentes funerários que me contaram que não conseguiriam lidar com todo o sangue da autópsia, um funcionário de crematório que não conseguiria vestir um morto por ser algo pessoal demais e um coveiro que pode entrar até o pescoço na própria cova durante o dia, mas que tem medo de ir ao cemitério à noite. Conheci TAPS na sala de autópsia que conseguem pesar um coração humano, mas que não suportam ler um bilhete de suicídio no relatório do legista. Todos nós temos os nossos antolhos a postos, mas o que bloqueamos depende de cada um.

Todos esses trabalhadores da morte têm o próprio limite, mas cada um deles é levado em conta; eles estão lá para que ninguém fique sobrecarregado demais pela magnitude do desafio. Quando Mattick me fala de distanciamento, creio que seja um distanciamento construtivo em vez de frio: colocar a situação em contexto, permitir a si mesmo espaço para fazer o próprio trabalho sem entrar em colapso. Ele não quer que eu enterre as coisas que vi, que as ignore ou bloqueie, mas que as ponha em um contexto que seja significativo. É um tipo diferente do distanciamento em relação ao que vi do carrasco, que havia reescrito sua realidade a um ponto em que mal fazia parte dela, que, nessa nova narrativa, havia negado a si mesmo qualquer senso de influência como uma forma de se reconciliar com seus atos. Ou a pessoa que limpa cenas de crimes, que não quer saber o que aconteceu, que propositalmente remove a imagem de seu contexto para que tudo o que reste seja sangue — e faz uma contagem regressiva no relógio do celular até o dia que possa se desconectar para sempre.

Se há algo que desejo que aprenda com isso é que você deveria levar em conta seus limites. Durante toda a experiência, vi outras pessoas impondo os próprios: o pai de um natimorto fazendo-o desaparecer enquanto a mãe dormia; o soldado "sem condições de ser visto" do Vietnã, que voltou em um caixão com o tampo de metal aparafusado; o homem indo ver Poppy na funerária dela, perguntando se ela o deixaria ver o irmão afogado porque ninguém mais queria deixar. Esses limites costumam ser suposições arbitrárias e institucionalizadas que nada fazem por nós. Creio que os limites devam ser pessoais, escolhidos por você, e, contanto que os considere com cuidado em vez de permitir que sejam ditados pelas normas culturais, eles são corretos. "Não estamos aqui para forçar uma experiência transformadora em pessoas que não a desejam", afirmou Poppy para mim, sentada em sua cadeira de balanço, no início de toda essa história. "Nosso papel é prepará-las, dar-lhes gentilmente as informações de que precisam para tomar uma decisão empoderada." Acredito que esteja certa. O mundo está cheio de pessoas ditando como devemos nos sentir sobre a morte e os cadáveres, e não quero ser uma delas; não quero dizer como você deve se sentir quanto a nada, só desejo que reflita. Alguns dos momentos mais ricos, significativos e transformadores da sua vida podem estar além dos limites que você pensa serem os seus agora. Ajude a vestir um morto se pensa que é capaz, ou até mesmo se apenas sentir curiosidade. Somos mais fortes do que pensamos. Ron Troyer, o agente funerário aposentado, aprendeu isso há muito tempo, quando tirou a tampa do caixão do soldado e o pai olhou para o filho que havia voltado da guerra; o pai não viu horror, viu seu menino.

Tenho pensado, com frequência, em uma mulher que conheci há alguns anos e que contou a respeito de sua mãe à beira da morte no hospital. Ela não foi vê-la porque não queria que a última imagem que tivesse da mãe fosse de morte, então a deixou morrer sozinha. A filha tinha 60 anos e nunca tinha visto um cadáver na vida; imaginou que uma vida de lembranças poderia ser substituída por uma única memória em uma cama de hospital. Ela acreditou que era a *imagem* da morte que danificaria de maneira irremediável algo dentro dela, em vez de ser a própria perda. Creio que haja um conhecimento urgente e transformador a ser obtido ao se familiarizar com a morte e por não se deixar levar pelos limites impostos pelo medo do desconhecido: saber que você consegue se aproximar dela; assim, quando chegar a hora, não vai precisar deixar que uma pessoa que você ama morra sozinha.

Quanto aos meus próprios limites, houve vezes em que desejei não ter visto o bebê. Mas, sem aquele momento, um mundo inteiro de luto e experiências humanas se manteria invisível para mim. Jamais teria conhecido Clare, a parteira de luto, e foi o trabalho dela, mais que qualquer outro, que destacou o quanto muitos profissionais são pouco apreciados, quanto sabemos tão pouco deles e o quanto contribuem não apenas com o gerenciamento da nossa morte, mas também com o da mente e o do coração. Aqueles que passam por uma experiência traumática não deveriam ser os únicos detentores desse conhecimento; é por causa do trabalho de pessoas como Clare — que não apenas tira fotos para as caixas de memória, mas que se lembra de tudo ela mesma e vê essa validação da existência como parte crucial do seu trabalho — que tais experiências se tornam menos alienantes, menos isoladoras. De onde vem a empatia se não do ver e do tentar entender?

Tentar compreender o invisível era, afinal de contas, a base para todo esse empreendimento e, para mim, rejeitar uma parte dele prejudicaria o meu propósito. Eu queria ver tudo. Mas, em muitas dessas salas, de pé diante desses corpos, fiquei várias vezes sem palavras. Como jornalista, costumo ter um monte de perguntas, mas há partes nas gravações das entrevistas que não fiz nenhuma — há o ar de morte, o zumbido de um refrigerador, o som de uma serra de ossos. Eu voltava para casa e ficava brava comigo mesma por ter vacilado vez ou outra, por não ter olhado para a fotografia no peito de Adam ou por não ter chegado mais perto quando o cadáver decapitado foi casualmente revelado por um estudante que não tinha ideia da razão para eu estar lá. Troquei uma centena de e-mails com pedidos e viajei milhares de quilômetros para me aproximar dos mortos, por que não mais alguns passos para examinar a precisão do corte que Terry tinha feito? O que me deteve naquele momento? A sensação de que não era o meu papel, que mesmo que eu estivesse ali na sala só poderia olhar de longe? Ou será que pensei, na época, que não suportaria ver o coto de uma coluna? Eu estava ali, reagindo e tentando trabalhar na interseção exata da fascinação e do medo: "As duas emoções humanas incomensuráveis se encontram e colidem", escreveu Richard Powers, "lançando fagulhas que podem queimar ou aquecer em igual proporção".

Às vezes, quando ficava difícil, eu me perguntava pelo que, exatamente, eu estava procurando. Depois de ver o primeiro cadáver na funerária de Poppy, já não tinha visto a morte de verdade, como queria há tantos anos? O que mais havia para encontrar?

Nos dias que se seguiram à minha conversa com Mattick, não consegui tirar da cabeça a imagem do pai morto segurando o filho enquanto se agarrava à pedra na baía. Sentia um aperto no peito que não conseguia explicar nem entender. Quando ele me falou deles lá naquele restaurante de comida chinesa, absorvi os fatos da cena e os expliquei a mim mesma com o que sabia serem as funções biológicas da morte. Era uma redução, desconectada, da mesma forma que a pessoa que limpa a cena de um crime se desconecta. Eu não estava vendo o quadro geral. Aquilo me incomodou por semanas, até que enfim enxerguei o que fora revelado pelo recuo da maré.

Os músculos não conseguem paralisar o que não está lá. Um espasmo cadavérico não é um *rigor mortis* comum, é uma forma rara de rigidez muscular mais forte que o *rigor*; não pode ser desfeito com a mesma facilidade com que observei Sophie fazer na sala de tanatopraxia ao dobrar os joelhos do homem diante dela. Um espasmo cadavérico acontece em um momento de extrema tensão física, um instante de emoção intensa. As pessoas que encontraram pai e filho haviam viajado no tempo até o último momento dos dois, uma vida imóvel sob as ondas. A maré baixa revelou o que a morte havia preservado: o impulso final do pai de jamais soltar o filho. As correntes na baía são fortes, e ninguém se afoga de imediato — tivesse o impulso sido mais fraco, os dedos dele teriam escapado da pedra, e os corpos teriam sido encontrados em outra parte, separados. É o mesmo impulso primitivo que senti perto do bebê no necrotério quando ele foi parar dentro da água: quis ir até lá e pegá-lo; e, se isso significasse salvar a vida dele, jamais o teria soltado.

Agora já vi tudo: a morte nos mostra o que é enterrado nos vivos. Ao nos proteger do que acontece depois do momento da morte, negamos a nós mesmos uma compreensão mais profunda do que realmente somos. *"Mostre-me o modo como uma nação trata seus mortos e medirei com precisão matemática a terna misericórdia de seu povo, seu respeito pela lei da terra e sua lealdade a altos ideais"*, versa a citação de William Gladstone, emoldurada na parede do escritório de Mo, na Kenyon. Estamos enganando a nós mesmos ao não querermos saber disso, com nosso sistema de pagamento e desaparecimentos. Esses atos não vistos de cuidado, as ternas misericórdias desses trabalhadores da morte, mostram não um distanciamento frio em relação ao próprio trabalho, mas o oposto: uma forma de amor.

No breve momento em que me aproximei da morte, creio que tenha ficado mais sensível, apesar de também mais endurecida: ao aceitar como tudo isso acaba, eu me vi de luto por pessoas que ainda estão aqui. Tenho uma coleção de fotos da parte de trás da cabeça grisalha do meu pai enquanto ele se inclina sobre sua mesa de desenho, as fotos das cinco mulheres mortas que se foram há muito tempo. Imagens em um laptop: tudo o que eu possuía em uma época em que estávamos geograficamente separados por uma pandemia, pelo fechamento do mundo, quando morrer sozinho se tornou o destino de milhares. Este livro se tornou um acerto de contas pessoal com os filetes de água que antecedem o dilúvio.

Em janeiro de 2020, nos primeiros dias da pandemia de Covid-19, uma única imagem de um chinês morto deitado de costas na rua foi, para mim, a mais clara evidência de que estávamos nos aproximando de um cataclisma. Lá ele jazia, com a máscara cirúrgica no rosto. Os repórteres disseram que nas duas horas que observaram a cena, pelo menos quinze ambulâncias passaram pelo local a caminho de outros chamados, até que uma van escura chegou para colocar o corpo em um saco e desinfetar a área onde ele estivera. Àquela altura, o vírus ainda era uma sina distante, algo que estava acontecendo com outras pessoas. Mas foi necessário somente um corpo fora do lugar para sinalizar a falência de algo fundamental. Se corpos estavam ficando onde caíam, os trabalhadores da morte estavam tendo dificuldades para dar conta do desastre. Eles trabalharam naquela linha de frente para a qual ninguém aplaudiu. O trabalho deles só é notado quando deixam de fazê-lo.

Depois desse chinês, imagens da morte em si se tornaram mais difíceis de encontrar na imprensa britânica, enquanto o governo minimizava a ameaça que estava por vir. À medida que o número de mortes aumentava, a imprensa se concentrava mais nas histórias de apoio ao NHS, ou no capitão Tom, um ex-oficial do Exército britânico, que, aos 99 anos, estava angariando fundos ao caminhar a passos lentos em seu jardim. Mas, se as mortes são apenas números em uma tela todos os dias, a realidade de um inimigo invisível é mais fácil de ser banalizada. Lá no necrotério, uma sobrecarregada Lara trocou a máscara cirúrgica descartável por um respirador de borracha; em outros lugares, as pessoas debatiam a existência do vírus. Os meios de comunicação tentaram nos mostrar, por fim, como estavam os hospitais, mas, a menos que se procurasse pelas histórias, não era possível ver os caixões, os sacos para cadáveres ou os necrotérios temporários; se os encontrasse, geralmente ficavam em outro país. "Quanto mais remoto ou exótico o lugar, maior a probabilidade de termos imagens frontais completas dos mortos e dos agonizantes", escreveu Sontag, em seu livro sobre reações a imagens de dor.

À época, a mim pareceu como se estivesse faltando uma parte imensa da história, mas que essa falta de entendimento começou muito antes dos eventos de 2020. Como traduzir números em cadáveres quando a morte é tratada como sendo abstrata?

O que me lembrou de algo que o ativista de prevenção ao HIV, Cleve Jones, tinha dito a Terry Gross em um episódio de *Fresh Air*, há alguns anos. Ele estava falando de estar em San Francisco em 1985, quando o número de mortes em virtude da AIDS acabara de chegar a mil. Naquele novembro, Jones se encontrava no tributo anual à luz de velas aos políticos assassinados Harvey Milk e George Moscone, de pé na esquina da Castro com a Market, quando ficou frustrado com a falta de evidências visíveis: lá estava ele no epicentro de uma epidemia que se espalhava com rapidez, mas que mal era conhecida fora da comunidade. Ao redor dele, pessoas estavam em restaurantes, rindo, tocando música. Ele declarou: "Pensei comigo mesmo: se derrubássemos esses prédios, se ali fosse um campo com mil corpos apodrecendo ao sol, então as pessoas olhariam e entenderiam. E, se fossem seres humanos, seriam compelidos a responder." Em vez de destruir, Jones recorreu à criatividade: começou a Colcha Memorial da AIDS, e cada peça tinha 1,80 metro de altura por 90 centímetros de largura, o tamanho aproximado de uma cova. Trinta e seis anos depois, ela continua a crescer: nomes homenageados na colcha número 105 mil. Pesa 54 toneladas. É a maior obra de arte popular comunitária do mundo. E está lá porque é difícil conceber a quantidade de corpos, e fácil de ignorar, se você não consegue vê-los ou se o seu preconceito diz que esses corpos não têm importância.

Em 2020, pessoas se despediam das outras por meio de telas pequenas, sem fôlego. Algumas estavam vendo a morte pela primeira vez, e era alguém que amavam. Fomos impedidos de passar pelo luto do jeito normal: não podíamos ir a funerais, mas muitos foram transmitidos via Zoom, outra situação em outra tela. Fomos deixados com apenas a *ideia* da morte. Em abril, quando o mundo passava por problemas para dormir, a BBC Radio 3 se aliou à União Europeia de Radiodifusão para transmitir simultaneamente *Sleep*, de Max Richter, uma canção de ninar com oito horas de duração, por todos os quinze canais da Europa, Estados Unidos, Canadá e Nova Zelândia.

Ação raramente parece inação, mas nessa crise você podia salvar vidas ao se sentar no sofá e encarar a parede. O impacto psicológico do distanciamento social não foi só porque estávamos do lado de dentro, sozinhos ou amontoados com a família: tivemos toda a ação dos hormônios do estresse, e nada para fazer com eles. A inércia gerou ansiedade e uma sensação de desesperança — jamais saber o efeito quantificável do que o seu estado de não fazer nada contribuiu. Mais de 250 mil pessoas no Reino Unido se voluntariaram para ajudar a ter algum domínio tangível no mundo enquanto ele desmoronava.

Conforme o registro diário de mortes aumentava de dígitos de um número único para a casa dos quarenta, dobrando a cada dia até chegar a centenas e milhares, pensei: cada um deles é uma pessoa, um corpo em um saco. Alguém, em algum lugar, cuida de cada um deles, assim como alguém fez com a minha amiga quando a tiraram daquele riacho que havia transbordado. Algumas delas estão neste livro que comecei há muito tempo e terminei em uma cidade em confinamento. Presa em casa — meu cérebro se desintegrou por causa do estresse e da inutilidade —, notei pela primeira vez, tal qual muitas pessoas, o jardim. Antes, não cuidava dele a não ser ao jogar, pela porta dos fundos, restos do jantar para a família de corvos com a qual havíamos feito amizade. Mas então comecei, com hesitação, a podar as videiras e as amoreiras-selvagens que haviam engolido as árvores menores. Tirei fotos de outras plantas para descobrir se elas deveriam estar ali ou se eram ervas daninhas. Depois de semanas cortando, cavando e arrancando no tipo de solo que daria um túmulo perfeito, mas ruim para jardinagem, comecei a plantar. Observei a vida minúscula brotar do solo independentemente do que acontecia no noticiário, não importava o pouco que eu sabia, não importava quantas pessoas morriam. A implacabilidade da natureza era um sustento emocional, mas nada disso era uma distração do que acontecia além do portão do jardim: era uma forma de processar tudo.

Pensar na morte e na passagem do tempo é parte de cuidar de um jardim. Plantamos sabendo que talvez nada daquilo vingue. Cultivamos coisas sabendo que vão morrer congeladas dali a seis meses. A aceitação de um fim e a celebração de uma vida bela e efêmera estão contidas em um único ato. As pessoas dizem que a jardinagem é terapêutica, que colocar as mãos na terra e efetuar mudanças no mundo nos faz sentir vivos e presentes, como se o que fazemos importasse, mesmo sendo apenas naquele único pote de barro. Mas a parte terapêutica vai além da física: desde o início da primavera, cada mês é uma contagem regressiva para o fim. Cada ano, o jardineiro aceita, planeja e até celebra a morte nas inflorescências secas que centelham com o gelo no inverno: um lembrete invisível tanto do fim quanto do começo.

À medida que o frio chegava, o mesmo acontecia com a morte. Em Nova York, caminhões frigoríficos que tinham sido estacionados do lado de fora de hospitais para aumentar a capacidade do necrotério, durante a primeira onda, ainda estavam lá: 650 corpos na orla do Brooklyn que pertenciam a famílias que não tinham sido localizadas ou que não podiam pagar pelo enterro. O condado de Los Angeles suspendeu temporariamente as leis sobre a qualidade do ar e aumentou o limite de cremações mensais para lidar com a demanda. No Brasil, quando o número diário de mortes ultrapassou 4 mil, enfermeiros nas alas de isolamento da Covid-19 enchiam luvas nitrílicas com água morna e as colocavam sobre a mão dos pacientes para simular o contato humano, assim essas pessoas não se sentiriam sozinhas. Em março de 2020, de pé no Rose Garden, centenas de milhares de mortes atrás, o presidente Trump falou: "Queria que pudéssemos recuperar a nossa vida de antes. Tivemos o melhor cenário econômico possível e não tínhamos a morte".

Sempre tivemos a morte. Apenas evitamos contemplá-la. Nós a escondemos para que possamos esquecê-la, assim somos capazes de acreditar que não acontecerá conosco. Mas, durante a pandemia, a morte pareceu próxima e possível, e estava em toda parte, acessível para qualquer um. Somos os sobreviventes de uma era definida pela morte. Teremos que abrir espaço em meio ao mobiliário da nossa mente para acomodar esse hóspede, agora visível.

TABVLA·I· LIBRI·I·

(mor.te) *sf.*
Notas *post mortem*

Coloquei aspas nas citações diretas da fonte; caso contrário, são referências.

"A vida é trágica simplesmente porque a Terra gira": James Baldwin, The Fire Next Time. Penguin, 2017, p. 79.

meu pai — Eddie Campbell, um artista de quadrinhos — estava trabalhando em um livro: Alan Moore e Eddie Campbell, From Hell. San Diego: Top Shelf Productions, 1989, 1999. [Ed. bras.: Do Inferno. São Paulo: Veneta, 2014.]

55,4 milhões [de pessoas morrem] por ano: Organização Mundial da Saúde. "The Top 10 Causes of Death", 9 dez. 2020. Disponível em: <https://www.who.int/news-room/fact-sheets/detail/the-top-10-causes-of-death>. Acesso em: 05/08/2023.

Becker considerava a morte tanto o fim quanto a hélice do mundo: Ernest Becker, The Denial of Death. Nova York: The Free Press, 1973. [Ed. bras.: A Negação da Morte. Rio de Janeiro: Record, 1991. Trad. Luiz Carlos do Nascimento Silva.]

"Como você pode ter certeza de que é da morte que tem medo?": Don DeLillo, White Noise. Nova York: Penguin, 2009, p. 187. [Ed. bras.: Ruído Branco. São Paulo: Companhia das Letras, 1987. Trad. Paulo Henriques Britto.]

um tímido acadêmico encarregado de cuidar de Bentham me mostrou a cabeça para um artigo que eu estava escrevendo: Hayley Campbell, "This Guy Had Himself Dissected by His Friends and His Skeleton Put on Public Display", BuzzFeed, 8 jun. 2015. Disponível em: <https://www.buzzfeed.com/hayleycampbell/why-would-you-put-underpants-on-a-skeleton>. Acesso em: 5 ago. 2023.

Lembro-me do cineasta David Lynch, em uma entrevista, falando sobre uma visita a um necrotério: David Lynch: The Art Life. Direção: Jon Nguyen. Duck Diver Films, 2016, 1 DVD (90 min). Distribuição: Thunderbird Releasing. [Lançamento bras.: David Lynch: A Vida de Um Artista, 2017.]

Denis Johnson escreveu sobre esse cheiro (...) etanotiol, o primeiro de uma série de compostos produzidos no processo de putrefação: Denis Johnson, "Triumph Over the Grave". In: The

Largesse of the Sea Maiden. Londres: Jonathan Cape, 2018, p. 121.

"O limite da morte e do morrer está ao redor de tudo como um halo quente de luz": David Wojnarowicz, Close to the Knives: A Memoir of Desintegration. Edimburgo: Canongate, 2017, p. 119. © David Wojnarowicz, 1991.

Em 1883, três décadas após a fundação da cidade, um tornado destruiu o local: Ken Burns Presents: The Mayo Clinic: Faith, Hope, Science. Direção: Erik Ewers e Christopher Loren Ewers. PBS, 2018, 1 DVD (116 min). Distribuição: PBS.

"Você sabe que essa merda é ruim quando tem que ir até a porra do Polo Norte para descobrir o que há de errado com você": Billy Frolick, "Back in the Ring: Multiple Sclerosis Seemingly Had Richard Pryor Down for the Count, but a Return to His Roots Has Revitalized the Giant of Stand-Up", LA Times, 25 out. 1992. Disponível em: <https://www.latimes.com/archives/la-xpm-1992-10-25-ca-1089-story.html>. Acesso em: 05/05/2023.

um artigo da revista WIRED sobre um método novo e mais ecológico de cremar corpos com água superaquecida e soda cáustica em vez de fogo: Hayley Campbell, "In the Future, Your Body Won't Be Buried... You'll Dissolve", WIRED, 15 ago. 2017. Disponível em: <https://www.wired.co.uk/article/alkaline-hydrolysis-biocremation-resomation-water-cremation-dissolving-bodies>. Acesso em: 05//08/2023.

A mudança da realização de dissecações em animais para cadáveres de humanos foi foco de tensão política, social e religiosa: Todos os fatos históricos sobre a doação de corpos se baseiam no trabalho de Ruth Richardson: Death, Dissection and the Destitute. Londres: Penguin, 1988, p. XIII, 31-2, 36, 39, 52, 54, 55, 57, 60, 64, 260.

Quando o vi em uma exposição em 2012, estava na mesma prateleira que uma fatia do cérebro de Einstein: Exposição de Marius Kwint e Richard Wingate, Brains: The Mind as Matter, na Wellcome Collection, Londres, 2012.

"Esta é minha vontade e um pedido especial que faço, não por afetação de caráter singular": Jeremy Bentham, citado por Timothy L.S. Sprigge, The Correspondence of Jeremy Bentham, v. 1: 1752 a 1776. Londres: UCL Press, 2017, p. 136.

como o aumento das doações coincide com o aumento da taxa de cremação, talvez as associações espirituais feitas aos cadáveres tenham se alterado no período pós-guerra: Richardson, Death, Dissection and the Destitute, p. 260.

Os cadáveres para uso médico do Reino Unido de hoje são exclusivamente os corpos daqueles que os doaram, o que não é uma regra em todo o mundo: Dados numéricos coletados de um estudo de Juri L. Habicht, dra. Claudia Kiessling e dr. Andreas Winkelmann, "Bodies for Anatomy Education in Medical Schools: An Overview of the Sources of Cadavers Worldwide", Academic Medicine, v. 93, n. 9, set. 2018, Tabela 2, p. 1296-7. Disponível em: <https://ncbi.nlm.nih.gov/pmc/articles/PMC6112846/>. Acesso em: 5 ago. 2023.

"A anatomia é a própria base da cirurgia (...) ela informa a cabeça, dá destreza à mão e familiariza o coração com uma espécie de desumanidade necessária.": William Hunter, "Introductory Lecture to Students", St. Thomas's Hospital, Londres, reproduzido a pedido dos curadores, por J. Johnson, n. 72, St. Paul's Church-Yard, 1784, p. 67. Disponibilizado pelas Coleções Especiais da Biblioteca da Universidade de Bristol. Disponível em: <https://wellcomecollection.org/works/p5dgaw3p>. Acesso em: 5 ago. 2023.

Wyoming — estado no coração da epidemia de suicídio masculino nos Estados Unidos: "Suicide Mortality by State", Centers for Disease Control and Prevention. Disponível em: <https://www.cdc.gov/nchs/pressroom/sosmap/suicide-mortality/suicide.htm>. Acesso em: 5 ago. 2023.

Calen Ross atirou em si mesmo e morreu no sudoeste de Minnesota: Associated Press, "Widow Gets 'Closure' after Meeting the Man Who Received Her Husband's Face", USA Today, 13 nov. 2017. Disponível em: <https://www.usatoday.com/story/news/2017/11/13/widow-says-she-got-closure-after-meeting-man-who-got-her-husbanmtouches-man-who-got-her-husbands-fac/857537001/>. Acesso em: 5 ago. 2023.

Para se preparar para a operação, os cirurgiões, enfermeiros, técnicos cirúrgicos e anestesistas passaram cinquenta fins de semana no laboratório de Terry: "Two Years after Face Transplant, Andy's Smile Shows His Progress", Mayo Clinic News Network, 28 fev. 2019. Disponível em: <https://newsnetwork.mayoclinic.org/discussion/2-years-after-face-transplant-andy-sandness-smile-shows-his-progress/>. Acesso em: 05/08 2023.

Publicado (em inglês) em 1929, é uma coleção de máscaras fúnebres que datam desde o século XIV até o século XX: Ernst Benkard, Undying Faces. Londres: Hogarth Press, 1929.

Kate O'Toole riu, dizendo que era "uma o'toolerice clássica" que o pai acabasse na gaveta do necrotério ao lado de Biggs: Death Masks: The Undying Face, BBC Radio 4, 14 set. 2017. Produção: Helen Lee. Disponível em: <https://www.bbc.co.uk/programmes/b0939wgs>. Acesso em: 5 ago. 2023.

o político conservador britânico Jacob Rees-Mogg mandou moldar o rosto do pai: Ibid.

É possível ver o processo de Nick para fazer uma máscara fúnebre em um vídeo granulado de três minutos no YouTube: Amador, Resistor Films, YouTube, 9 nov. 2009. Disponível em: <youtu.be/zxb9dMYdmx4>. Acesso em: 15 dez. 2022.

na UCL, estão 37 máscaras com as quais eles não sabem o que fazer, remanescentes da coleção de um frenologista morto há muito tempo: Hayley Campbell, "13 Gruesome, Weird, and Heartbreaking Victorian Death Masks", BuzzFeed, 13 jul. 2015. Disponível em: <https://www.buzzfeed.com/hayleycampbell/death-masks-and-skull-amnesty>. Acesso em: 5 ago. 2023.

"O Ladrão do Século": Duncan Campbell, "Crime", The Guardian, 6 mar. 1999. Disponível em: <https://www.theguardian.com/lifeandstyle/1999/mar/06/weekend.duncancampbell>. Acesso em: 5 ago. 2023.

"Nenhum organismo vivo pode existir por muito tempo com sanidade sob condições de realidade absoluta": Shirley Jackson, The Haunting of Hill House. Nova York: Penguin, 2006, p. 1. [Ed. bras.: A Assombração da Casa da Colina. Rio de Janeiro: Alfaguara, 2021. Trad. Débora Landsberg.]

De acordo com Richard Shepherd, o patologista forense responsável por Londres e pelo sudeste da Inglaterra na época, esse foi um dentre uma série de catástrofes que revolucionaram o setor: Richard Shepherd, "How to Identify a Body: The Marchioness Disaster and My Life in Forensic Pathology", The Guardian, 18 abr. 2019. Disponível em: <https://www.theguardian.com/science/2019/apr/18/how-to-identify-a-body-the-marchioness-disaster-and-my-life-in-forensic-pathology>. Acesso em: 5 ago. 2023.

é comum que parentes próximos tenham dúvidas, neguem ou concordem erroneamente com a identidade de uma pessoa falecida: Public Inquiry into the Identification of Victims following Major Transport Accidents: Report of Lord Justice Clarke, v. 1, p. 90, citando Bernard Knight, Forensic Pathology (2. ed., cap. 3), impresso no Reino Unido para The Stationery Office Limited em nome do Controlador do Escritório de Papelaria de Sua Majestade, fev. 2001.

"No entanto (...) essa pessoa claramente não sabia que não ver é ainda pior": Richard Shepherd, Unnatural Causes: The Life and Many Deaths of Britain's Top Forensic Pathologist. Londres: Michael Joseph, 2018, p. 259. Reproduzido com permissão da Penguin Books Ltd. (Reino Unido), © 2018 Richard Shepherd.

Em março de 1991, o voo 585 da United Airlines, um Boeing 737-200, estava se aproximando de Colorado Springs para pousar: National Civil Aviation Review Commission, Depoimento de Gail Dunham, 8 out. 1997. Disponível em: <https://library.unt.edu/gpo/NCARC/safetestimony/dunham.htm>. Acesso em: 5 ago. 2023.

inclinou o nariz para baixo até ficar quase na vertical e atingiu o solo: "United Airlines — Boeing B737-200 (N999UA) voo UA585", Aviation Accidents, 15 set. 2017. Disponível em: <https://www.aviation-accidents.net/united-airlines-boeing-b737-200-n999ua-flight-ua585/>. Acesso em: 5 ago. 2023.

Alguns dos parentes sobreviventes das vítimas sabiam vagamente onde os corpos estavam enterrados (...) ela disse: "Agora posso morrer feliz, porque sei que o verei, mesmo em um osso ou em uma cinza": The Silence of Others. Direção/Produção: Almudena Carracedo e Robert Bahar. El Deseo/Semilla Verde Productions/Lucernam Films, 2018. Transmitido em Storyville da BBC em dezembro 2019.

Mendieta morreu um ano depois que seu pai foi encontrado no cemitério em que foi alvejado: "Ascensión Mendieta, 93, Dies; Symbol of Justice for Franco Victims", The New York Times, 22 set. 2019. Disponível em: <https://www.nytimes.com/2019/09/22/world/europe/ascension-mendieta-dies.html>. Acesso em: 15 dez. 2022.

um programador de 30 anos que trabalhava para a Apple e para a Netscape chamado Thomas Dell e que administrava o site anonimamente sob o pseudônimo de Soylent: Taylor Wofford, "Rotten.com Is Offline", The Outline, 29 nov. 2017. Disponível em: <https://theoutline.com/post/2549/rotten-com-is-offline>. Acesso em: 5 ago. 2023.

Embora a foto fosse falsa, o simples fato de ele ter ousado publicá-la explodiu na imprensa global: Janelle Brown, "The Internet's Public Enema No. 1", Salon, 5 mar. 2001. Disponível em: <https://www.salon.com/2001/03/05/rotten_2/>. Acesso em: 5 ago. 2023.

"O horripilante nos convida a ser ou espectadores ou covardes, incapazes de olhar": Susan Sontag, Regarding the Pain of Others. Londres: Penguin, 2003, p. 38. [Ed. bras.: Diante da Dor dos Outros. São Paulo: Companhia das Letras, 2003. Trad. Rubens Figueiredo.]

A cena que mudou tudo para ele foi ver Harvey Keitel aparecer como Winston Wolfe: Pulp Fiction, escrito por Quentin Tarantino e Roger Avary. Direção: Quentin Tarantino. Miramax Films, 1994 (165 min). Reproduzido com permissão de Quentin Tarantino.

O detetive responsável na época descreveu o acontecimento ao East Bay Times como "invasão e roubo, realmente violentos": John Geluardi e Karl Fischer, "Red Onion Owner Slain in Botched Takeover Robbery", East Bay Times, 28 abr. 2007. Disponível em: <https://www.eastbaytimes.com/2007/04/28/red-onion-owner-slain-in-botched-takeover-robbery/>. Acesso em: 5 ago. 2023.

Andy Warhol teve criação católica e era obcecado por imagens de morte: Bradford R. Collins, "Warhol's Modern Dance of Death", American Art, v. 30, n. 2, University of Chicago Press, 2016, p. 33-54. Disponível em: <https://www.journals.uchicago.edu/doi/full/10.1086/688590>.
Acesso em: 5 ago. 2023.

"Quanto mais você olha para a mesma coisa (...) mais o significado desaparece e melhor e mais vazio você se sente": Andy Warhol e Pat Hackett, POPism: The Warhol Sixties. Nova York: Harper & Row, 1980, p. 50 (In: Collins, Warhol, p. 33).

"Às vezes, dizia que ficava com medo de morrer se fosse dormir (...). Então ele se deitava na cama e ouvia as batidas de seu coração": Henry Geldzahler, citado em Jean Stein e George Plimpton, Edie: An American Biography. Nova York: Alfred A. Knopf, 1982, p. 201 (In: Collins, Warhol, p. 37). Citado com permissão do Plimpton Estate.

"Desde quando as câmeras foram inventadas, em 1839, a fotografia flertou com morte": Sontag, Regarding the Pain of Others, p. 21. [Ed. bras.: Diante da Dor dos Outros. São Paulo: Companhia das Letras, 2003. Trad. Rubens Figueiredo.]

"O assassinato é o meu negócio", afirmou ele: Brian Wallis, Weegee: Murder Is My Business. Nova York: International Center of Photography e DelMonico Books, 2013, p. 9.

"Eu dizia para mim mesma que só acreditaria na visão indescritivelmente tenebrosa no pátio": Margaret Bourke-White, Dear Fatherland, Rest Quietly: A Report on the Collapse of Hitler's Thousand Years. Auckland: Arcole Publishing, 2018.

Suas fotografias, publicadas na revista LIFE: Ben Cosgrove, "Behind the Picture: The Liberation of Buchenwald, April 1945", TIME, 10 out. 2013. Disponível em: <https://time.com/3638432/>. Acesso em: 05/08/2023.

Dias depois, o jornal publicou um aviso dizendo que o abutre foi enxotado: "Editor's Note", The New York Times, 30 mar. 1993. Disponível em: <https://www.nytimes.com/1993/03/30/nyregion/editors-note-513893.html>. Acesso em: 15 dez. 2022.

"Sou assombrado pelas memórias vívidas de assassinatos & cadáveres & raiva & dor": Scott Macleod, "The Life and Death of Kevin Carter", TIME, 24 jun. 2001. Disponível em: <https://content.time.com/time/magazine/article/0,9171,165071,00.html>. Acesso em: 5 ago. 2023.

"a compaixão é uma emoção instável. Ela precisa ser traduzida em ação, do contrário definha (...) passamos a nos sentir entediados", diz ela, "cínicos, apáticos": Sontag, Regarding the Pain of Others, p. 90-1. [Ed. bras.: Diante da Dor dos Outros. São Paulo: Companhia das Letras, 2003. Trad. Rubens Figueiredo.]

esse é o mesmo estado que, em 1992, viu o então governador Bill Clinton correr para casa depois de sua campanha presidencial para testemunhar a execução de Ricky Ray Rector: Marc Mauer, "Bill Clinton, 'Black Lives' and the Myths of the 1994 Crime Bill", Marshall Project, 11 abr. 2016. Disponível em: <https://www.themarshallproject.org/2016/04/11/bill-clinton-black-lives-and-the-myths-of-the-1994-crime-bill>. Acesso em: 5 ago. 2023.

Em uma carta datada de 28 de março de 2017, assinada por 23 ex-funcionários do corredor da morte de todo o país: "Letter to Governor Hutchison, Constitution Project", 28 mar. 2017. Disponível em: <talkbusiness.net/wp-content/uploads/2017/03/Talk-Business-Politics-Letter-to-Governor-Hutchinson-from-Former-Corrections-Officials.pdf>.

As placas dos veículos à nossa frente dizem: "A Virgínia é para os amantes", todas fabricadas por presidiários em uma oficina prisional a oeste do centro da cidade: Virginia Correctional Enterprises Tag Shop, Virginia Department of Corrections, YouTube, 12 abr. 2010. Disponível em: <youtu.be/SC-pzhP_kGc>. Acesso em: 5 ago. 2023.

Os Estados Unidos estavam no meio de uma breve moratória nacional sobre a pena de morte, marcada por dois processos judiciais: Robert Jay Lifton e Greg Mitchell, Who Owns Death? Capital Punishment, the American Conscience, and the End of Executions. Nova York: HarperCollins, 2000, p. 40-1.

A que geralmente é considerada a primeira do país [execução estadunidense] foi realizada lá, em Jamestown: Ibid., p. 24.

No estado de Nova York, alguns eram conhecidos do público pelo nome (...). Outros trabalhavam no anonimato: Jennifer Gonnerman, "The Last Executioner", Village Voice, 18 jan. 2005. Disponível em: <https://web.archive.org/web/20090612033107/http://www.villagevoice.com/2005-01-18/news/the-last-executioner/1>. Acesso em: 5 ago. 2023.

O homem que operava a cadeira elétrica da Flórida já estaria encapuzado: Lifton e Mitchell, Who Owns Death?, p. 88.

a Flórida foi menos dissimulada do que a maioria e publicou um anúncio para o emprego no jornal; receberam vinte candidaturas: Ibid.

A cadeira elétrica original da Virgínia, construída por presidiários em 1908 a partir de um velho carvalho: Deborah W. Denno, "Is Electrocution an Unconstitutional Method of Execution? The Engineering of Death over the Century", William & Mary Law Review, v. 35, n. 2, 1994, p. 648. Disponível em: <https://scholarship.law.wm.edu/wmlr/vol35/iss2/4/>. Acesso em: 5 ago. 2023.

de acordo com o relato de um advogado presente como testemunha, na qualidade de representante da Assembleia Geral da Virgínia, as coisas não correram bem: Ibid., p. 664.

Ele foi o primeiro a ser executado por corrente elétrica, se não contarmos o velho cavalo em que testaram a voltagem: Mark Essig, Edison and the Electric Chair: A Story of Light and Death. Stroud: Sutton, 2003, p. 225.

quando a pele queimada em suas costas foi removida, o patologista descreveu seus músculos da coluna como parecendo "carne que passou demais do ponto": "Far Worse than Hanging: Kemmler's Death Provides an Awful Spectacle", The New York Times, 7 ago. 1890. Disponível em: <https://timesmachine.nytimes.com/timesmachine/1890/08/07/103256332.pdf>. Acesso em: 5 ago. 2023.

O suor, no entanto, é um excelente condutor: Katherine R. Notley, "Virginia Death Row Inmates Sue to Stop Use of Electric Chair", Executive Intelligence Review, v. 20, n. 9, 1993, p. 66. Disponível em: <https://larouchepub.com/eiw/public/1993/eirv20n09-19930226/eirv20n09-19930226_065-virginia_death_row_inmates_sue_t.pdf>. Acesso em: 5 ago. 2023.

"cujo toque era tão profano que não podia entrar em contato com outras pessoas ou objetos sem alterá-los profundamente": Paul Friedland, Seeing Justice Done: The Age of Spectacular Capital Punishment in France, Oxford University Press, 2012, p. 71-2. Reproduzido com permissão da Oxford Publishing Ltd, a Licenciante, através da PLSclear.

"um dos meios mais eficazes de impugnar o caráter moral de alguém era insinuar que ele fora visto jantando com o carrasco": Ibid., p. 80-1.

Às vezes, há dois botões pressionados simultaneamente e a máquina decide qual será ativado: Lifton e Mitchell, Who Owns Death?, p. 87.

Lewis E. Lawes, diretor de Sing Sing entre 1920 e 1941, coordenou a execução de mais de duzentos homens e mulheres: Ibid., p. 102.

"a máquina da morte não pode funcionar sem mãos humanas para girar os controles": David R. Dow e Mark Dow, Machinery of Death: The Reality of America's Death Penalty Regime. Nova York: Routledge, 2002, p. 8. Reproduzido com permissão de Taylor e Francis Group LLC (Books) Estados Unidos, a Licenciante, por meio da PLSclear.

"Contamos histórias para poder viver": Joan Didion, The White Album. New York: Farrar, Straus and Giroux, 2009, p. 11. Reproduzido com permissão de HarperCollins Publishers Ltd, © 1979 Joan Didion (Reino Unido). [Ed. bras.: O Álbum Branco. São Paulo: Companhia das Letras, 2003. Trad. Camila von Holdefer.]

Mesmo os líderes dos esquadrões da morte no genocídio indonésio de 1965 diziam a si mesmos que eram gângsteres descolados de Hollywood: The Act of Killing. Direção: Joshua Oppenheimer, Christine Cynn, Anonymous, Dogwoof Pictures, 2012 (122 min).

estatisticamente não comprovada de um impeditivo: "Deterrence: Studies Show No Link between the Presence or Absence of the Death Penalty and Murder Rates", Death Penalty Information Center. Disponível em: <deathpenaltyinfo.org/policy-issues/deterrence>. Acesso em: 1 out. 2021.

breves artigos de opinião sobre as décadas de noites em claro de ex-superintendentes: S. Frank Thompson, "I Know What It's Like to Carry Out Executions", The Atlantic, 3 dez. 2019. Disponível em: <https://www.theatlantic.com/ideas/archive/2019/12/federal-executions-trauma/602785/>. Acesso em: 5 ago. 2023.

"Espero que não esteja muito distante o dia em que o assassinato legal, quer por eletrocussão, enforcamento, gás letal ou qualquer outro método, seja proibido em todos os Estados Unidos": Robert G. Elliott, Agent of Death. Nova York: E. P. Dutton, 1940.

Muitos argumentaram (entre eles, Norman Mailer e Phil Donahue) que, se os Estados Unidos levam a sério matar cidadãos, deveriam fazê-lo com uma audiência pública, talvez até transmitindo o espetáculo pela televisão: Christopher Hitchens, "Scenes from an Execution", Vanity Fair, jan. 1998. Disponível em: <archive.vanityfair.com/article/share/3472d8c9-8efa4989-b3da-72c7922cf70a>. Acesso em: 15 dez. 2022.

Norman Mailer: Christopher Hitchens, "A Minority of One: An Interview with Norman Mailer", New Left Review, n. 222, mar./abr. 1997, p. 7-9, 13. Disponível em: <https://newleftreview.org/issues/i222/articles/christopher-hitchens-norman-mailer-a-minority-of-one-an-interview-with-norman-mailer>. Acesso em: 15 dez. 2022.

Phil Donahue: "Donahue Cannot Film Execution", United Press International (UPI), 14 jun. 1994. Disponível em: <https://www.upi.com/Archives/1994/06/14/Donahue-cannot-film-execution/2750771566400/>. Acesso em: 5 ago. 2023.

Albert Camus escreveu sobre a guilhotina: Albert Camus, "Reflections on the Guillotine". In: Resistance, Rebellion, and Death. Nova York: Alfred A. Knopf, 1966, p. 175. [Ed. bras.: Reflexões Sobre a Guilhotina. Rio de Janeiro: Record, 2022. Trad. Valerie Rumjanek.]

Jerry conseguiu um novo emprego como motorista de caminhões para uma empresa que instala grades de proteção ao longo de rodovias interestaduais: Dale Brumfield, "An Executioner's Song", Richmond Magazine, 4 abr. 2016. Disponível em: <https://richmondmagazine.com/news/features/an-executioners-song/>. Acesso em: 5 ago. 2023.

Morgan Freeman o colocou em sua série de documentários sobre Deus: "Deadly Sins", Temporada 3, Episódio 4 de The Story of God with Morgan Freeman. Produção executiva: Morgan Freeman, Lori McCreary e James Younger, 2019, National Geographic Channel. [Lançamento bras.: A História de Deus.]

Dow B. Hover, vice-xerife, foi a última pessoa a servir como carrasco no estado de Nova York (...). Em 1990, ele se asfixiou com gases de escapamento naquela mesma garagem. John Hulbert, que serviu como carrasco (...) de 1913 a 1926 (...) ele se suicidou com um revólver calibre .38: Jennifer Gonnerman, "The Last Executioner", The Village Voice, 18 jan. 2005.

Donald Hocutt, que misturava os produtos químicos para a câmara de gás no Mississippi, era assombrado por pesadelos: Lifton e Mitchell, Who Owns Death?, p. 89-90.

"Você tem cinco caras. Um deles vai ter a munição": Jerry está ligeiramente enganado quanto aos números aqui. A execução por pelotão de fuzilamento envolve cinco fuzileiros cujas armas têm quatro projéteis e um cartucho de festim. O argumento geral de Jerry, no entanto, permanece.

Após doze horas, o corpo inteiro está rígido: Val McDermid, Forensics: The Anatomy of a Crime Scene. Londres: Wellcome Collection, 2015, p. 80-2.

no caso do britânico Martin van Butchell, excêntrico dentista charlatão do século XVIII: Susan Isaac, "Martin Van Butchell: The Eccentric Dentist Who Embalmed His Wife", Royal College of Surgeons Library Blog, 1 mar. 2019. Disponível em: <https://www.rcseng.ac.uk/library-and-publications/library/blog/martin-van-butchell/>. Acesso em: 5 ago. 2023.

No entanto, conforme a guerra se intensificava e o número de mortos aumentava, corpos de soldados, tanto Confederados quanto da União, sobrecarregavam os cemitérios dos hospitais: Drew Gilpin Faust, This Republic of Suffering: Death and the American Civil War. Nova York: Vintage Civil War Library, 2008, p. 61-101.

Famílias mais abastadas mandavam buscar os corpos com o quartel-mestre-general: Robert G. Mayer, Embalming: History, Theory & Practice, 3a. ed. Nova York: McGraw Hill, 2000, p. 464.

quando um jovem coronel chamado Elmer Ellsworth — antes escrevente na repartição da cidade natal do presidente Lincoln — foi alvejado e morto ao apanhar a bandeira confederada: Faust, Suffering, p. 94.

inventor francês, Jean-Nicolas Gannal, cujo livro, detalhando seu método de preservação de corpos para estudo anatômico: Anne Carol, "Embalming and Materiality of Death: France, Nineteenth Century", Mortality, v. 24, n. 2, 2019, p.183-92. Disponível em: <https://www.tandfonline.com/doi/full/10.1080/13576275.2019.1585784>. Acesso em: 5 ago. 2023.

Na vitrine de seu estabelecimento em Washington, DC, ele expunha o corpo de um desconhecido: Faust, Suffering, p. 95.

o Exército dos Estados Unidos recebeu denúncias de famílias dizendo que haviam sido enganadas por embalsamadores: Ibid., p. 96-7.

Um embalsamador de Porto Rico levou a atividade ao extremo, fazendo cadáveres posarem como estátuas nos próprios velórios: Nick Kirkpatrick, "A Funeral Home's Specialty: Dioramas of the (Propped Up) Dead", The Washington Post, 27 maio 2014. Disponível em: <https://www.washingtonpost.com/news/morning-mix/wp/2014/05/27/a-funeral-homes-specialty-dioramas-of-the-propped-up-dead/>. Acesso em: 5 ago. 2023.

"a realidade feia é implacavelmente encoberta; a arte dos embalsamadores é uma arte de completa negação": Geoffrey Gorer, "The Pornography of Death", Encounter, out. 1955, p. 49-52.

"vestiam o manto de psiquiatras quando convinha a seus propósitos": Jessica Mitford, The American Way of Death Revisited. Londres: Virago, 2000, p. 64.

eu havia descrito, em um artigo de revista, o processo físico do embalsamamento como "violento": Campbell, "In the future...", WIRED.

cerca de 50% a 55% dos corpos no Reino Unido são embalsamados em um ano típico: Troca de e-mail com Karen Caney FBIE, Secretária Geral Nacional, Instituto Britânico de Embalsamadores.

Aqueles homens embalsamados que retornaram da Guerra Civil continuam a liberar arsênico — um ingrediente há muito proibido — no solo ao redor deles: Mollie Bloudoff-Indelicato,

"Arsenic and Old Graves: Civil War-Era Cemeteries May Be Leaking Toxins", Smithsonian Magazine, 30 dez. 2015. Disponível em: <https://www.smithsonianmag.com/science-nature/arsenic-and-old-graves-civil-war-era-cemeteries-may-be-leaking-toxins-180957115/>. Acesso em: 5 ago. 2023.

Atualmente nos Estados Unidos são enterrados a cada ano mais de 3 milhões de litros de fluido embalsamador, contendo o cancerígeno formaldeído: Green Burial Council, "Disposition Statistics", via Mary Woodsen da Universidade Cornell e Greensprings Natural Preserve, em Newfield, Nova York. Disponível em: <https://www.greenburialcouncil.org/media_packet.html>. Acesso em: 1 out. 2021.

Em 2015, enchentes nos cemitérios da Irlanda do Norte fizeram os produtos químicos chegarem à superfície: Malachi O'Doherty, "Toxins Leaking from Embalmed Bodies in Graveyards Pose Threat to the Living", Belfast Telegraph, 10 maio 2015. Disponível em: <https://www.belfasttelegraph.co.uk/news/northern-ireland/toxins-leaking-from-embalmed-bodies-in-graveyards-pose-threat-to-the-living-31211012.html>. Acesso em: 5 ago. 2023.

Em Tana Toraja, na Indonésia, de tempos em tempos, famílias tiram os mortos dos túmulos para banhá-los e vesti-los: Caitlin Doughty, From Here to Eternity. Nova York: W.W. Norton, 2017, p. 42-77. [Ed. bras.: Para Toda a Eternidade. Rio de Janeiro: DarkSide Books, 2022. Trad. Regiane Winarski.]

a taxa de mortalidade infantil no Reino Unido, embora em queda, ainda é mais alta do que em outros países de características semelhantes: "How Does the UK's Infant Mortality Rate Compare Internationally?", Nuffield Trust, 29 jul. 2021. Disponível em: <https://www.nuffieldtrust.org.uk/resource/infant-and-neonatal-mortality>. Acesso em: 5 ago. 2023.

uma estrela inglesa de novelas fazia campanha para que os fetos nascidos mortos antes de uma certa idade pudessem tirar certidões de nascimento: Seamus Duff e Ellie Henman, "Law Changer: Kym Marsh Relives Heartache of Her Son's Tragic Death as She Continues Campaign to Change Law for Those Who Give Birth and Lose Their Baby", The Sun, 31 jan. 2017. Disponível em: <https://www.thesun.co.uk/tvandshowbiz/2745250/kym-marsh-relives-heartache-of-her-sons-tragic-death-as-she-continues-campaign-to-change-law-for-those-who-give-birth-and-lose-their-baby/>. Acesso em: 5 ago. 2023.

"um cadáver, visto sem Deus e fora da ciência, é a mais extrema das abjeções. É a morte infectando a vida": Julia Kristeva, Powers of Horror: An Essay on Abjection. Nova York: Columbia University Press, 1980, p. 4.

Maggie Rae, presidente da Faculdade de Saúde Pública, foi citada no British Medical Journal: Matthew Limb, "Disparity in Maternal Deaths because of Ethnicity is "Unacceptable", The BMJ, 18 jan. 2021. Disponível em: <https://www.bmj.com/content/372/bmj.n152>. Acesso em: 5 ago. 2023.

elas se autodenominavam cuidadoras durante a gravidez e o parto: "Tracing Midwives in Your Family", Royal College of Obstetricians & Gynaecologists/Royal College of Midwives, 2014. Disponível em:

<https://www.rectorylanecemetery.org.uk/wp-content/uploads/2021/01/midwives_history.pdf>. Acesso em: 5 ago. 2023.

vestir o morto: "How Do You Lay Someone Out When They Die?", Funeral Guide, 22 fev. 2018. Disponível em: <https://www.funeralguide.co.uk/blog/laying-out-a-body>. Acesso em: 5 ago. 2023.

apenas 12% das unidades neonatais têm treinamento obrigatório para lidar com o luto: "Audit of Bereavement Care Provision in UK Neonatal Units 2018", Sands, 2018. Disponível em: <https://www.sands.org.uk/audit-bereavement-care-provision-uk-neonatal-units-2018>. Acesso em: 5 ago. 2022.

estima-se que uma em cada quatro gestações terminem em perda durante a gravidez ou no parto. Uma em cada 250 terminam em um parto de natimorto; por dia, oito bebês nascem mortos no Reino Unido: "Pregnancy Loss Statistics", Tommy's. Disponível em: <https://www.tommys.org/baby-loss-support/pregnancy-loss-statistics>. Acesso em: 1 out. 2021.

menos da metade das mulheres que sofrem um aborto espontâneo descobre por que isso aconteceu: "Tell Me Why", Tommy's. Disponível em: <https://www.tommys.org/get-involved/campaigns/tell-me-why>. Acesso em: 1 dez. 2021.

Ariel Levy fala sobre o aborto espontâneo que sofreu aos cinco meses de gestação, no chão do banheiro de um hotel na Mongólia: Ariel Levy, "Thanksgiving in Mongolia", New Yorker, 10 nov. 2013. Disponível em: <https://www.newyorker.com/magazine/2013/11/18/thanksgiving-in-mongolia>. Acesso em: 15 dez. 2022.

O texto deste artigo foi reproduzido em seu livro: Ariel Levy, The Rules Do Not Apply. Nova York: Random House, 2017 / Londres: Fleet, 2017, p 145-6, 235-6. Reproduzido com permissão da Penguin Random House LLC (Estados Unidos).

foram entrevistadas 377 mulheres cujos bebês nasceram mortos ou morreram logo após o nascimento: Katherine J. Gold, Irving Leon, Martha E. Boggs e Ananda Sen, "Depression and Posttraumatic Stress Symptoms after Perinatal Loss in a Population-Based Sample", Journal of Women's Health, v. 25, n. 3, 2016, p. 263-8. Disponível em: <https://ncbi.nlm.nih.gov/pmc/articles/PMC4955602/pdf/jwh.2015.5284.pdf>. Acesso em: 5 ago. 2023.

a média de cremações no Reino Unido aumentou de 35% para 78% de todos os funerais (os Estados Unidos ficam bem atrás, com 55%): "International Statistics 2019", Cremation Society. Disponível em: <https://www.cremation.org.uk/International-cremation-statistics-2019>. Acesso em: 1 out. 2021.

"alienígena cego e sem emoção": Christopher Hitchens, Mortality. Londres: Atlantic Books, 2012, p. 11. Reproduzido com permissão de Atlantic Books Ltd (Reino Unido) e Hachette Book Group (Estados Unidos).

O prefeito tentou fazer aqueles que ficaram morarem mais perto: Jonathan Oosting, "Detroit Mayor Dave Bing: Relocation 'Absolutely' Part of Plan to Downsize City", Michigan Live, 25 fev. 2010. Disponível em: <https://www.mlive.com/news/detroit/2010/02/detroit_mayor_dave_bing_reloca.html>. Acesso em: 5 dez. 2022.

mesmo Benjamin Franklin sugeriu algo nessa linha em 1773: Ed Regis, Great Mambo Chicken and the Transhumanist Condition: Science Slightly Over the Edge. Nova York: Perseus Books, 1990, p. 84.

Foi por meio da ficção, afinal, que cunhou a ideia original: Ibid., p. 85.

"Só acolhem a morte aqueles que já estão meio mortos": Robert Ettinger, The Prospect of Immortality. Londres: Sidgwick & Jackson, 1965, p. 146.

a Alcor, no Arizona, que cobra 200 mil dólares: Alcor, Associação/Financiamento. Disponível em: <https://www.alcor.org/membership/>. Acesso em: 1 out. 2022.

os corpos dos clientes congelados eram acondicionados em uma garagem atrás de um necrotério: Sam Shaw, "Mistakes Were Made: You're as Cold as Ice", This American Life, episódio 354, 18 abr. 2008. Disponível em: <https://www.thisamericanlife.org/354/mistakes-were-made>. Acesso em: 5 ago. 2023.

organismos reanimados recentemente: David Wallace-Wells, The Uninhabitable Earth. Londres: Allen Lane, 2019, p. 99. [Ed. bras.: A Terra Inabitável. São Paulo: Companhia das Letras, 2019. Trad. Cássio de Arantes Leite.]

pesquisadores haviam tirado o cérebro da cabeça de 32 porcos mortos: Gina Kolata, "'Partly Alive': Scientists Revive Cells in Brains from Dead Pigs", The New York Times, 17 abr. 2019. Disponível em: <https://www.nytimes.com/2019/04/17/science/brain-dead-pigs.html>. Acesso em: 5 ago. 2023.

Nos caso dos sapos, quando a temperatura cai, proteínas especiais no sangue deles sugam a água para fora das células: John Roach, "Antifreeze-Like Blood Lets Frogs Freeze and Thaw with Winter's Whims", National Geographic, 20 fev. 2007. Disponível em: <https://www.nationalgeographic.com/animals/article/frog-antifreeze-blood-winter-adaptation>. Acesso em: 5 ago. 2023.

"O burnout é mais que um risco ocupacional no departamento de homicídios, é uma certeza psicológica": David Simon, Homicide: A Year on the Killing Streets. Boston: Houghton Mifflin Company, 1991, p. 177. © David Simon, 1991, 2006. Excertos de Homicide: A Year on the Killing Streets reproduzidos com permissão da Canongate Books Ltd e Henry Holt & Co.

"No entanto, os hormônios do estresse destinam-se a nos dar força e resistência para respondermos a condições extraordinárias": Bessel van der Kolk, The Body Keeps the Score. Londres: Penguin, 2014, p. 217. Reproduzido com permissão da Penguin Random House LLC (Estados Unidos). Reimpresso com permissão da Penguin Books Ltd. (Reino Unido), © 2014 Bessel van der Kolk. [Ed. bras.: O Corpo Guarda as Marcas. Rio de Janeiro: Sextante, 2020. Trad. Donaldson M. Garschagen.]

"As duas emoções humanas incomensuráveis se encontram e colidem": Richard Powers, introdução a DeLillo, White Noise, p. xi-xii. Reproduzido com permissão da Penguin Random House LLC (EUA). [Ed. bras.: Ruído Branco. São Paulo: Companhia das Letras, 1987. Trad. Paulo Henriques Britto.]

uma única imagem de um chinês morto: Agence France-Presse, "A Man Lies Dead in the Street: The Image that Captures the Wuhan Coronavirus Crisis". The Guardian, 31 jan. 2020. Disponível em: <https://www.theguardian.com/world/2020/jan/31/a-man-lies-dead-in-the-street-the-image-that-captures-the-wuhan-coronavirus-crisis>. Acesso em: 5 ago. 2023.

"Quanto mais remoto ou exótico o lugar, maior a probabilidade de termos imagens frontais completas dos mortos e dos agonizantes": Sontag, Regarding the Pain of Others, p. 63. [Ed. bras.: Diante da Dor dos Outros. São Paulo: Companhia das Letras, 2003. Trad. Rubens Figueiredo.]

650 corpos na orla do Brooklyn: Paul Berger, "NYC Dead Stay in Freezer Trucks Set Up during Spring Covid-19 Surge". The Wall Street Journal, 22 nov. 2020. Disponível em: <https://www.wsj.com/articles/nyc-dead-stay-in-freezer-trucks-set-up-during-spring-covid-19-surge-11606050000>. Acesso em: 5 ago. 2023.

O condado de Los Angeles suspendeu temporariamente as leis sobre a qualidade do ar: Julia Carrie Wong, "Los Angeles Lifts Air-Quality Limits for Cremations as Covid Doubles Death Rate", The Guardian, 18 jan. 2021. Disponível em: <https://www.theguardian.com/us-news/2021/jan/18/los-angeles-covid-coronavirus-deaths-cremation-pandemic>. Acesso em: 5 ago. 2023.

No Brasil, quando o número diário de mortes ultrapassou os 4 mil, enfermeiros nas alas de isolamento da Covid enchiam luvas nitrílicas com água morna: "Técnica em enfermagem de São Carlos 'ampara' mão de paciente intubada com luvas cheias de água morna", Globo.com, 23 mar. 2021. Disponível em: <https://g1.globo.com/sp/sao-carlos-regiao/noticia/2021/03/23/tecnica-em-enfermagem-de-sao-carlos-ampara-mao-de-paciente-intubada-com-luvas-cheias-de-agua-morna.ghtml>. Acesso em: 5 ago. 2023.

"Queria que pudéssemos recuperar a nossa vida de antes. Tivemos o melhor cenário econômico possível e não tínhamos a morte": Remarks by President Trump, Vice President Pence, and Members of the Coronavirus Task Force in Press Briefing, proferidos em 30 mar. 2020, comunicado à imprensa realizado em 29 mar. 2020, 17h43. EDT. Disponível em: <https://trumpwhitehouse.archives.gov/briefings-statements/remarks-president-trump-vice-president-pence-members-coronavirus-task-force-press-briefing-14/>. Acesso em: 5 ago. 2023.

(mor.te) *sf.*
Bibliografia

MORTE/MORRER

Alvarez, Al. The Savage God: A Study of Suicide. Londres: Bloomsbury, 2002.

Ariès, Philippe. The Hour of Our Death: The Classic History of Western Attitudes toward Death over the Last One Thousand Years. Nova York: Alfred A. Knopf, 1981. [Ed. bras.: O Homem Diante da Morte. São Paulo: Editora Unesp, 2014. Trad. Luíza Ribeiro.]

Becker, Ernest. The Denial of Death. Nova York: The Free Press, 1973. [Ed. bras.: A Negação da Morte. Rio de Janeiro: Record, 1991. Trad. Luiz Carlos do Nascimento Silva.]

Callender, Ru; Dinius-Inman, Lara; Inman-Cook, Rosie; Jarvis, Michael; Mallatratt, Dr. John; Morris, Susan; Pidgeon, Judith; Walwyn, Brett. The Natural Death Handbook, The Natural Death Centre. Londres: Winchester, and Strange Attractor Press, 2012.

Critchley, Simon. Notes on Suicide. London: Fitzcarraldo Editions, 2015.

Doughty, Caitlin. Smoke Gets In Your Eyes, and Other Lessons from the Crematory. Nova York: W.W. Norton, 2014. [Ed. bras.: Confissões do Crematório. Rio de Janeiro: DarkSide Books, 2016. Trad. Regiane Winarski.]

Doughty, Caitlin. From Here to Eternity, Nova York: W.W. Norton, 2017. [Ed. bras.: Para Toda a Eternidade. Rio de Janeiro: DarkSide Books, 2019. Trad. Regiane Winarski.]

Gawande, Atul. Being Mortal: Illness, Medicine, and What Matters in the End. Londres: Profile Books, 2014. [Ed. bras.: Mortais. Rio de Janeiro: Objetiva, 2015. Trad. Renata Telles.]

Hitchens, Christopher. Mortality. Londres: Atlantic Books, 2012.

Jarman, Derek. Modern Nature: The Journals of Derek Jarman 1989–1990. Londres: Vintage, 1991.

Kalanithi, Paul. When Breath Becomes Air. Londres: The Bodley Head, 2016. [Ed. bras.: O Último Sopro de Vida. Rio de Janeiro: Sextante, 2016. Trad. Claudio Carina.]

KRISTEVA, JULIA. Powers of Horror: An Essay on Abjection. Nova York: Columbia University Press, 1980.

KÜBLER-ROSS, ELISABETH. On Death and Dying: What the Dying Have to Teach Doctors, Nurses, Clergy and Their Own Families. Nova York: Scribner, 1969. [Ed. bras.: Sobre a Morte e o Morrer: O que os doentes terminais têm para ensinar a médicos, enfermeiras, religiosos e aos seus próprios parentes. São Paulo: WMF Martins Fontes, 2017. Trad. Paulo Menezes.]

LAQUEUR, THOMAS W. The Work of the Dead: A Cultural History of Mortal Remains. Princeton, NJ: Princeton University Press, 2015.

LESY, MICHAEL. The Forbidden Zone. Londres: André Deutsch, 1988.

LOFLAND, LYN H. The Craft of Dying: The Modern Face of Death. Los Angeles: Sage, 1978.

MITFORD, JESSICA. The American Way of Death Revisited. Londres: Virago, 2000.

NULAND, SHERWIN B. How We Die. Londres: Vintage, 1993. [Ed. bras.: Como Morremos. Rio de Janeiro: Rocco, 1995. Trad. Fábio Fernandes.]

O'MAHONY, SEAMUS. The Way We Die Now. Londres: Head of Zeus, 2016.

TERKEL, STUDS. Will the Circle Be Unbroken? Reflections on Death, Rebirth, and Hunger for a Faith. Nova York: New York Press, 2001.

TROYER, JOHN. Technologies of the Human Corpse. Cambridge, MA: MIT Press, 2020.

WOJNAROWICZ, WAVID. Close to the Knives: A Memoir of Disintegration, Edimburgo: Canongate, 2017.

YALOM, IRVIN D. Existential Psychotherapy. Nova York: Basic Books, 1980.

O DEPOIS

BLACK, SUE. Written in Bone: Hidden Stories in What We Leave Behind. Nova York: Arcade Publishing, 2020. [Ed. bras.: Ossos do Ofício. Rio de Janeiro: DarkSide Books, 2022. Trad. Regiane Winarski.]

BLACK, SUE. All that Remains: A Life in Death. Londres: Doubleday, 2018. [Ed. bras.: Todas as Faces da Morte. Rio de Janeiro: DarkSide Books, 2024. Trad. Marcela Filizola.]

DIDION, JOAN. The Year of Magical Thinking. Londres: Fourth Estate, 2012. [Ed. bras.: O Ano do Pensamento Mágico. Rio de Janeiro: HarperCollins, 2021. Trad. Marina Vargas.]

ERNAUX, ANNIE. Happening. Londres: Fitzcarraldo Editions, 2019. [Ed. bras.: O Acontecimento. São Paulo: Fósforo, 2022. Trad. Isadora de Araujo Pontes.]

FAUST, DREW GILPIN. This Republic of Suffering: Death and the American Civil War. Nova York: Vintage Civil War Library, 2008.

KRASNOSTEIN, SARAH. The Trauma Cleaner: One Woman's Extraordinary Life in the Business of Death, Decay, and Disaster. Nova York: St. Martin's Press, 2018. [Ed. bras.: Nem tudo que resta é lixo. Rio de Janeiro: DarkSide Books, 2024. Trad. Regiane Winarski.]

LLOYD PARRY, RICHARD. Ghosts of the Tsunami. Londres: Vintage, 2017.

ANATOMISTAS/ DISSECÇÃO

Blakely, Robert L.; Harrington, Judith M. Bones in the Basement: Postmortem Racism in Nineteenth-Century Medical Training. Washington, DC.: Smithsonian Institution Press, 1997.

Fitzharris, Lindsey. The Butchering Art. Nova York: Farrar, Straus, and Giroux, 2017. [Ed. bras.: Medicina dos Horrores. Rio de Janeiro: Intrínseca, 2019. Trad. Vera Ribeiro.]

Moore, Wendy. The Knife Man: Blood, Body-Snatching and the Birth of Modern Surgery. Londres: Bantam, 2005.

Park, Katharine. Secrets of Women: Gender, Generation, and the Origins of Human Dissection. Nova York: Zone Books, 2010.

Richardson, Ruth. Death, Dissection and the Destitute. Londres: Penguin, 1988.

Rifkin, Benjamin A.; Ackerman, Michael J.; Folkenberg, Judith. Human Anatomy: Depicting the Body from the Renaissance to Today. Londres: Thames & Hudson, 2006.

Roach, Mary. Stiff: The Curious Lives of Human Cadavers. Nova York: Penguin, 2003. [Ed. bras.: Curiosidade Mórbida: A Ciência e a Vida Secreta dos Cadáveres. São Paulo: Paralela, 2019. Trad. Donaldson M. Garschagen.]

Shelley, Mary. Frankenstein. Londres: Penguin, 1992. (1ª ed., 1818.) [Ed. bras.: Frankenstein. Rio de Janeiro: DarkSide Books, 2017. Trad. Márcia Xavier de Brito.]

Shepherd, Richard. Unnatural Causes. Londres: Penguin, 2018. [Ed. bras.: Causas Não Naturais. Rio de Janeiro: DarkSide Books, 2024. Trad. Fernanda Lizardo.]

Worden, Gretchen. Mütter Museum of the College of Physicians of Philadelphia. Nova York: Blast Books, 2002.

CRIME

Botz, Corinne May. The Nutshell Studies of Unexplained Death. Nova York: The Monacelli Press, 2004.

McDermid, Val. Forensics: The Anatomy of Crime. Londres: Profile Books, 2015.

Nelson, Maggie. The Red Parts: Autobiography of a Trial. Londres: Vintage, 2017.

Simon, David. Homicide: A Year on the Killing Streets. Boston: Houghton Mifflin Company, 1991.

IMAGENS DE MORTE

Benkard, Ernst. Undying Faces. Londres: Hogarth Press, 1929.

Ebenstein, Joanna. Death: A Graveside Companion. Londres: Thames & Hudson, 2017.

Friedrich, Ernst. War against War!, Nottingham: Spokesman, 2014 (ed. fac-símile da publicação de 1924).

Heyert, Elizabeth. The Travelers. Zurique: Scalo, 2006.

Koudounaris, Paul. Memento Mori: The Dead Among Us. Londres: Thames & Hudson, 2015.

Marinovich, Greg; Silva, João. The Bang-Bang Club: Snapshots from a Hidden War. Londres: Arrow, 2001.

Sontag, Susan. Regarding the Pain of Others. Londres: Penguin, 2003. [Ed. bras.: Diante da Dor dos Outros. São Paulo: Companhia das Letras, 2003. Trad. Rubens Figueiredo.]

THANATOS ARCHIVE. Beyond the Dark Veil: Post-Mortem & Mourning Photography. Califórnia: Grand Central Press & Last Gasp, 2015.

WALLIS, BRIAN. Weegee: Murder Is My Business. Nova York: International Center of Photography e DelMonico Books, 2013.

PENAS CAPITAIS

CABANA, DONALD A. Death at Midnight: The Confession of an Executioner. Boston: Northeastern University Press, 1996.

CAMUS, ALBERT. In: Resistance, Rebellion, and Death. Nova York: Alfred A. Knopf, 1966. [Ed. bras.: Reflexões Sobre a Guilhotina. Rio de Janeiro: Record, 2022. Trad. Valerie Rumjanek.]

DOW, DAVID R.; DOW, MARK. Machinery of Death: The Reality of America's Death Penalty Regime. Nova York: Routledge, 2002.

EDDS, MARGARET. An Expendable Man: The Near-Execution of Earl Washington, Jr. Nova York: New York University Press, 2003.

KOESTLER, ARTHUR. Dialogue With Death: The Journal of a Prisoner of the Fascists in the Spanish Civil War. Chicago: The University of Chicago Press, 2011.

LIFTON, ROBERT JAY; MITCHELL, GREG. Who Owns Death? Capital Punishment, the American Conscience, and the End of Executions. Nova York: HarperCollins, 2000.

SOLOTAROFF, IVAN. The Last Face You'll Ever See: The Private Life of the American Death Penalty. Nova York: HarperCollins, 2001.

CEMITÉRIOS

ARNOLD, CATHARINE. Necropolis: London and Its Dead. Londres: Simon & Schuster, 2006.

BEESLEY, IAN; JAMES, DAVID. Undercliffe: Bradford's Historic Victorian Cemetery. Halifax: Ryburn Publishing, 1991.

HARRISON, ROBERT POGUE. The Dominion of the Dead. Chicago: University of Chicago Press, 2003.

SWANNELL, JOHN. Highgate Cemetery. Oxted: Hurtwood Press, 2010.

CRIÔNICA

ETTINGER, ROBERT C.W. The Prospect of Immortality. Londres: Sidgwick & Jackson, 1965.

NELSON, ROBERT F.; STANLEY, SANDRA. We Froze the First Man: The Startling True Story of the First Great Step toward Human Immortality. Nova York: Dell, 1968.

O'CONNELL, MARK. To Be a Machine. Londres: Granta, 2017.

PARA CRIANÇAS

DOUGHTY, CAITLIN. Will My Cat Eat My Eyeballs? And other Questions about Dead Bodies. Nova York: W. W. Norton & Company, 2020. [Ed. bras.: Verdades do Além-Túmulo. Rio de Janeiro: DarkSide Books, 2020. Trad. Regiane Winarski.]

ERLBRUCH, WOLF. Death, Duck and the Tulip: Minneapolis: Gecko Press, 2008. [Ed. bras.: O Pato, A Morte e A Tulipa. São Paulo: Companhia das Letrinhas, 2023. Trad. José Marcos Macedo.]

(mor.te) *sf.*
Índice Remissivo

A

abortos espontâneos 186, 197, 202, 203, 204, 205, 210
acidente
　com trem que fazia ligação ao porto 85
　da Air France 104
　da Egyptair 91, 100
　da United Airlines 101
acidentes aéreos 84, 85, 91, 95, 100, 103, 104, 117, 169, 254
aconselhamento genético 192
acumulação 115
Addams, Charles 134, 135
aeroporto da Líbia, acidente no 85
Afeganistão 169
aids/HIV 36, 153, 229, 266
alas (enfermarias) de luto 199, 208, 209
Alcor 237
Alcorão 228
alginato 73, 74, 75
Aliança/Fundação Nacional de Desastres Aéreos 100

Allen, Woody 237
Amador, John Joe 74, 75
American Cryonics Society 247
Ammit (deusa) 173
anatomistas 47, 48, 49
animais de estimação 61, 243, 246
animismo 70
ânsia de vômito 114
Armstrong High School 128, 129
Armstrong, Neil 235
Arquivo X (série de TV) 179
arsênico 163
assassinatos em Nova York 119
Auschwitz 188

B

baleias 209, 210
BBC Radio 3 267
Beesley, Clare 199, 200, 201, 202, 206, 207, 208, 209, 210, 211, 258, 262
Beethoven, Ludwig van 68
Benkard, Ernst 68, 70
Bentham, Jeremy 23, 24, 25, 49, 50, 77

besouros 222
Biblioteca Nacional de Medicina dos Estados Unidos 50
Biggs, Ronnie 69, 71, 78
botox 37
Bourke-White, Margaret 119
Briley, Linwood Earl 133
Bruce, Lenny 110
Bryant, Tony 221, 222, 223, 224, 225, 226, 227, 228, 229, 230, 231
Burke e Hare 49, 216
Byrne, Charles 58, 59

C

cabeça, remoção de 60
Caçadores de Mitos (série de TV) 111
cadeira elétrica 117, 127, 132, 133, 134, 137
Cagney, James 139
caixas de memória 204, 205, 206, 262
caixões de vime 226
Campbell, Eddie 15, 16, 17, 170, 264, 298

campo de concentração de Buchenwald 120
campos de concentração 102, 120, 188
Camus, Albert 68, 142
câncer de próstata 43
Carson, Johnny 235
Carter, Kevin 120
Castelo de Warwick 76
católicos 17, 18, 116, 117, 189, 215
Cave, Nick 132
cemitério
 Arnos Vale 213
 da Irlanda do Norte 163
 de Highgate 69, 81, 150
 de Lambeth 25
 Oakwood 64
Centro para a Morte e a Sociedade (Universidade de Bath) 24
cera reconstrutiva 74
cérebro 49, 56, 109-111, 114, 174, 179-182, 184, 185, 187, 191, 203, 207, 256
 e criônica 239, 240
certidões de nascimento 186
certidões de óbito 72, 156, 166, 174, 186
Chapman, Annie 15, 16, 17, 119
Chatham, George 78
cheiros 17, 19, 24, 29, 35, 40, 54, 94, 95, 116, 156, 162, 170, 178, 182, 185, 223, 225
cicatrizes 93, 177, 195
Cicely Saunders 151
Clarke, Arthur C. 247
Clarke, juiz 97

Clinton, Bill 125
cones semiesféricos para os olhos 160, 161
consciência 181, 182
Cooper, John William 254
Coppola, Frank James 132, 133
coração, pesagem 173, 182
coreia de Sydenham 118
coveiros 217, 218, 219, 220
Creed II (filme) 177
cremação 44, 50, 57, 221-232
crematórios 155, 221-232
creme adesivo para dentaduras 184, 187
Crime Scene Cleaners Inc. 108, 109
criônica 236-251
crisântemos 85
Cromwell, Oliver 76
crucificação 116
Cryonics Institute 236, 238, 241, 243, 248, 251

D

Dahmer, Jeffrey 60
Dalai Lama 43
decomposição 17, 20, 31, 33, 45, 94, 98, 108, 109, 114, 147, 163, 182, 192, 195, 234
De La Campa, capitão Robert 114
DeLillo, Don 22
Dell, Thomas 110
Departamento de Polícia de El Cerrito 114
Departamento de Polícia de Richmond 113

Departamento de Polícia de Santa Cruz 112
depressão 208
desfibriladores 240
despreparo 107
Detroit 233, 234, 236, 241, 251
diabetes 64
Diana, princesa 110
Dick, Philip K. 240
Didion, Joan 139
dissecação 47
distanciamento 52, 261, 264
DNA 92, 93, 96, 99, 102, 103, 141
doações de corpos 45, 46, 49-56
Donahue, Phil 142
Doughty, Caitlin 164
Dow, David R. 138
Dubai, acidente no aeroporto de 91
Dunham, Gail 100, 101

E

Eddowes, Catherine 15, 16, 17, 119
edema 46
Egito, antigo 194, 216
Einstein, Albert 49
Elliott, Robert G. 142
Ellsworth, Elmer 148, 149
embalsamamento 31, 40, 54, 56, 57, 73, 147-151, 153-172
 e criônica 242, 245, 249
engenharia reversa da vida 238
enterros 213-220
epilepsia 179

esclerose múltipla 43
Espanha, Pacto do
  Esquecimento 102,
  205
espasmos cadavéricos 255,
  264
estatísticas de mortes 20
etanotiol 35
Ettinger, Robert 235, 236,
  237, 238, 240, 241, 247
eufemismos 143
eutanásia 243
execuções 47, 74, 75, 77,
  116, 125-127, 130-145

F

Família Addams 159
Família Soprano (série de
  tv) 70
fantasmas 228
Farley, Chris 109
fentanil 33
Figueroa, Alfredo 113,
  114
Filipinas 95, 96
Fisher, Dean 299
fluidos de
  embalsamamento 40,
  115, 162, 165-168, 244
formaldeído 54, 162
fotografia e morte 118,
  119, 120
fotojornalismo de guerra
  119, 120
fotos de autópsia 16, 119
Francel, Joseph 144
Francisco, papa 94
Franco, general Francisco
  101, 102
Frankenstein (romance)
  48, 240

Franklin, Aretha 157
Franklin, Benjamin 235
Fraser 78
Freeman, Morgan 143
frenologia 77
Friedland, Paul 135
Fuga no Século (filme) 240
Futurama (série de tv) 58,
  236

G

Gabor, Zsa Zsa 235
Gannal, Jean-Nicolas 149
Geldzahler, Henry 117,
  118
genocídio indonésio 139
Germanwings 84, 91
Givens, Jerry 125-145
Gladstone, William 105,
  264
Good, Daniel 77
Gore, dr. Philip 154, 155,
  156, 157, 158
Gorer, Geoffrey 150
Grande Depressão 119
gregos 70
Grenfell Tower 87, 88, 104
gripe aviária 41
gripe espanhola 157
Gross, Terry 266
Guerra Civil Americana
  148, 163
Guerra das Falklands 79
Guerra do Kosovo 90, 91,
  104
Guerra do Vietnã 51, 154,
  261
Guilda de Cirurgiões
  e Barbeiros de
  Edimburgo 47
guilhotina 135, 142

H

Harvey, William 47, 48
hastes de Harrington 55
Heartlands Hospital 199
Henrique VIII, rei 47
hepatite 41
Hepworth, Barbara 26
hidrólise alcalina 44
Hitchens, Christopher 232
HMS Hermes 79
Hocutt, Donald 145
Holmes, Thomas 148, 149
homossexualidade 24
hormônios do estresse 260
Horsley, Sebastian 71
Hover, Dow B. 144
Hugo, Victor 68
Hulbert, John 145
Hunter, John 48, 58
Hunter, William 48, 52
Hutchinson, Asa 125, 126

I

imagens de morte 116-121,
  262, 265
IMC 46
implantes 55, 93, 231
  testiculares 55
impressões digitais 72, 92,
  93, 96, 98, 99, 107
infestações de ratos 115
injeções letais 51, 74, 125,
  134, 142, 148
Instituto Britânico de
  Embalsamadores 155,
  159
Iredale, Lara-Rose 174-
  186, 189-195, 255, 265
irmãos Coen 110
Irmãs de São Francisco 43

Índice Remissivo   293

J

Jack, o Estripador 15
Jackson, Samuel L. 111, 112
Jackson, Shirley 80
Jaime IV da Escócia, rei 47
jardinagem 267, 268
Jefferson, Thomas 131
Jernigan, Joseph Paul 50
Johnson, Denis 35
Jones, Cleve 266
Jones, Neil R. 236

K

Keitel, Harvey 111, 115
Kelly, Mary 15, 16, 17, 119
Kemmler, William 133
Kendall, capitão George 131
Kennedy, John F. 110
Kenyon 83-87, 90, 92, 100, 104, 160, 254, 264
Kenyon, 169
King's Cross, incêndio na estação 97
Knight, Bernard 98
Kowalski, Dennis 236-241, 243, 250
Kray, Ronnie 76
Kristeva, Julia 188

L

lagostas 134
lanolina 165
Lawes, Lewis L. 137
Lei de Anatomia (1832) 49
Lei Seca, revogação da 119
lençol de calicô 35
Lênin, V.I. 157
Levy, Ariel 205
Lincoln, Abraham 148, 149
Lombardo, Rosalia 157
London Bridge, atentado na 175, 193
Lynch, David 31

M

Mahler, Gustav 68
Mailer, Norman 142
Malaysian Airlines 86
malha aórtica 55
mãos 58, 98
marca-passos 55, 93, 230
Marchioness, desastre do 97
Mardall, Poppy 24-31, 58, 80, 151, 158, 160, 207, 261-263
máscaras fúnebres 68-81, 150, 161
Mattick, Anthony 253, 254, 255, 256, 257, 258, 259, 260, 261, 263
Mayo Clinic 40-46, 51, 61, 69, 74, 106, 115, 162, 177, 192, 228
  Convocação de Agradecimento 64, 65
Mayo, dr. William 42
McCarthy, Cormac 240
McLaren, Malcolm 69, 71
Mendieta, Ascensíon 102
mercúrio nos dentes 231
mergulhadores da polícia 79

mesa de autópsia virtual 50, 53, 70
Milk, Harvey 266
Mitford, Jessica 150, 153, 156, 157, 164
Monroe, Marilyn 110, 117
Moore, Alan 15
moradores de rua 97
Morrison, Toni 250
mortalidade infantil 186, 192
morte de bebês 197-211
mortes maternas 193, 197
Moscone, George 266
Motown Records 235
movimento pelas instituições de cuidados paliativos 151
movimento transumanista 237
muçulmanos 100
mulheres e treinamento funerário 152
mumificação 164, 173, 245
Museu Hunterian 48, 59

N

nanotecnologia 238
natimortos 194, 198, 201, 202, 210
necropsias (autópsias) 29, 45, 72, 90, 91, 133, 153, 174-192, 197, 213, 260
necrotérios 29-36
Nelson, Bob 238
Nelson, Maggie 88
New York Mirror 117
New York Times 94, 120, 133, 239
Nichols, Polly 15-17, 119
Nietzsche, Friedrich 68

O

objetos pessoais 87, 88, 89, 90
Oliver, Mark 86-100, 103-105, 160, 169, 173, 254, 258, 264
ombros, separação de 60
Omni (revista) 238
organismos reanimados 239
O'Toole, Kate 71
O'Toole, Peter 71

P

pandemia do coronavírus 265-268
Parque Nacional de Everglades 60
parteiras 198-202, 258, 262
Patton, general 119
pegadas de moscas 114, 122
pelotões de fuzilamento 131
pena de morte 74, 125, 130-132, 137, 141-143, 145
Penitenciária de Sing Sing 117, 137, 144
perfusão 242, 243, 247
pés 56
pirâmides 216
Plummer, dr. Henry 45
Polícia Metropolitana de Londres 91
Poppy, Mardall 230
pornografia 109, 111
Power, padre 17, 18
Powers, Austin 236
Powers, Richard 263
prefeito de Londres 87
prisão de Newgate 77
Projeto Humano Visível 50
próteses de quadril 56
próteses mamárias 93, 231
Pryor, Richard 43
pulmões 37, 45
Pulp Fiction (filme) 111
putrefação 35, 147, 163

Q

quimioterapia 242

R

rabos de lagarto amputados 59, 76
Rae, Maggie 192
raladores de ossos 56
Rammstein 176
Reagan, Ronald 43
reconstruções 162, 163, 169, 170, 172
Rector, Ricky Ray 125
Rees-Mogg, Jacob 71
registros dentários 96
Regnier, Terry 39-46, 51-65, 69, 106, 115, 162, 181, 192, 228, 263
ressurreicionistas 48
Resusci Anne 68
Reynolds, Bruce 67, 76, 77, 78, 81
Reynolds, Nick 67-81, 105, 150, 161
Richardson, Ruth 47, 50
Richmond, Virgínia 127, 128, 133
Richter, Max 267
rigor mortis 147, 163, 190, 256, 264
rinoplastia 62
Rochester, Minnesota 42, 51, 60
Rogers, Fred 260
romanos 70
Ross, Calen 63
rostos 63, 73, 106, 228
Rotten.com 110, 116, 117

S

samaritanos 27
Sandness, Andy 63
Sands 198
sangue, separação de 115, 167
Scotland Yard, Black Museum 77
Seth, Anil 181
Shelley, Mary 48
Shepherd, Richard 97, 99
Simon, David 87, 253
Sinclair, Kevin 159-163, 165-172, 182, 243, 255
Síndrome da Morte Súbita Infantil (SMSI) 186, 255
síndrome do túnel do carpo 62
sistema arterial 165
Smither, Neal 107-115, 120-123, 180
sobrancelhas 170
Solanas, Valerie 118
Sontag, Susan 110, 118, 121, 266

Sotheby's 26
Southwood Smith, dr. 23, 49
Sri Lanka 91, 92, 95, 104, 105
stents 55
Stride, Elizabeth 15, 16, 17, 119
St. Thomas' Hospital 173, 203
suicídios 25, 61, 63, 68, 80, 109, 114, 117, 123, 139, 144, 145, 169, 173, 188, 194, 243, 260
Suspended Animation 243
Swank, Edgar W. 247

T

Tacloban 94
Taj Mahal 216
Tâmisa, rio 97
Tana Toraja (Indonésia) 164
Tarantino, Quentin 112
tartaruga-mordedora 59, 60, 62, 76
tatuagens 53, 92, 95, 160, 175, 176
taxidermia 164
tecido adiposo 45
tecnólogos em anatomia patológica (taps) 176, 188, 194, 213, 258, 260
tireoplastia 62
tiroteio em massa na Tunísia 91
Tolstói, Liev 68
Tom, capitão Tom 265
Tommy's 201
transtorno do estresse pós-traumático 87, 208

Travolta, John 111, 112
trocartes 167
Troyer, dr. John 24, 151
Troyer, Ron 151-154, 157, 171, 197, 206, 215, 262
True Grime (reality show) 111
Trump, Donald 268
tsunami no Sri Lanka no dia seguinte ao Natal 91
tubarões 60
tufão Haivan 95, 96
tumores 41, 62, 181, 192, 195
  e cremação 231

U

UCLA 44, 299
umectantes 41
unhas pintadas 40, 41, 53, 108, 247
União Europeia de Radiodifusão 267
Unidade Subaquática da Polícia de Wapping no Tâmisa 79
usuários de drogas 190, 191

V

valas comuns 48, 90, 91, 102, 103, 104
válvulas de bypass cardíaco 55
van Butchell, Martin 147
van der Kolk, Bessel 259, 260
ver corpos, após desastres 29, 99, 100

Vergara, Camilo José 234
vermes 114
vestir os mortos 34, 39, 198
vibradores 108
Virgínia, pena de morte 130-134, 141, 145
vitorianos 70, 72, 119, 205
viúvos 228

W

Wallace-Wells, David 239
Wall, Kim 113
Warhol, Andy 117, 118
Washington, Earl Jr. 141
Weegee (Arthur Fellig) 119
Wellington, duque de 73
Wojnarowicz, David 36
Wollstonecraft, Mary 48

X

xampu 182

Agradecimentos

Obrigada a todos os mortos que conheci cujos nomes sei e cujos nomes não sei.

Agradeço também aos vivos, por seu tempo e trabalho: Poppy Mardall, Aaron e Roseanna (da funerária), Terry Regnier, Nick Reynolds, Mark "Mo" Oliver, Neal Smither, Jerry Givens, Ron e Jean Troyer, dr. Philip Gore, Kevin Sinclair, Lara-Rose Iredale, Clare Beesley, Mike e Bob (de Arnos Vale), Tony e Dave (crematório Canford), Dennis e Hillary (Cryonics Institute) e Anthony Mattick.

Obrigada a Clint Edwards, meu primeiro e mais próximo leitor, meu farol quando me perdi em um mar de transcrições e rascunhos, meu fiel motorista de carros alugados ruins e o pobre coitado que atravessou não apenas vários prazos dolorosos comigo, como também uma pandemia global: Wayne e Waynetta para sempre. Eddie Campbell e Audrey Niffenegger, meu casal favorito de esquisitões, sem os quais não haveria livro algum. Kristofor Minta, por me apresentar a Ernest Beckehá tantos anos, e por lidar com o que viria a seguir. Caitlin Doughty, por sua sabedoria e por um lugar para dormir (desculpe por ter tentado moer grãos de café no seu liquidificador de milk-shake). O dr. John Troyer, senhor da morte, por abrir portas e me emprestar seu cérebro e sua família. Sally Orson-Jones, por discutir comigo até eu descobrir o que estava tentando dizer. Oli Franklin-Wallis, pelas conversas motivacionais no parapeito. Cat Mihos, meu rato de laboratório (além dos agradecimentos, minhas desculpas).

Obrigada às pessoas gentis, pacientes e inteligentes da Raven Books, principalmente Alison Hennessey e Katie Ellis-Brown, bem como Hannah Phillips da St. Martin's Press. Agradeço aos meus agentes Laura Macdougall, Olivia Davies, Sulamita Garbuz e Jon Elek. Obrigada também à The Society of Authors e à Authors' Foundation, por financiar parcialmente este trabalho.

Existem inúmeras pessoas que responderam às minhas perguntas aparentemente aleatórias — quer fossem sobre pássaros, entalhe de letras ou consciência — ou que, de alguma forma, ajudaram ao longo do caminho. Obrigada à professora Dame Sue Black, a Vivienne McGuire do Centro de Anatomia e Identificação Humana da Universidade de Dundee, a Paul Kefford, a Dean Fisher da UCLA, a Roger Avary, a Anil Seth, a BJ Miller, a Bryan Magee, a Bruce Levine, a Eric Marland, a Sharon Stiteler, a Nick Booth, a rabina Laura Janner-Klausner, a Lucy Coleman Talbot, a João Medeiros, ao dr. Ollie Minton e a Vanessa Spencer, de Arnos Vale.

Este livro foi escrito no fundo de um ônibus na zona rural de Minnesota, ao lado de uma secadora em um hotel de Nova York, que agora está em processo de demolição, em um telhado em New Orleans e digitado em um carro em frente a um Arby's, em algum lugar no Michigan, mas principalmente foi escrito no norte de Londres. Obrigada aos meus amigos que me proporcionaram vários lugares para dormir, caronas, livros, jantares, todos os anteriores ou simplesmente um convite para eu expressar minhas queixas: Eleanor Morgan, Olly Richards, Leo Barker, Nathaniel Metcalfe, Ossie Hirst, Andy Riley e Polly Faber, Cate Sevilla, Neil Gaiman, Amanda Palmer, Bill Stiteler, Stephen Rodrick, Toby Finlay, Darren Richman, Tom Spurgeon, que nos resgatou em uma noite de neve em Ohio (descanse em paz, velho amigo), Erin e Mackenzie Dalrymple, Michael e Courtney Gaiman e ao meu próprio George Costanza, John Saward. Obrigada a Peter e Jackie Knight por cuidarem de Ned, o gato, e obrigada ao próprio Ned: minha sombra, meu peso de papel, meu autodeclarado despertador. Escrever este livro me rendeu fios brancos no cabelo, então agradeço a Susan Sontag e Lily Munster por fazerem com que pareça de propósito.

HAYLEY CAMPBELL é autora, radialista e jornalista. Seu trabalho apareceu em veículos de imprensa como WIRED, *The Guardian*, *New Statesman*, *Empire* e muito mais. Vive em Londres com seu gato, Ned. Saiba mais em hayleycampbell.com

CRIME SCENE®
DARKSIDE

"Para algumas pessoas, a morte é uma libertação.
Para outras, uma abominação, uma coisa terrível.
Mas, no fim, eu chego para todos."
— **MORTE EM** *SANDMAN* **#20, "FACHADA"** —

DARKSIDEBOOKS.COM

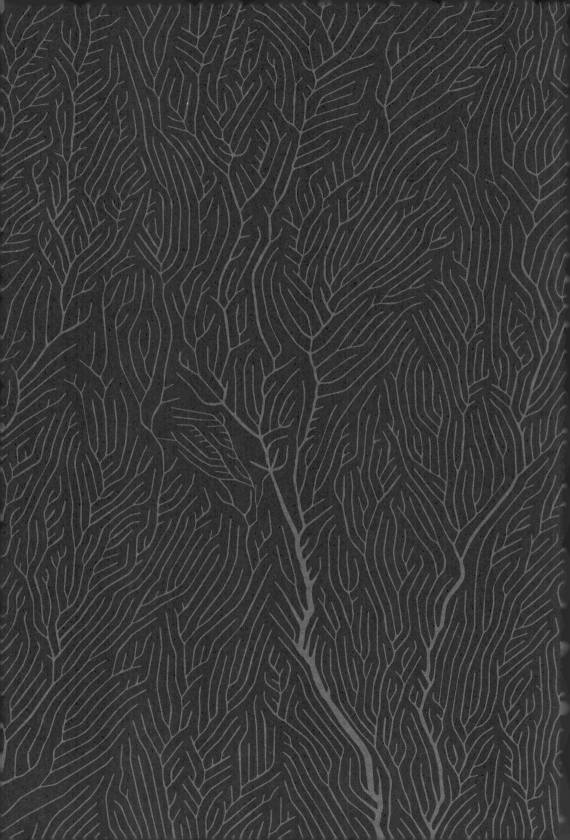